Erich Gamma

W0259838

Objektorientierte Software-Entwicklung am Beispiel von ET++

Design-Muster, Klassenbibliothek, Werkzeuge

Mit 98 Abbildungen

Springer-Verlag
Berlin Heidelberg New York
London Paris Tokyo
Hong Kong Barcelona
Budapest

Dr. Erich Gamma
Im Altried 3B
CH-8051 Zürich

Dieses Buch ist ein Abdruck einer Dissertation der wirtschaftswissenschaftlichen Abteilung der Rechts- und staatswissenschaftlichen Fakultät der Universität Zürich.

Text, Abbildungen und Programme wurden mit größter Sorgfalt erarbeitet. Verlag und Autor können jedoch für eventuell verbliebene Fehler und deren Folgen weder eine juristische Verantwortung noch irgendeine Haftung übernehmen.

Eingetragene Warenzeichen:
Appkit: NeXT, Inc. · Eiffel: Interactive Software Engineering, Inc. · Macintosh, MacApp, ViewEdit: Apple Computer, Inc. · Objective-C: Stepstone Corporation · Postscript: Adobe Systems, Inc. · Smalltalk-80: ParcPlace Systems, Inc. · SunWindow, SunView, SunOS, NeWS: Sun Microsystems; Inc. · UNIX: AT&T Information Systems · X Window System: Massachusetts Institute of Technology

ISBN-13: 978-3-540-56006-7 e-ISBN-13: 978-3-642-77838-4
DOI: 10.1007/978-3-642-77838-4

Dieses Werk ist urheberrechtlich geschützt. Die dadurch begründeten Rechte, insbesondere die der Übersetzung, des Nachdrucks, des Vortrags, der Entnahme von Abbildungen und Tabellen, der Funksendung, der Mikroverfilmung oder der Vervielfältigung auf anderen Wegen und der Speicherung in Datenverarbeitungsanlagen, bleiben, auch bei nur auszugsweiser Verwertung, vorbehalten. Eine Vervielfältigung dieses Werkes oder von Teilen dieses Werkes ist auch im Einzelfall nur in den Grenzen der gesetzlichen Bestimmungen des Urheberrechtsgesetzes der Bundesrepublik Deutschland vom 9. September 1965 in der jeweils geltenden Fassung zulässig. Sie ist grundsätzlich vergütungspflichtig. Zuwiderhandlungen unterliegen den Strafbestimmungen des Urheberrechtsgesetzes.

© Springer-Verlag Berlin Heidelberg 1992

Die Wiedergabe von Gebrauchsnamen, Handelsnamen, Warenbezeichnungen usw. in diesem Werk berechtigt auch ohne besondere Kennzeichnung nicht zu der Annahme, daß solche Namen im Sinne der Warenzeichen- und Markenschutz-Gesetzgebung als frei zu betrachten wäre und daher von jedermann benutzt werden dürften.

33/3140 - 5 4 3 2 1 0 – Gedruckt auf säurefreiem Papier

Inhalt

Vorwort

Die objektorientierte Programmierung verspricht Abhilfe für einige zentrale Probleme der Software-Entwicklung wie Wiederverwendbarkeit, Erweiterbarkeit und Wartbarkeit. Die blosse Anwendung objektorientierter Programmierung ist für die erfolgreiche Software-Entwicklung aber nicht ausreichend. Das vorliegende Buch ist ein Beitrag zum Problembereich der *objektorientierten Software-Entwicklung*. Anhand der vom Verfasser mitentwickelten Klassenbibliothek ET++ werden darin auf drei Ebenen Vorschläge für die Unterstützung der objektorientierten Software-Entwicklung gemacht.

Klassenbibliotheken spielen eine zentrale Rolle bei der objektorientierten Software-Entwicklung. In einem ersten Teil erfolgt eine Beschreibung der Struktur und der Konzepte von ET++. Es wird gezeigt, wie mit objektorientierter Programmierung eine umfassende und homogene Klassenbibliothek samt *Application-Framework* realisiert werden konnte. Die dabei entstandene Klassenbibliothek zeichnet sich durch ihre Homogenität und Flexibilität gegenüber anderen Klassenbibliotheken aus.

Die Wiederverwendung umfassender Klassenbibliotheken ist mit einem beträchtlichen Lernaufwand verbunden. Im zweiten Teil werden Werkzeuge beschrieben, die mit ET++ für ET++ entwickelt wurden. Im Gegensatz zu anderen Ansätzen wurden die Werkzeuge nicht isoliert von einer Klassenbibliothek konzipiert. Die ET++-Werkzeuge haben Kenntnis über die Struktur von ET++ und werden auch selbst von ET++ unterstützt. Auf diese Art und Weise konnten neue Mechanismen für die Visualisierung und für das *explorative* Untersuchen der Struktur von Applikationen realisiert werden.

Im zentralen dritten Teil folgt ein Vorschlag für die Unterstützung des objektorientierten Entwurfs. Durch Abstraktion von Design-Strukturen, die in ET++ zur Anwendung kamen, wurden sogenannte *Design-Muster* identifiziert. Design-Muster sind bestimmte abstrahierte Klassenstrukturen, die sich für ET++ bewährt haben und die auch bei der Gestaltung von neuen objektorientierten Applikationen und Klassenbibliotheken verwendet werden können. Das Konzept von Design-Mustern ermöglicht, dass existierende Design-Strukturen und damit verbundene Erfahrungen wiederverwendet werden können und unterstützt dadurch den Entwickler bei der Gestaltung einer objektorientierten Software-Architektur. Design-Muster sind eine wichtige und notwendige Ergänzung zu bekannten objektorientierten Entwurfsmethoden.

Inhaltsübersicht

Dieses Buch ist in sechs Kapitel gegliedert:

Kapitel 1 führt mit einem Überblick über Ansätze für die Wiederverwendung von Software-Komponenten in die Thematik ein.

Kapitel 2 rekapituliert die Grundlagen der objektorientierten Programmierung.

Als Grundlage für die weiteren Ausführungen werden im Kapitel 3 Konzepte objektorientierter Klassenbibliotheken am Beispiel von ET++ vorgestellt. In diesem Kapitel erfolgt die Beschreibung der Struktur und des Inhalts von ET++. Dieses Kapitel ist die Grundlage für das im Kapitel 5 behandelte Thema des objektorientierten Entwurfs.

Kapitel 4 befasst sich mit der Werkzeugunterstützung für die Applikationsentwicklung mit einer umfangreichen Klassenbibliothek. In diesem Teil werden die Werkzeuge beschrieben, die mit ET++ für ET++ entwickelt wurden.

Das Kernkapitel ist Kapitel 5. Darin wird ein Ansatz für die Unterstützung des objektorientierten Entwurfs mit sogenannten Design-Mustern (*"Design Patterns"*) vorgestellt.

Kapitel 6 fasst die wichtigsten Erkenntnisse zusammen.

Das Projekt ET++

1984 wurde am Institut für Informatik der Universität Zürich ein Projekt mit dem Ziel gestartet, CASE-Werkzeuge (*Computer Aided Software Engineering*) zu entwickeln. Die Applikationen sollten eine moderne Benutzerschnittstelle aufweisen (Fenstertechnik, Graphik, Maus und Tastatur als Eingabegerät). Es zeigte sich rasch, dass eine Familie solcher Applikationen nur sinnvoll mit wiederverwendbaren Software-Komponenten realisiert werden kann.

Deshalb wurde im Rahmen des Projektes *ET* (*E*ditor *T*oolkit) [Mar86, Gam86] damit begonnen, einen Baukasten für die Entwicklung von Applikationen mit einer modernen graphischen Schnittstelle zu entwerfen. Implementationssprache dieses Projektes war C [Ker88].

ET wurde in verschiedenen Projekten eingesetzt [Sch89, Kel89, Gam87a]. Obwohl sich ET als sehr nützlich erwiesen hatte, erschien uns das System zu inflexibel, nachdem wir die Möglichkeiten objektorientierter Klassenbibliotheken erkannt hatten.

Aus diesen Gründen wurde als Nachfolgeprojekt mit der Entwicklung einer objektorientierten Klassenbibliothek in C++ begonnen. Dem Projekt wurde der Name ET++

gegeben und steht für *ET* + C++ = *ET*++. Die Ziele des ET++ Projektes wurden wie folgt festgelegt:

1. Entwicklung theoretischer und praktischer Grundlagen für die objektorientierte Software-Entwicklung.
2. Aufbau und Implementation einer umfassenden Bibliothek wiederverwendbarer Software-Komponenten für die Entwicklung von Applikationen mit einer graphischen Benutzerschnittstelle.

Bei der Entwicklung von solchen Applikationen spielt das zugrundeliegende Fenstersystem eine zentrale Rolle. Aus diesem Grund wurden im Rahmen dieses Projekts auch die folgenden Punkte untersucht:

3. Aufbau und Struktur existierender Fenstersysteme.
4. Abstraktionen für Fenstersysteme, die es ermöglichen, unabhängig von einem konkreten Fenstersystem graphische Applikationen zu entwickeln.

Aus den Punkten 3 und 4 ging ein Vorschlag und eine Implementation einer portablen und effizienten Schnittstelle zu verschiedenen Fenstersystemen hervor [Wei91].

Im Verlaufe des Projektes zeigte es sich auch, dass die Verwendung einer umfangreichen Klassenbibliothek mit einem beträchtlichen Lernaufwand verbunden ist. Die Projektziele wurden deshalb um einen zusätzlichen Punkt erweitert:

5. Untersuchung und Implementation von Werkzeugen für die Arbeit mit Klassenbibliotheken.

Die bisherigen Projektergebnisse sind in [Wei88, Gam88, Wei89] und [Gam89] veröffentlicht worden.[1] ET++ ist als *Public-Domain-Software* verfügbar.

Danksagung

Die vorliegende Arbeit begann während meiner Assistentenzeit am Institut für Informatik der Universität Zürich und wurde danach neben meiner Tätigkeit am UBILAB (Union Bank of Switzerland Informatics Laboratory) der Schweizerischen Bankgesellschaft fertiggestellt. Ich wurde von Prof. Dr. R. Marty betreut, und ich möchte ihm für seine Unterstützung und die konstruktive Kritik herzlich danken. Für die Unterstützung während der Zeit am Institut für Informatik möchte ich mich auch bei Prof. Dr. K. Bauknecht herzlich bedanken.

Besonderer Dank gebührt meinem Kollegen André Weinand. Diese Arbeit wäre ohne die unzähligen Diskussionen mit ihm nicht möglich gewesen.

---

1 Das ET++ Projekt wurde vom Schweizerischen Nationalfonds gefördert.

Für die Durchsicht der Arbeit und die zahlreichen Verbesserungsvorschläge möchte ich mich bei Duri Schmidt und Thomas Kofler bedanken. Duri Schmidt hat mir auch immer wieder geholfen, den Weg aus Sackgassen herauszufinden. Thomas Eggenschwiler implementierte den ET++DE-Prototyp.

Ganz besonders möchte ich mich auch bei meiner Frau für ihre Geduld und Motivation während der Erstellung dieser Arbeit bedanken.

1 Einleitung

Die immer steigende Nachfrage nach neuen Software-Systemen stellt erhöhte Ansprüche an die Software-Entwicklung:

- Neue Software soll in möglichst kurzer Zeit entwickelt werden.
- Die Entwicklung soll billig sein.
- Das resultierende System soll einfach an neue Bedürfnisse angepasst werden können und einfach wartbar sein.

Die Wiederverwendung existierender Software-Komponenten ist eine attraktive Möglichkeit für die Befriedigung dieser Ansprüche. Auf die Bedeutung wiederverwendbarer Software wurde bereits 1968 von McIllroy [McI68] hingewiesen. Es werden heute verschiedene Ansätze der Wiederverwendung praktiziert.

Subroutinen-Bibliotheken

Schon lange bekannt sind Subroutinen-Bibliotheken. Ein Beispiel dafür ist die C-Bibliothek des UNIX Betriebssystems. Diese Bibliothek enthält unter anderem eine Sammlung von Routinen für Ein/Ausgabe-Operationen, die Manipulation von Strings, mathematische Funktionen, sowie häufig gebrauchte Standardalgorithmen zum Sortieren und Suchen.

In moderneren Bibliotheken liegt ein Schwergewicht bei Routinen für die Implementation von graphischen Benutzerschnittstellen. Das Musterbeispiel dafür ist die *Macintosh Toolbox* [App85, App85a, App85b, App86], eine Bibliothek für die Implementation von Macintosh Applikationen.

Bibliotheken dieser Art haben jedoch nicht zu einer Verbesserung der Produktivität im grossen Rahmen geführt. Kleine Subroutinen sind zwar relativ unabhängig von ihrer Umgebung und sind somit für die Wiederverwendung geeignet. Bei der Implementation einer Applikation mit einer Bibliothek von Subroutinen muss der Entwickler aber die Verbindung – oder den *Leim* – zwischen den individuellen Routinen in jeder Applikation wieder von neuem realisieren.

Die Subroutinen der Bibliothek sind für den Klienten[1] vollständig abgeschlossen. Diese Abgeschlossenheit ermöglicht die Anpassung einer Subroutine der Bibliothek nur auf der Stufe des Quellcodes. Direkte Modifikationen von Code führen aber zu Replizierungen und zu einer Vielzahl von Versionen, die nur schwer wartbar sind.

Modul-Bibliotheken

Module à la Modula-2 oder Packages in Ada bieten dem Entwickler mehr Möglichkeiten für die Strukturierung und Festlegung der Sichtbarkeit der Routinen einer Bibliothek. Für Module gilt aber wie für Subroutinen, dass sie abgeschlossen gegenüber nachträglichen Erweiterungen sind. Möchte ein Klient ein Modul in einer leicht angepassten Version verwenden, muss er es entweder auf Codeebene modifizieren oder ganz darauf verzichten.

Parameter, die dem Klienten für die Steuerung der Funktionalität eines Moduls zur Verfügung gestellt werden, verbessern die Flexibilität wiederverwendbarer Module. Eine typische Ausprägung dieser Art der Parameterisierung ist die Übergabe von Prozedurvariablen oder von Referenzen ("*Pointer*") auf Funktionen an ein Modul. Diese Art der Parameterisierung von Modulen hat aber die folgenden Schwachstellen:

- Die Komplexität der internen Struktur eines Moduls wird durch die Parameterisierungsmöglichkeiten erhöht und erschwert das Verständnis und die Wartbarkeit eines Moduls.
- Die Komplexität der Programmierschnittstelle wird erhöht, da sich der Klient mit einer Vielzahl von Parametern herumschlagen muss.
- Ein Klient benötigt typischerweise nur eine Teilmenge der zur Verfügung gestellten Anpassungsmöglichkeiten und erhält deshalb bei der Wiederverwendung eines Moduls zusätzliche Funktionalität, die er gar nicht benötigt.

Programmgerüste

Ein Ansatz für die Wiederverwendung des Leims zwischen individuellen Subroutinen oder Modulen sind *Programmgerüste*. Die Anpassung und Wiederverwendung eines Programmgerüsts erfolgt dabei direkt am existierenden Gerüst. Dieses Vorgehen ist unstrukturiert und unkontrolliert, weil keine sichtbare Trennung zwi-

---

1 In dieser Arbeit wird zwischen den Begriffen *Klient* und *Benutzer* unterschieden. Der Klient ist ein Programmierer, der eine Software-Komponente anwendet. Mit Benutzer ist der Anwender einer Applikation gemeint.

schen dem ursprünglichen Programmgerüst und den applikationsspezifischen Anpassungen existiert.

Generatoren

Ein *Generator* erzeugt aus einer textuellen oder graphischen Spezifikation, die sich auf einer hohen Abstraktionsebene befindet, ein ausführbares Programm. Generatoren eigenen sich insbesonders für Anwendungsgebiete, die bereits gut verstanden und nahezu schon standardisiert sind. Typische Anwendungsgebiete für Generatoren sind deshalb die Generierung von Berichten, lexikalischen und syntaktischen Analysatoren [Joh78], sowie des Layouts von Benutzerschnittstellen [Sch88]. Die notwendige Standardisierung des Anwendungsgebiets führt aber dazu, dass ein Generator nur für dieses spezifische Anwendungsgebiet eingesetzt werden kann. Die Ausdruckskraft von Generatorsprachen ist typischerweise beschränkt. Es existiert meist keine Möglichkeit, die Funktionalität von Generatoren nachträglich zu erweitern. Anpassungen am generierten Code, sofern dies überhaupt möglich ist, führen zu beträchtlichen Wartungsproblemen.

Neuere Ansätze für die Wiederverwendung sind Programmschemas [Kat87] und sogenannte Transformations-Systeme [Agr86]. Zu diesen Systemen existieren aber bis jetzt nur Prototypen, die sich ausserhalb von Labors nicht verbreitet haben.

Sämtliche der oben erwähnten Ansätze sind im Hinblick auf eine verbesserte Unterstützung der Wiederverwendung mit Problemen behaftet. Ein Hauptproblem dabei ist die Abgeschlossenheit der wiederverwendbaren Komponenten und ihre mangelnde Flexibilität für nachträgliche Anpassungen. Eine wünschenswerte Eigenschaft von wiederverwendbaren Software-Komponenten formuliert deshalb das sogenannte *Open-Closed*-Prinzip [Mey88]:

- Eine Software-Komponente ist *offen*, wenn sie nachträglich erweitert werden kann, ohne dass ihr Quellcode geändert werden muss oder existierende Klienten davon betroffen werden. Mögliche Erweiterungen sind das Hinzufügen von neuen Elementen zu Datenstrukturen oder das Hinzufügen zusätzlicher Funktionen.
- Eine Software-Komponente ist *abgeschlossen*, wenn sie mit einer klar definierten Schnittstelle in einer Bibliothek für die Wiederverwendung zur Verfügung gestellt werden kann.

Objektorientierte Programmiersprachen

Die Anwendung von objektorientierten Programmiersprachen hat in neuerer Zeit mehrfach gezeigt, dass sie einige der zentralen Probleme des Software-Technik ansprechen. Die wichtigste Errungenschaft der objektorientierten Programmierung ist die direkte Unterstützung des Open-Closed-Prinzips durch entsprechende Sprachkonstruktionen. Dieser Ansatz für die Software-Entwicklung verbessert (1) die

Modularität von Applikationen auf eine natürliche Art und Weise, (2) steigert die Wiederverwendbarkeit von Software-Komponenten und (3) vereinfacht die Wartung von Software-Systemen [Cox86, Mey87, Deu89].

Die Anwendung objektorientierter Sprachen allein ist keine Garantie für die Entstehung modularer, erweiterbarer und wiederverwendbarer Software-Komponenten. Entwurf und Entwicklung eines Software-Systems bleiben trotz objektorientierter Programmiersprachen anspruchsvoll. Als ein zentrales Thema dieses Buches wird deshalb ein Ansatz für die Unterstützung des Entwurfs objektorientierter Systeme und wiederverwendbarer Klassen beschrieben. Grundlage dafür sind die konkreten Erfahrungen, die bei der Entwicklung einer umfassenden Bibliothek wiederverwendbarer Klassen, einer sogenannten Klassenbibliothek, gewonnen wurden.

2 Objektorientierte Programmierung: Begriffe und Konzepte

Der Begriff der objektorientierten Programmierung wird unterschiedlich verwendet. Bis heute existiert noch kein Konsens über die Terminologie. In diesem Kapitel werden deshalb die im folgenden verwendeten Begriffe eingeführt. Es ist aber nicht als eine allgemeine Einführung in das Gebiet der objektorientierten Programmierung gedacht.

Unter objektorientierter Programmierung verstehen wir in Anlehnung an Pascoe [Pas86] und Wegner [Weg87] die Programmierung mit einer Programmiersprache, die mindestens die folgenden Konzepte unterstützt:

- Klassen und Objekte
- Vererbung
- Dynamische Bindung und Polymorphismus

2.1 Klassen und Objekte

Anstelle der beiden Konzepte von Prozeduren und Daten tritt in der objektorientierten Programmierung das Konzept des *Objekts*. Ein Software-System wird als eine Menge interagierender Objekte betrachtet [Rob81]. Ein Objekt hat eine durch eine Menge von Operationen definierte Schnittstelle und eine interne, nach aussen meist unsichtbare Repräsentation, die seinen aktuellen Zustand speichert.

In objektorientierten Programmiersprachen erfolgt die Beschreibung von Objekten durch *Klassen*. Zur Laufzeit des Programms werden von einer Klasse Objekte oder Exemplare erzeugt.

Eine Klasse beschreibt die Repräsentation eines Objekts und definiert, wie die Operationen mit dem Objekt ausgeführt werden. Der Zustand eines Objekts wird in sogenannten *Instanz-* oder *Exemplarvariablen* gespeichert. Die Beschreibung der Operationen, die mit dem Objekt ausgeführt werden können, erfolgt durch *Methoden.*

2.2 Vererbung

Ein zentrales Konzept der objektorientierten Programmierung ist die *Vererbung*. Mit Hilfe dieses Konzepts kann eine neue Klasse definiert werden, die auf einer existierenden aufbaut und nur noch die Differenz zur gewünschten Funktionalität realisiert. Diese Art der Programmierung wird auch als "Programming by Difference" bezeichnet. Die existierende Klasse, die als Grundlage für die Implementation der neuen Klasse dient, bezeichnet man als *Basisklasse* oder *Vorgängerklasse,* die neue Klasse als *abgeleitete Klasse, Nachfolgerklasse* oder *Erbe.* Eine abgeleitete Klasse erbt von ihrer Vorgängerklasse alle Instanzvariablen und Methoden. Das Bilden von abgeleiteten Klassen führt zu sogenannten *Klassenhierarchien*. Bei der Ableitung kann die Funktionalität der Vorgängerklasse an die spezifischen Bedürfnisse der neuen Klasse angepasst werden:

- indem neue Instanzvariablen hinzugefügt werden,
- indem neue Methoden hinzugefügt werden,
- indem eine geerbte Methode durch eine andere Implementation vollständig ersetzt wird,
- indem eine geerbte Methode mit zusätzlichen Aktionen erweitert wird.

Das Ersetzen oder Erweitern einer Methode bezeichnet man als *Überschreiben* (*Overriding*). Eine Methode der Basisklasse kann in einer abgeleiteten Klasse erweitert werden, indem in der Erweiterung auch die vererbte Methode aufgerufen wird.

Wenn im folgenden Instanzen einer Klasse erwähnt werden, so sind damit implizit auch die Exemplare abgeleiteter Klassen gemeint. Wenn nur die eigentlichen Objekte der Klasse gemeint sind, verwenden wir den Begriff *Mitglieder* (*Members*).

Vererbung fördert die Wiederverwendung von Code. Der gemeinsame Code verschiedener Klassen kann in einer gemeinsamen Basisklasse realisiert und von allen Erben verwendet werden. Die Ausklammerung von gemeinsamen Eigenschaften bezeichnet man als *Faktorisierung*.

Es gibt einfache und mehrfache Vererbung. Bei der einfachen Vererbung hat eine Klasse immer nur eine Vorgängerklasse. Dabei entstehen baumförmige Klassenhierarchien. Bei der mehrfachen Vererbung kann eine Klasse mehrere Vorgängerklassen besitzen. In diesem Fall entsteht zwischen den Klassen ein azyklischer Graph.

2.2.1 Abstrakte Klassen

Eine wichtige Rolle in einer Klassenhierarchie spielen *abstrakte Klassen* (*abstract base class, deferred class, partial type*). Eine abstrakte Klasse definiert eine oder mehrere *abstrakte Methoden*. Eine abstrakte Methode legt fest, dass diese Methode von den Erben durch Überschreiben konkretisiert werden muss. Eine abstrakte Klasse ist für die Ableitung und nicht für die Erzeugung von Objekten konzipiert.

Das Gegenstück zu abstrakten sind konkrete Klassen, die hauptsächlich für die Erzeugung von Objekten konzipiert sind. Die Ableitung von einer abstrakten Klasse und das Überschreiben abstrakter Methoden bezeichnen wir im folgenden auch als Konkretisierung der abstrakten Klasse.

2.2.2 Vererbung der Schnittstelle vs. Vererbung Implementation

Beim Aufbau von Klassenhierarchien kann man zwei unterschiedliche Anwendungszwecke der Vererbung feststellen [Lal89]. Man unterscheidet zwischen der Vererbung der *Schnittstelle* und der *Implementation* einer Klasse. Bei der Vererbung der Schnittstelle steht im Vordergrund, dass die abgeleitete Klasse kompatibel mit ihrer Basisklasse ist, d.h. Instanzen der abgeleiteten Klasse können anstelle von Objekten der Basisklasse verwendet werden (*Principle of Substitutability* [Zdo88]). Zwischen der Basisklasse und der abgeleiteten Klasse besteht eine sogenannte *IS-A* Beziehung. Die abgeleitete Klasse wird in diesem Fall als *Subtyp* der Basisklasse bezeichnet.

Bei der Implementierungsvererbung steht nicht das Erben der Schnittstelle, sondern der Implementation der Vorgängerklasse im Vordergrund. In diesem Fall besteht typischerweise keine Subtyp-Beziehung. Es handelt sich bei dieser Art der Vererbung lediglich um eine besondere Art der Benutzung der Vorgängerklasse.

2.3 Dynamische Bindung, Polymorphismus, standardisierte Protokolle

Ein weiteres Konzept objektorientierter Programmiersprachen ist die *dynamische Bindung*. Darunter versteht man die Bindung von Objekten verschiedener Klassen an eine Variable. Das Laufzeitsystem wählt beim Aufruf einer Methode automatisch die Methode des Objekts aus, das aktuell an die Variable gebunden ist. Um der losen Kopplung zwischen Methodenaufruf und effektiv ausgeführter Methode Ausdruck zu geben, bezeichnet man Methodenaufrufe auch als das *Senden von Botschaften*. Ein Objekt, das eine Botschaft erhält, reagiert darauf mit der Ausführung seiner entsprechenden Methode. Den Ausdruck a.M() interpretiert man als: "Sende die Botschaft M an das Objekt a". Das Versenden von Botschaften bezeichnen wir im folgenden auch als *Objektkommunikation*. Durch die dynamische Bindung können unterschiedliche Objekte beim Empfang einer Botschaft unterschiedliche Methoden ausführen. Die Variable a ist unter diesem Gesichtspunkt eine *polymorphe Variable*, und M ist eine *polymorphe Prozedur*.

Ein wichtiges Konzept im Zusammenhang mit dynamischer Bindung sind sogenannte standardisierte *Protokolle* [Ste86]. In der objektorientierten Programmierung versteht man darunter eine standardisierte Menge von Botschaften, die von Objekten verstanden werden. Standardisierte Protokolle sind ein essentieller Bestandteil für die Beschreibung der Kommunikation zwischen Objekten. Standardisierte Protokolle führen auch zu dem Konzept von *Kontrakten* [Wir89] zwischen Objekten. Ein Kontrakt umschreibt die Verantwortlichkeiten eines Objekts durch eine Menge von Botschaften. Ein Objekt, das einen bestimmten Kontrakt unterstützt, verpflichtet sich gegenüber anderen Objekten, die damit verbundenen Botschaften zu verstehen.

Vererbung ist ein wichtiges Hilfsmittel für die Realisierung standardisierter Protokolle. Eine Klasse erbt von ihrer Vorgängerklasse sämtliche Methoden und unterstützt deshalb automatisch auch das Protokoll der Basisklasse. Ein standardisiertes Protokoll wird häufig durch eine abstrakte Klasse beschrieben, das von abgeleiteten Klassen konkretisiert werden muss.

2.3.1 Typenprüfung

Deutsch [Boo91] umschreibt das Konzept eines Typs als: "A type is a precise characterization of structural and behavioral properties which a collection of entities all share". In Sprachen mit *statischer Typenprüfung*, die illegale Operationen mit einem Objekt bereits zur Übersetzungszeit aufgrund von Typendeklarationen feststellen, wird eine Klasse einem Typ gleichgesetzt. Bei der Typenprüfung wird in diesen Sprachen die Regel angewendet, dass an eine Variable vom Typ A nur Objekte von A oder von Nachfolgerklassen von A gebunden werden können. Bei einer Variablen muss man deshalb zwischen ihrem *statischen* und *dynamischen Typ* unterscheiden. Der statische Typ entspricht der deklarierten Klasse in der Typendeklaration. Der dynamische Typ entspricht der Klasse des Objekts, das zur Laufzeit an die Variable gebunden ist.

Das Gegenstück zur statischen ist die *dynamische Typenprüfung*. In Sprachen mit dynamischer Typenprüfung hat eine Objektvariable keinen statischen Typ. Es können ihr Objekte beliebiger Klassen zugewiesen werden. Ungültige Zuweisungen werden erst zur Laufzeit festgestellt, wenn von einem Objekt eine Botschaft empfangen wird, die es nicht versteht. Sprachen mit dynamischer Typenprüfung sind im Hinblick auf die Verwendung polymorpher Variablen flexibler als diejenigen mit statischer Typenprüfung. Die Verträglichkeit von Objekten mit einer Objektvariablen beruht in diesen Systemen nur darauf, dass ein Objekt bestimmte Botschaften versteht. Sie ist unabhängig von den Vererbungsbeziehungen. Ein Typ wird in diesen Sprachen nicht einer Klasse, sondern einem Protokoll gleichgesetzt. Bei dieser Betrachtungsweise ist es deshalb möglich, dass ein bestimmter Typ unabhängig von Vererbungsbeziehungen in mehreren Klassen realisiert werden kann. Ansätze für statische Typenprüfung auf der Basis von Protokollen sind in [Joh86, Gra91] beschrieben.

2.4 Weitere Konzepte objektorientierter Programmiersprachen

In diesem Abschnitt werden weitere Konzepte objektorientierter Programmiersprachen eingeführt, die für die folgenden Ausführungen von Bedeutung sind.

Homogenität

Eine homogene bzw. reine objektorientierte Programmiersprache wendet das Objektkonzept durchgehend an, d.h. jedes Datenelement ist zwingend ein Objekt. Das Musterbeispiel dafür ist Smalltalk-80 [Gol83]. Das Gegenstück zu homogenen sind die *hybriden* Sprachen. Bei diesen Sprachen werden objektorientierte Konzepte in eine konventionelle Programmiersprache integriert. Die nicht objektorientierten einfachen Datentypen und Konstruktionen für zusammengesetzte Datentypen stehen somit weiterhin zur Verfügung. Die auf den einfachen Datentypen definierten Operationen sind nicht objektorientiert. Beispiele für hybride Sprachen sind C++, Objective-C [Cox86] und Object Pascal [Tes85].

Generische Klassen

Unter *generischen* oder *parameterisierbaren Klassen* versteht man Klassen, die formale Typparameter unterstützen. Ausprägungen einer generischen Klasse können für unterschiedliche Klassen durch die Angabe von Typparametern erzeugt werden. Generische Klassen ermöglichen zum Beispiel die Definition einer Klasse Liste, die den Typ ihrer Elemente offen lässt. Ein Klient kann durch Angabe einer Klasse als formaler Parameter eine Liste für diesen Typ von Elementen erzeugen.

Metaklassen

In homogenen objektorientierten Programmiersprachen ist jedes Objekt und insbesondere auch jede Klasse Instanz einer Klasse. Eine Klasse, deren Instanzen Klassen sind, bezeichnet man als *Metaklasse*. Metaklassen ermöglichen, dass Klassen wie gewöhnliche Objekte behandelt werden können.

Metainformation

Informationen über die Struktur von Klassen und über den Aufbau einer Klassenhierarchie bezeichnen wir als *Metainformation*. In einem objektorientierten System mit Metaklassen werden die Metainformationen von den Metaklassen zur Verfügung gestellt.

Referenz- und Speichersemantik

In Programmiersprachen hat der Name einer Variablen unterschiedliche Bedeutungen. Cleaveland [Cle86] unterscheidet zwischen *Referenz-* und *Speichersemantik*. Bei der Speichersemantik steht die Variable für einen Speicherbereich, der einen Wert beinhaltet. Bei der Referenzsemantik ist eine Variable eine Referenz auf einen Speicherbereich, der den Wert beinhaltet. Bei Zuweisungen wird bei Referenzsemantik lediglich die Referenz kopiert. Die meisten objektorientierten Programmiersprachen verwenden beim Umgang mit Objekten Referenzsemantik. Eine Ausnahme dazu ist die Sprache C++, die sowohl Referenz- als auch Speichersemantik für Objekte unterstützt.

Vergleichen und Kopieren bei Referenzsemantik

Referenzsemantik hat als Konsequenz, dass beim Vergleichen und Kopieren von Objekten unterschiedliche Varianten unterschieden werden müssen. Beim Vergleichen zweier Objekte muss man zwischen der *Gleichheit* und *Identität* unterscheiden. Identität bedeutet, dass zwei Referenzen auf das gleiche Objekt verweisen. Gleichheit bedeutet, dass zwei Referenzen entweder auf das gleiche Objekt oder auf unterschiedliche Objekte mit demselben Inhalt verweisen. Ebenfalls muss man bei der Erstellung eines Objektduplikats zwischen einem flachen (*Shallow Copy*) und einem tiefen Duplikat (*Deep Copy*) unterscheiden. Bei einem flachen Duplikat wird lediglich das Objekt selbst dupliziert, aber nicht die referenzierten Objekte. Ein tiefes Duplikat besteht aus ein Duplikat des Objekts und einem tiefen Duplikat der referenzierten Objekte.

Automatische Speicherbereinigung

Automatische Speicherbereinigung (Garbage Collection) bedeutet, dass "tote" Objekte, d.h. Objekte, die von keinen anderen Objekten mehr referenziert werden, automatisch vom System freigegeben werden. Der Programmierer muss sich dadurch nicht um die Freigabe des Speichers von Objekten kümmern.

2.5 Wiederverwendung in der objektorientierten Programmierung — Klassenbibliotheken

Objektorientierte Programmierung ermöglicht die Realisierung wiederverwendbarer Software-Komponenten bzw. Klassen. Wiederverwendbare Klassen werden Applikationsentwicklern in *Klassenbibliotheken* zur Verfügung gestellt. Klassenbibliotheken sind in der objektorientierten Programmierung die Grundlage für die effiziente Konstruktion von Applikationen.

Bei den Klassen einer Klassenbibliothek unterscheiden wir zwischen *Bausteinklassen* und *Frameworks*.

2.5.1 Bausteinklassen

Bausteinklassen sind Klassen, die direkt ohne weitere Ableitung unabhängig von anderen Klassen wiederverwendet werden. Typische Beispiele dafür sind Klassen für die Verwaltung von Datenstrukturen (Listen, Hash-Tabellen) oder für Dialogelemente. Klassen dieser Art ermöglichen die Wiederverwendung im Kleinen, d.h. sie können häufig wiederverwendet werden, die Verbindung zwischen den einzelnen Bausteinen muss trotzdem vom Klienten in jeder Applikation neu realisiert werden. Eine Möglichkeit zur Vermeidung solcher Doppelspurigkeiten aus der konventionellen Programmierung ist das Programmgerüst. Auf die Probleme bei der Arbeit mit Programmgerüsten wurde schon in der Einleitung hingewiesen.

In der objektorientierten Systementwicklung sind sogenannte *Frameworks* ein Ersatz für Programmgerüste.

2.5.2 Frameworks

Johnson [Joh88] definiert ein Framework wie folgt: "A framework is a set of classes that embodies an abstract design for solutions to a family of related problems". Das Grundprinzip eines Frameworks besteht also darin, die Struktur oder das abstrahierte Design für die Lösung einer bestimmten Problemstellung durch eine Menge von Klassen zu definieren. Ein Framework kann konzeptionell als begriffliche Erweiterung der abstrakten Klasse aufgefasst werden. Es verknüpft einen Satz abstrakter Klassen zu einer grösseren Einheit, die noch der Konkretisierung bedarf. Diese Verknüpfung unterscheidet ein Framework von einer Sammlung loser Bausteinklassen.

Zu der Definition der Verknüpfung der Klassen eines Frameworks gehört die Festlegung der standardisierten Protokolle, über die die Framework-Komponenten miteinander kommunizieren. Weil die Kommunikation zwischen Objekten eines Frameworks mit standardisierten Protokollen erfolgt, kann der Klient Frameworks durch die Bildung abgeleiteter Klassen an seine Bedürfnisse anpassen und wiederverwenden. Der Klient erbt auf diese Art einerseits das Grundverhalten der Framework-Klassen, andererseits unterstützt er durch die Ableitung auch die vom Framework vorgegebenen Protokolle, so dass die erweiterten Objekte in das Framework integriert werden (Abb. 2.1).

Im Gegensatz zu einem Programmgerüst kann ein Framework strukturiert durch die Ableitung neuer Klassen wiederverwendet werden, ohne dass der Quellcode der Framework-Klassen modifiziert werden muss.

Im Unterschied zu Bausteinklassen ermöglichen Frameworks nicht nur die Wiederverwendung individueller Bausteine, sondern vollständiger Design-Strukturen. Ein Framework ist somit aus dem Blickwinkel der Wiederverwendung grobkörniger als eine Bausteinklasse.

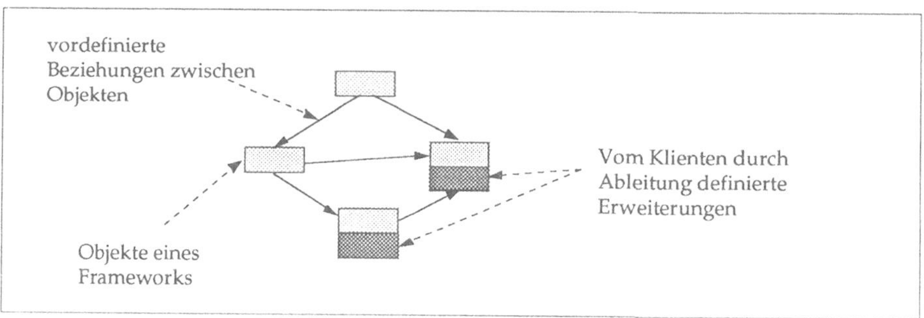

Abb. 2.1: Wiederverwendung eines Frameworks

2.5.3 Application-Frameworks

Eine spezielle Ausprägung von Frameworks sind die sogenannten *Application-Frameworks*. Schmucker [Sch86] definiert ein Application-Framework wie folgt: "An Application-Framework is a set of interconnected objects that provide the basic functionality of a working application, but which can be easily specialized (through subclassing and inheritance) into individual applications". Ein Application-Framework definiert somit die Grundstruktur oder das Gerüst einer vollständigen Applikation.

Application-Frameworks werden auch als *generische Applikationen* bezeichnet, da sie die grundlegenden Verwaltungsfunktionen einer Applikation realisieren, aber noch keine applikationsspezifische Funktionalität enthalten. Die für das Überschreiben durch den Klienten konzipierten Methoden bezeichnet man als Einschubmethoden *(Hooks)*, da der Klient an diesen Stellen den applikationsspezifischen Code einschieben kann. Der globale Kontrollfluss ist bei einem Application-Framework bereits in den Framework-Klassen fixiert. Eine Eigenschaft eines Frameworks ist es deshalb, dass die vom Klienten überschriebenen Einschubmethoden meistens innerhalb des Frameworks aufgerufen werden und nicht direkt durch den Klienten. Daraus resultiert eine sogenannte *Invertierung* des Kontrollflusses.

Eine Gruppe von Applikationen, die sich besonders gut für die Unterstützung durch ein Application-Framework eignet, sind graphische Applikationen mit einer standardisierten Benutzerschnittstelle. Bei dieser Art von Applikationen besteht das Interesse an einem einheitlichen Grundverhalten sämtlicher Applikationen. Dieses Grundverhalten ist oft in Richtlinien vorgegeben, wie z.B. für den Macintosh in den

"Human Interface Guidelines" [App88]. Mit Hilfe eines Application-Frameworks kann dieses Grundverhalten wiederverwendbar realisiert und dem Klienten in einer Klassenbibliothek zur Verfügung gestellt werden. Beispiele für Application-Frameworks aus dem Bereich interaktiver Applikationen sind:

- *MacApp* I und II [Sch86, App86a, Ros86] für Macintosh Applikationen
- *Lisa-Toolkit*[Wil84], der Vorgänger von MacApp für den Lisa Personalcomputer
- das *MVC-Framework* für Smalltalk-80 [Gol84] Benutzerschnittstellen
- *AppKit* für den NeXT Computer [Tho89]
- *ET++*, ein portables Application-Framework für UNIX Arbeitsplatzrechner [Wei89]
- *Vamp* von der Aldus Corporation für Desktop-Publishing-Applikationen [Fer89]

Beispiele für Frameworks aus anderen Anwendungsgebieten sind:

- *CHOICES* [Rus88], ein Framework für die Entwicklung von Betriebssystemen für unterschiedliche Hardware-Umgebungen.
- *RApp* [Gos89], ein Framework aus dem Bereich von VLSI-Routing-Algorithmen.
- Das *Battery*-Framework [Foo88] für die Durchführung und Auswertung psychophysiologischer Experimente.

3 Struktur und Inhalt der ET++ Klassenbibliothek

Klassenbibliotheken sind eine Grundlage für die effiziente Software-Konstruktion. In diesem Kapitel folgt eine detaillierte Beschreibung des Aufbaus, Inhalts und der Konzepte der ET++ Klassenbibliothek. Dabei werden unterschiedliche Aspekte einer Klassenbibliothek dargestellt, angefangen mit ihren Grundmechanismen, gefolgt von Bausteinklassen bis hin zu einem Application-Framework.

Dieses Kapitel bildet die Grundlage für die späteren Ausführungen zum Thema Unterstützung des objektorientierten Entwurfs.

3.1 Eigenschaften der ET++ Klassenbibliothek

ET++ ist eine Klassenbibliothek für die Entwicklung interaktiver Applikationen mit einer graphischen Benutzerschnittstelle. Zielumgebung von ET++ Applikationen sind verschiedene UNIX Arbeitsplatzrechner.

Das von ET++ unterstützte Benutzerschnittstellen-Paradigma ist in Abb. 3.1 am Beispiel der Applikation ET++Draw illustriert. Es beruht auf dem Prinzip der Direkten Manipulation. Ebenfalls unterstützt wird das Prinzip von widerrufbaren Befehlen (Undo-Redo). Wie man in Abb. 3.1 sieht, verwendet ET++ bekannte Interaktionselemente wie verschiedene Arten von Menüs (hierarchische Pop-up- und Pull-Down-Menüs), Rollbalken, Paletten, mit der Maus editierbarer Text usw.

Die charakteristischen Eigenschaften von ET++ umfassen die folgenden Punkte:

- Mit ET++ entwickelte Applikationen sind portabel und unter verschiedenen Fenstersystemen ablauffähig. Die aktuelle Version unterstützt die Fenstersysteme SunWindows [Sun87], NeWS [Sun87a] und X11.4 [Sch86a].

- ET++ implementiert die Verwaltung der bearbeiteten Dokumente einer Applikation. Ebenfalls sind in ET++ Mechanismen für die Speicherung der Objekte eines Dokuments enthalten.

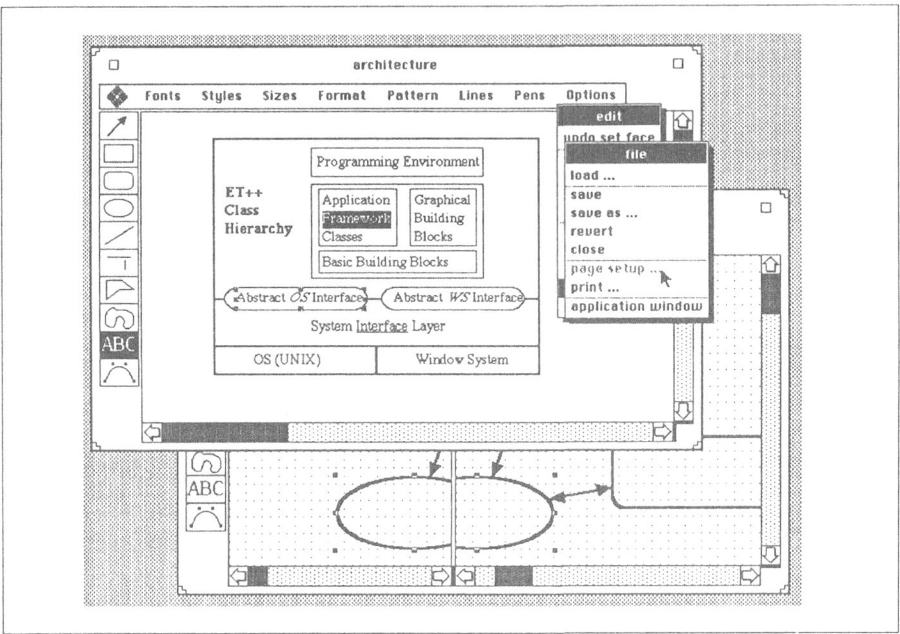

Abb. 3.1: ET++Draw als Beispiel einer ET++ Applikation

- ET++ stellt einer Applikation automatisch verschiedene *Scrolling*-Mechanismen zur Verfügung. Dazu gehört auch das sogenannte *Auto-Scrolling*.
- ET++ unterstützt den Entwickler bei der Implementation von Benutzerbefehlen, deren Auswirkungen widerrufbar sind (Undo/Redo). Für Befehle, die das Prinzip der Direkten Manipulation verwenden, sind ebenfalls geeignete Hilfen vorhanden.
- ET++ unterstützt den Entwickler bei der Aktualisierung des Fensterinhalts nach Benutzereingaben.
- Der dargestellte Fensterinhalt kann in ET++ automatisch auf eine geräteunabhängige Art und Weise gedruckt werden.
- Der Applikationsentwickler wird von ET++ durch eine Vielzahl vorgefertigter Klassen (Datenstrukturen, graphische Interaktionselemente usw.) unterstützt.

- Die interne Struktur von ET++ Applikationen kann mit speziellen Werkzeugen interaktiv untersucht werden.

ET++ wurde in C++ implementiert. C++ ist eine Programmiersprache, die noch laufend weiterentwickelt wird und in verschiedenen Versionen existiert. Die Entwicklung von ET++ begann mit der Version 1.2. In dieser Version wurde die mehrfache Vererbung noch nicht unterstützt. Im Hinblick auf die späteren Ausführungen folgt im nächsten Abschnitt eine kurze Beschreibung von C++.

3.1.1 C++

C++ wurde von Bjarne Stroustrup bei den Bell-Laboratorien seit 1980 als Erweiterung für die Sprache C [Ker88] entwickelt. C++ ist ein Beispiel einer hybriden, objektorientierten Programmiersprache mit statischer Typenprüfung. Eine Klasse ist in C++ eine Erweiterung der strukturierten Typen von C. Neben Datenfeldern können in einer Klasse zusätzlich Methoden definiert werden.

In C++ sind nicht alle Methoden zwingend dynamisch gebunden. Die Art der Bindung kann bei der Klassendefinition für jede Methode festgelegt werden. Eine dynamisch gebundene Methode wird in Anlehnung an Simula als *virtuell* bezeichnet und in der Klassendeklaration mit dem Schlüsselwort *virtual* gekennzeichnet.

Nach jeder Allozierung und vor der Freigabe eines Objekts kann in C++ eine spezielle Methode für die Initialisierung (*Konstruktor*) bzw. für die Deinitialisierung (*Destruktor*) gekennzeichnet werden. Konstruktoren haben den gleichen Namen wie ihre Klasse, Destruktoren den Namen der Klasse mit dem Präfix "~". Konstruktoren und Destruktoren werden von C++ automatisch ausgeführt.

Bei den Zugriffsrechten auf Instanzvariablen und Methoden (in C++ unter dem Oberbegriff *Members* zusammengefasst) wird unterschieden zwischen: (1) *public* Members, die für den Klienten einer Klasse sichtbar sind, (2) *protected* Members, die nur in den Methoden der eigenen oder einer abgeleiteten Klasse sichtbar sind, und (3) *private* Members, die nur innerhalb Methoden der Klasse sichtbar sind. Weiter können in einer Klasse andere Klassen als *friend* deklariert werden. Sie erhalten damit die gleichen Zugriffsrechte wie eine Methode der Klasse selbst.

In C++ kann die Schnittstellen- von der Implementierungsvererbung syntaktisch unterschieden werden. Bei der Implementierungsvererbung spricht man in C++ von privater Vererbung. Eine private Nachfolgerklasse wird von C++ nicht als Subtyp der Basisklasse betrachtet.

Als nicht objektorientiertes Konzept enthält C++ auch das Überladen von Operatoren (*Operator Overloading*). C++ bietet sowohl die Speicher- als auch die Referenzsemantik für Objektvariablen an.

3.2 Die Architektur von ET++

Die Architektur der ET++ Klassenbibliothek ist in Abb. 3.2 dargestellt. ET++ besteht aus den folgenden Hauptkomponenten:

- *Systemklassen*
  Diese Klassen abstrahieren von den Dienstleistungen des zugrundeliegenden Betriebs- und Fenstersystems. Dazu wird mit abstrakten Klassen eine abstrakte Schnittstelle definiert, die von ihren Erben für die verschiedenen Betriebs- und Fenstersysteme konkretisiert wird.

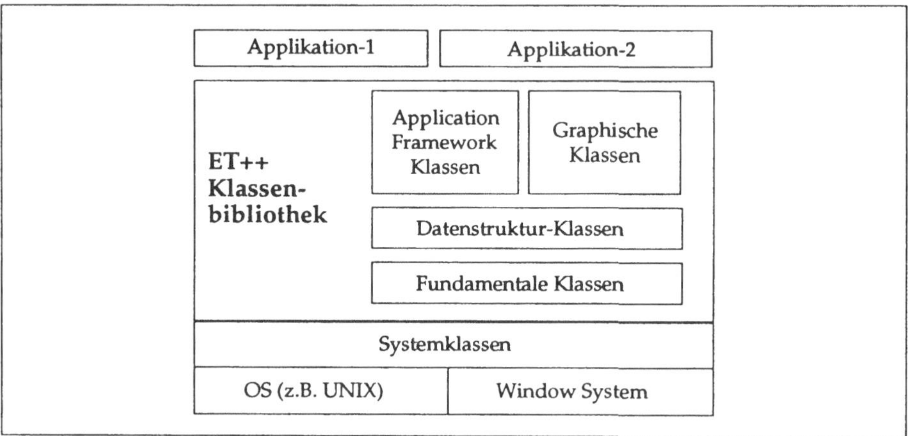

Abb. 3.2: Architektur von ET++

- *Fundamentale Klassen*
  Fundamentale Klassen stellen die Infrastruktur für die Klassenbibliothek zur Verfügung. Dazu gehören zum Beispiel Mechanismen für die Abspeicherung und das Einlesen von Objekten
- *Datenstruktur-Klassen*
  Zu dieser Gruppe gehören Klassen für die Verwaltung von Sammlungen von Objekten, oft auch als *Container-Klassen* bezeichnet. Ebenfalls zu dieser Gruppe werden Datenstrukturen für die Verwaltung von editierbarem Text gezählt.
- *Graphische Klassen*
  Die graphischen Klassen beinhalten die typischen Interaktionselemente einer Applikation mit einer graphischen Benutzerschnittstelle. Dazu gehören Menüs,

Rollbalken, verschiedene Arten von Buttons oder editierbarer Text. Die unterschiedlichen Interaktionselemente können mit verschiedenen Klassen zu komplexeren Dialogen zusammengesetzt werden.

- *Application-Framework-Klassen*
  In dieser Gruppe sind die abstrakten Klassen angeordnet, die das abstrakte Modell einer ET++ Applikation definieren.

Abb. 3.3 gibt einen Überblick über den Aufbau der ET++ Klassenhierarchie, die in der aktuellen Version aus 234 Klassen besteht. Wie man in Abb. 3.3 erkennt, sind die sogenannten *Built-In*-Klassen nicht von Object abgeleitet. Zu den Built-In-Klassen gehören Klassen, die als Ergänzung zu den C++ Standardtypen betrachtet werden. Beispiele dafür sind die Klassen Point und Rectangle für Punkte und Rechtecke. Damit diese Klassen wie Standardtypen verwendet werden können, verwenden sie die von C++ zur Verfügung gestellte Möglichkeit des Operator-Overloading.

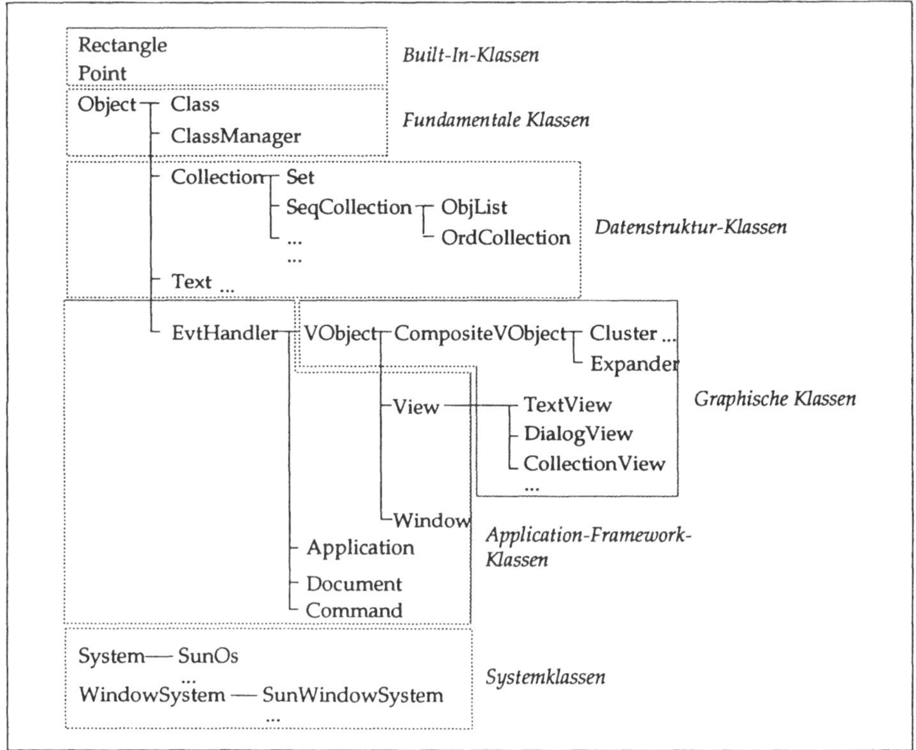

Abb. 3.3: Struktur der ET++ Klassenhierarchie

In ET++ wird nur für die Objekte von Built-In-Klassen Speichersemantik verwendet. Sie werden somit gleich wie die Standardtypen von C++ behandelt und verursachen nur ein Minimum an Laufzeitkosten. Objekte der anderen Klassen verwenden ausschliesslich Referenzsemantik und werden dynamisch auf dem Heap alloziert. Referenzsemantik ermöglicht Polymorphismus und ist eine Grundlage für die Flexibilität der ET++ Klassenbibliothek. Referenzsemantik führt aber auch zu einem erhöhten Aufwand bei der Speicherverwaltung. Es ist die Aufgabe des Programmierers, die dynamisch allozierten Objekte zur richtigen Zeit wieder freizugeben, da C++ die automatische Speicherbereinigung nicht unterstützt.

3.3 Systemklassen

Bei den Systemklassen von ET++ handelt es sich um eine Portabilitätsschicht, die die Wiederverwendung der restlichen ET++ Klassen in verschiedenen Hardware- und Software-Umgebungen ermöglicht.

Die ET++ Systemklassen werden an dieser Stelle nur übersichtsartig beschrieben. Für eine weitergehende Darstellung ist auf [Wei91] verwiesen.

Den Einstiegspunkt in die Systemklassen stellen die beiden abstrakten Klassen System und WindowSystem dar. Von diesen beiden Klassen erzeugt ET++ jeweils genau ein Objekt, das dann den Klienten zur Erzeugung von Objekten dient, die Systemressourcen modellieren. Zu den Ressourcen des Fenstersystems gehören zum Beispiel Fenster (WindowPort), Rasterbilder (Bitmap), Fonts (Font) und Farbe (Ink). Für jede Umgebung, in der ET++ ablauffähig sein soll, existieren konkrete Klassen, die die oben erwähnten abstrakten Klassen konkretisieren.

Im Zentrum der ET++Systemschnittstelle steht die Klasse Port und die davon abgeleiteten Klassen, die von konkreten Ausgabegeräten abstrahieren. Die entsprechende Klassenhierarchie ist in Abb. 3.4 dargestellt. Für die Darstellung von Klassenhierarchien verwenden wir die Konvention, dass abgeleitete Klassen rechts von ihren Basisklassen gezeichnet werden. Abstrakte Klassen werden in einem Rechteck mit abgerundeten Ecken dargestellt.

Die Klasse Port definiert eine abstrakte Schnittstelle zu Ausgabemedien wie Drucker oder Fenster. Die Schnittstelle besteht aus rund 30 graphischen Ausgabeoperationen, die von den abgeleiteten Klassen konkretisiert werden. Die abstrakte Klasse WindowPort repräsentiert ein Fenster des verwendeten Fenstersystems. Sie erweitert die Operationen der Klasse Port um zusätzliche Methoden für die Behandlung von Benutzereingaben. XWindowPort, NeWSWindowPort und SunWindowPort konkretisieren die abstrakte Klasse Port für die entsprechenden Fenstersysteme. Die Klasse

PrinterPort und ihre Erben konkretisieren die Ausgabeoperationen von Port für die Ausgabe in unterschiedlichen Druckformaten (PostScript [Ado85] bzw. *PIC* [Ker81]).

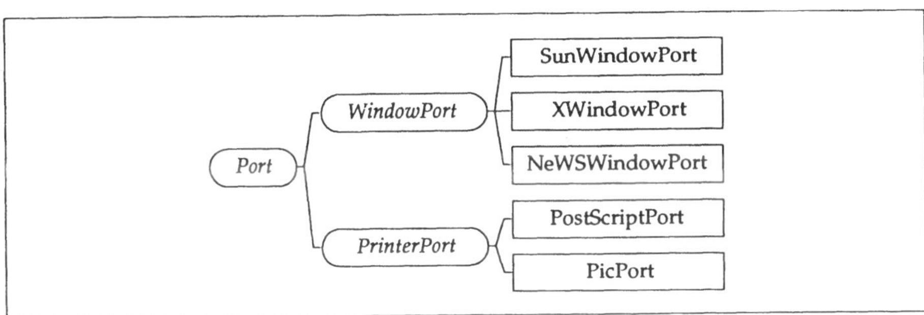

Abb. 3.4: Port-Klassenhierarchie

Zur Laufzeit einer Applikation verwaltet ET++ eine Instanz einer Port-Klasse als ihr *aktives Ausgabe-Port*. Sämtliche Ausgabeoperationen werden über dieses Objekt ausgeführt. Eine Applikation hat keine Kenntnis darüber, was für ein Port-Objekt das aktive Ausgabe-Port ist. Diese Unabhängigkeit vom konkreten Typ des Ausgabe-Ports erlaubt jeder Applikation, ihre graphischen Objekte nicht nur auf dem Bildschirm in einem Fenster, sondern auch automatisch auf einem Drucker auszugeben. Dazu muss innerhalb von ET++ lediglich das aktuelle Ausgabeport von einem WindowPort auf ein PrinterPort umgeschaltet werden.

3.4 Fundamentale Klassen

Auf der konzeptionell untersten Schicht der Klassenbibliothek befinden sich die fundamentalen Klassen von ET++. Diese Klassen haben als Hauptaufgabe, eine geeignete Infrastruktur für die Klassenbibliothek zur Verfügung zu stellen. Eine zentrale Rolle dabei spielt die Klasse Object, von der nahezu alle Klassen abgeleitet sind. Sie definiert mit abstrakten Methoden verschiedene standardisierte Protokolle. Dazu gehören:

- Abstrakte Methoden für das Vergleichen von Objekten.
- Abstrakte Methoden für die Ein-/Ausgabe eines Objekts auf ein externes Speichermedium oder für den Transfer eines Objekts in einen anderen Prozess. Diese Methoden sind die Grundlage für den Aktivierungs-Passivierungs-Mechanismus [Cox86] mit dem ein Objekt samt seinen Referenzen auf andere Objekte (Objektreferenzen) abgespeichert und später wieder eingelesen werden kann.

Zusätzlich stellt die Klasse Object einige universelle Grundmechanismen zur Verfügung:

- *Change-Propagation*
  Ein Mechanismus, mit dem Objekte auf Änderungen des Zustands eines anderen Objekts reagieren können.
- *Dynamische Typenprüfung*
  Jedes Objekt kann zur Laufzeit mit der IsKindOf-Methode bestimmen, ob es eine Instanz einer bestimmten Klasse oder einer ihrer abgeleiteten Klasse ist. Eine Grundfunktion, die von C++ nicht zur Verfügung gestellt wird.
- *Kopieren von Objekten*
  Es wird sowohl eine ShallowClone und DeepClone Methode zur Verfügung gestellt, die ein flaches bzw. tiefes Duplikat eines Objekts erzeugen.

Die Implementation dieser Mechanismen setzt voraus, dass auch zur Laufzeit noch Metainformationen vorhanden sind, was C++ nicht unterstützt. Die fundamentalen Klassen von ET++ überbrücken deshalb diesen Mangel.

3.4.1 Metainformation

Die Beschreibung der Verwaltung der Metainformation in ET++ erfolgt in zwei Teilen. Im ersten Teil wird die Organisation der Metainformation und im zweiten Teil ihre Generierung beschrieben.

Organisation der Metainformation

Jeder von Object abgeleiteten Klasse wird ein sogenannter *Klassendeskriptor* zugeordnet. Ein Klassendeskriptor wird in ET++ durch die Expansion von Makros generiert. Er ist eine Instanz der Klasse Class. Der Zugriff auf den Klassendeskriptor erfolgt mit der Methode IsA. IsA ist eine in Object definierte, dynamisch gebundene Methode, die den Klassendeskriptor zurückgibt.

In einem Klassendeskriptor sind die folgenden Informationen gespeichert:

- Der Klassenname
- Die Grösse einer Instanz
- Eine Referenz auf den Klassendeskriptor der Basisklasse
- Eine Referenz (Dateinamen und Zeilennummer) auf den Quellcode der Definition und der Implementation der Klasse
- Eine *prototypische* Instanz der Klasse

Der im Klassendeskriptor gespeicherte Prototyp ermöglicht, dass ein Objekt auch über einen Klassendeskriptor erzeugt werden kann, ohne dass der Klassenname statisch im Quellcode definiert werden muss. Für diesen Zweck stellt die Klasse Class die Methode New zur Verfügung, die ein Duplikat des Prototyps zurückgibt. Diese indirekte Erzeugung von Objekten über den Klassendeskriptor ist in den folgenden Fällen notwendig:

- Für die Erzeugung eines Objekts, falls der Klassenname nur als Zeichenkette verfügbar ist. Diese Möglichkeit wird dann benötigt, wenn der Klassenname z.B. von einer Datei eingelesen wird (→ Aktivierung/Passivierung von Objekten). Über den Klassennamen kann der entsprechende Klassendeskriptor gesucht und mit der Methode New ein neues Objekt der Klasse erzeugt werden.
- Für die Erzeugung von Objekten von Klassen, die erst zur Laufzeit dynamisch dazugebunden wurden (*Dynamic Linking of Classes*). Auf diese Art kann eine Applikation dynamisch zur Laufzeit erweitert werden, so dass sie auch Objekte von Klassen erzeugen kann, die zur Übersetzungszeit noch nicht bekannt waren.

Name, Typ und Position der Instanzvariablen können mit der Methode Members abgefragt werden. Members ist für jede Klasse implementiert. Die von Members notwendigen Informationen werden ebenfalls mit Makros generiert. Abb. 3.5 illustriert am Beispiel der Klassen BoxShape und ihrer Basisklasse Shape die Organisation der Metainformation.

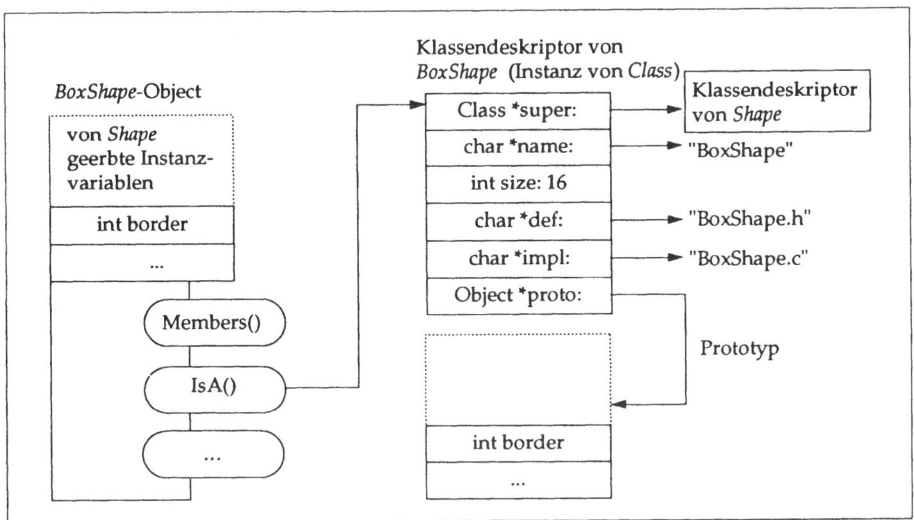

Abb. 3.5: Objekte und ihr Klassendeskriptor

Die Klassendeskriptoren aller Klassen einer Applikation werden bei der einzigen Instanz der Klasse ClassManager registriert. Der ClassManager stellt auch eine Schnittstelle für das dynamische inkrementelle Laden (*dynamic linking*) von Klassen zur Laufzeit zur Verfügung. Die Implementation des dynamischen Ladens baut in ET++ auf dem dld-Linker auf [Ho90].

Neben den Klassendeskriptoren und dem ClassManager wird in ET++ zur Laufzeit eine Objekttabelle als weitere Datenstruktur aufgebaut. Die Objekttabelle verwaltet Referenzen auf sämtliche Objekte einer Applikation. Im Gegensatz zu den Klassendeskriptoren ist die Objekttabelle für das korrekte Funktionieren einer ET++ Applikation nicht notwendig, und die Verwaltung dieser Tabelle kann optional abgeschaltet werden.

Die Objekttabelle hat in ET++ die folgenden Anwendungen:

- Die Bestimmung der *Extension* einer Klasse, d.h. das Auffinden sämtlicher Objekte einer Klasse.
- Die Prüfung, ob eine Referenz auf ein bereits gelöschtes Objekt verweist, d.h. auf ein Objekt, das sich sich nicht mehr in der Objekttabelle befindet.
- Das Auffinden von Referenzen von Objekten auf ein bestimmtes Objekt. Dazu wird die Objekttabelle sequentiell durchsucht und für jedes Objekt mit Hilfe der Methode Members geprüft, ob eine Instanzvariable das bestimmte Objekt referenziert.
- Das Erstellen von Statistiken über die aktuelle Anzahl der Objekte pro Klasse. Diese Statistiken helfen beim Auffinden von Lecks (*memory leaks*) im Speicher. Ein Leck tritt dann auf, wenn Objekte im Speicher existieren, die nicht mehr von anderen Objekten referenziert werden.

Neu erzeugte Objekte werden vom Konstruktor der Klasse Object in die Tabelle eingefügt und im Destruktor wieder entfernt. Erfahrungen haben gezeigt, dass die durch die Verwaltung der Objekttabelle verursachten Laufzeitkosten vernachlässigbar sind. Nicht alle Datenelemente sind Objekte und müssen deshalb auch nicht von der Objekttabelle verwaltet werden. Die Tabelle enthält für eine typische ET++ Applikation zwischen 1000 und 10000 Einträgen.

Generierung der Metainformation

Als ein portables Vorgehen zur Generierung der Metainformation verwendet ET++ Makros, die vom C-Vorübersetzer (cpp) expandiert werden. Der Programmierer einer Klasse muss für diesen Zweck jeweils im Definitions- und Implementationsteil einer Klasse ein Makro aufrufen, wie es der Code-Ausschnitt am Beispiel der Klasse ConnectionShape illustriert:

Datei: *ConnectionShape.h*

```
class ConnectionShape: public Shape {
    int color;
    Shape *startShape;
    Shape *endShape;
public:
    MetaDef(ConnectionShape);
    ConnectionShape();
    ...
};
```

Datei: *ConnectionShape.c*

```
MetaImpl(ConnectionShape, (T(color), TP(startShape), TP(endShape)));
```

Das Makro MetaDef wird mit dem Namen der Klasse aufgerufen und generiert die Deklaration der Methoden IsA und Members. MetaImpl wird ebenfalls mit dem Klassennamen aufgerufen, erhält aber zusätzlich als weiteres Argument eine Liste der Namen der Instanzvariablen und ihrem Typ. Für den Angabe des Typ muss der Programmierer nur festlegen, ob es sich dabei um eine Referenz[1] (Abkürzung: TP), einen Array (TA) oder eine Instanzvariable mit Speichersemantik (T) handelt. Das Makro MetaImpl generiert eine statisch allozierte Instanz der Klasse Class – den Klassendeskriptor – sowie die Implementation der in MetaDef deklarierten Methoden IsA und Members.

3.4.2 Aktivierung/Passivierung von Objekten

Die Aktivierung/Passivierung ist ein Mechanismus für die sequentielle Speicherung von Objektstrukturen. Bei der Passivierung wird eine Objektstruktur linearisiert und in kodierter Form gespeichert. Bei einer späteren Aktivierung wird die Information dekodiert und die Objektstruktur wieder aufgebaut.

Der in ET++ implementierte Aktivierungs-Passivierungs-Mechanismus stellt die Infrastruktur für die Speicherung von Objekten und insbesonders für die korrekte Behandlung von Objektreferenzen zur Verfügung. Aktivierung/Passivierung ist in ET++ nicht generisch implementiert, d.h. der Implementierer einer Klasse ist für die Implementation der Kodierungs- und Dekodierungsmethoden zum Abspeichern bzw. Einlesen der Objekte seiner Klasse zuständig. Diese halbautomatische Form der Aktivierung/Passivierung ist flexibler als die vollständig generische Form. Der Implementierer einer Klasse kann in den Kodierungsmethoden selektiv festlegen, welche der Instanzvariablen persistent und welche transient sind. Zusätzlich hat er die Möglichkeit, spezielle Eigenschaften von Objekten in den Kodierungsmethoden auszunutzen, so dass sie kompakter gespeichert werden können. Zum Beispiel kann

---

1 Der Begriff Referenz wird in dieser Arbeit als Übersetzung für "Pointer" verwendet und hat nicht die Bedeutung einer "Reference" in C++.

eine Hashtabelle komprimiert werden, indem leere Einträge nicht ausgegeben werden [Gor87]. Die halbautomatische Form der Aktivierung/Passivierung wird auch in den Klassenbibliotheken NIH [Gor90] und Open Dialogue [Sch88] verwendet. Der Hauptvorteil der generischen Aktivierung/Passivierung ist die Eliminierung von Fehlern bei manuell erstellten Kodierungsmethoden.

Für die Aktivierung/Passivierung von Objekten definiert Object mit der Kodierungs- und Dekodierungsmethode PrintOn bzw. ReadFrom ein standardisiertes Protokoll. Beide Methoden erhalten als Argument ein C++ *Stream*-Objekt, über das die Speicherung bzw. das Einlesen durchgeführt wird. Zu den Hauptaufgaben des Aktivierungs-Passivierungs-Mechanismus gehört die korrekte Behandlung von Objektreferenzen. Diese müssen bei der Passivierung von Objekten in einer geeigneten Form aufbewahrt werden, so dass sie bei der Aktivierung wieder korrekt aufgebaut werden können.

Das folgende Code-Beispiel zeigt die Implementation der PrintOn-Methode für die Klasse ConnectionShape, die in den Instanzvariablen startShape und endShape zwei andere Shape-Objekte referenziert:

```
ostream &ConnectionShape::PrintOn(ostream &s)
{
    Shape::PrintOn(s);
    return s << color << startShape << endShape;
}
```

Mit dem Aufruf von Shape::PrintOn erfolgt die Passivierung der geerbten Instanzvariablen. Anschliessend werden die eigenen persistenten Instanzvariablen ausgegeben. Um die korrekte Behandlung der Objektreferenzen startShape, endShape, muss sich der Implementierer von ConnectionShape nicht kümmern.

Aktivierung/Passivierung dient auch als Grundlage für eine generische Implementation der DeepClone-Methode in Object. Mit dem Aufruf von PrintOn wird dabei ein Duplikat eines Objekts in einen Puffer im Hauptspeicher geschrieben. Durch das anschliessende Einlesen des Objekts von diesem Puffer mit ReadFrom wird eine tiefes Duplikat des Objekts erzeugt.

3.4.3 Abhängigkeiten zwischen Objekten (*Change-Propagation*)

Die Klasse Object stellt einen sogenannten *Change-Propagation*-Mechanismus zur Verfügung. Dieser Mechanismus ermöglicht es einem Objekt, Änderungen eines anderen Objekts zu beobachten. Er ist in der Wurzelklasse Object implementiert und steht somit allen Nachfolgerklassen zur Verfügung.

Ein Objekt A kann sich mit der Methode AddObserver bei einem anderen Objekt B als Beobachter bzw. abhängiges Objekt registrieren lassen. Ändert das Objekt B seinen Zustand, kann es dies mit dem Aufruf der Changed-Methode den Beobachtern mitteilen. Der Aufruf von Changed durch das Objekt B bewirkt einen Aufruf der DoObserve-Methode für alle abhängigen Objekte (Abb. 3.6).

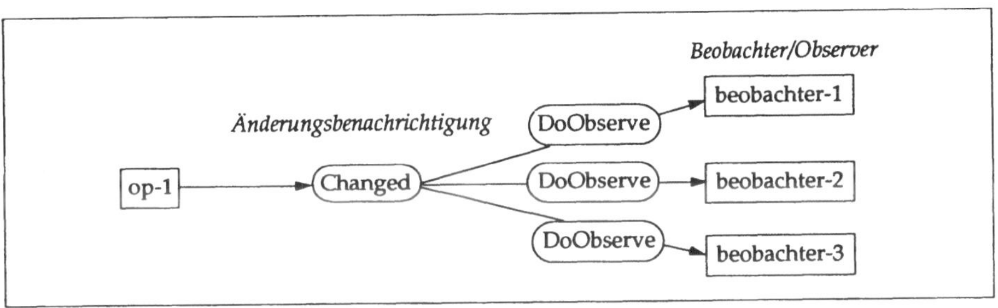

Abb. 3.6: Der Change-Propagation-Mechanismus

Die DoObserve Methode ist in der Klasse Object als *Null*-Methode realisiert, d.h. der Methodenrumpf ist leer. Klassen, die den Change-Propagation-Mechanismus für die Beobachtung anderer Objekte verwenden, überschreiben die DoObserve Methode.

3.5 Datenstruktur-Klassen

Eine wichtige Grundlage einer Klassenbibliothek sind wiederverwendbare Klassen für aggregierte Datenstrukturen (Objektsammlungen). Klassen dieser Art werden häufig als *Container*-Klassen bezeichnet.

Zu den Anforderungen an die Funktionalität von Container-Klassen gehören:

- Die Verwendbarkeit für Objekte verschiedener Klassen, d.h. Container müssen generisch wiederverwendbar sein.
- Die Unterstützung der Verwaltung heterogener Container, d.h. ein Container muss gleichzeitig Objekte unterschiedlicher Klassen verwalten können.
- Die Unterstützung für die Iteration über die Elemente eines Containers, ohne dass dabei der Klient auf die interne Datenrepräsentation eines Containers zugreifen muss.

3.5.1 Die Realisierung generischer Container-Klassen

Die Sprache C++ bietet keine speziellen Konstruktionen für die Realisierung generischer Container-Klassen an.[1] In ET++ wird deshalb für diesen Zweck ein ähnlicher

---

1 Für die Implementation von ET++ wurde eine C++ Version ohne Unterstützung für parameterisierbare Typen [Str88] verwendet.

Ansatz wie in Smalltalk-80 verwendet. Die Klasse Object definiert eine Anzahl abstrakter Methoden, die von der konkreten Repräsentation von Objekten abstrahieren. Diese abstrakten Methoden sind die Grundlage für die Implementation von Container-Klassen:

```
bool     IsEqual (Object*);
int      Compare (Object*);
u_long   Hash ();
```

Damit die Objekte einer Klasse A von einer Container-Klasse verwaltet werden können, muss A als Erbe von Object definiert werden und diese drei abstrakten Methoden klassenspezifisch überschreiben.

Welches Kriterium für den Test auf Gleichheit zweier Objekte angewendet werden soll, kann in der IsEqual-Methode für jede Klasse definiert werden. Mit der Methode Compare wird eine Ordnungsrelation zwischen den Objekten einer Klasse definiert. Die Methode Hash wird von Container-Klassen, die ein Hashing-Verfahren verwenden, für die Bestimmung eines Hash-Werts aufgerufen.

Eine Container-Klasse basiert intern auf dem Protokoll von Object und verwaltet dazu Referenzen mit dem statischen Typ Object. Somit können von einer Container-Klasse, gemäss den Typenprüfungsregeln von C++, Instanzen von beliebigen Erben von Object verwaltet werden.

Container-Objekte können auch selbst ineinander verschachtelt werden. Diese Möglichkeit beruht darauf, dass die Container-Klassen Nachfolgerklassen von Object sind. Daher kann ein Container auch andere Container-Objekte speichern.

"Typenverlust"

In Sprachen mit statischer Typenprüfung hat der in ET++ verwendete Ansatz den Nachteil, dass der statische Typ eines Objekts in einem Container nicht mehr bekannt ist. Beim Zugriff auf ein Objekt des Containers erhält der Klient nur noch ein Objekt mit dem statischen Typ Object zurück. Container-Klassen dieser Art können nur dann sinnvoll verwendet werden, wenn ein aus einem Container entferntes Objekt auch an eine Variable mit seinem ursprünglichen statischen Typ zugewiesen werden kann. Ein Objekt mit dem statischen Typ einer Basisklasse muss also einer Variablen mit dem Typ einer Nachfolgerklasse zugewiesen werden.

Wie in C besteht in C++ die Möglichkeit, mit einem sogenannten *Cast* eine unkontrollierte Typenkonversion durchzuführen. Die Verwendung eines Casts ist aber nur dann vertretbar, wenn der Klient genau "weiss", welche Objekte der Container enthält. Im anderen Fall ist ein unkontrollierter Cast im Hinblick auf die Robustheit eines Systems nicht vertretbar. Für solche Fälle stellt ET++ eine Guard-Konstruktion zur Verfügung, mit dem typensichere Konversionen durchgeführt werden können:

Shape *sp= **Guard**(anObject, Shape);

Die Guard-Konstruktion überprüft, ob der dynamische Typ eines Objekts (anObject) verträglich ist mit dem als Argument spezifizierten Typ (Shape).

Struktur der Container-Klassen

Die Struktur der ET++ Container-Klassen orientiert sich an den Collection-Klassen von Smalltalk-80. Die ET++ Klassenhierarchie der Container-Klassen ist in Abb. 3.7 dargestellt.

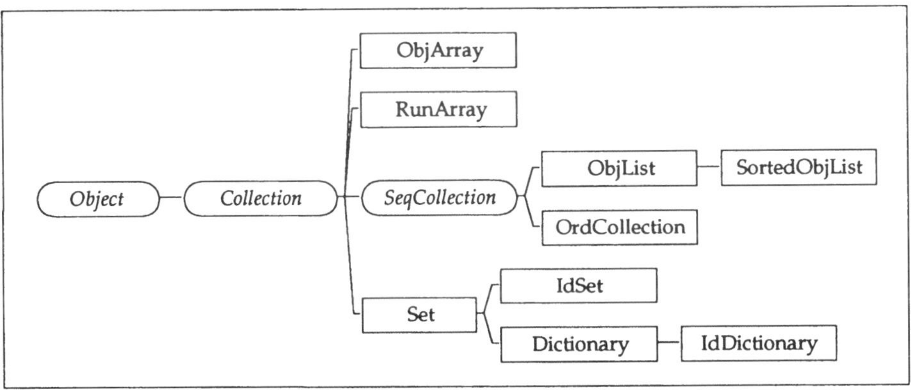

Abb. 3.7: ET++ Container-Klassen

Collection

Collection ist eine abstrakte Klasse. Sie definiert ein standardisiertes Protokoll mit abstrakten Methoden für das Einfügen (Add), Entfernen (Remove) und für das Aufzählen der Elemente (MakeIterator) einer Container Klasse. Zusätzlich werden von dieser Klasse auch konkrete Methoden für all ihre Erben realisiert. Ein Beispiel dazu sind die Methode AddAll, für das Hinzufügen des gesamten Inhalts eines andern Collection-Objekts oder Includes für den Test, ob ein Objekt in einem Container enthalten ist.

SeqCollection

SeqCollection ist wie Collection eine abstrakte Klasse. Sie definiert das Protokoll für Container, die Objekte sequentiell hintereinander speichern. Auf die Elemente kann mit den Methoden First bzw. Last oder direkt über die Angabe ihrer Positionsnummer (At) zugegriffen werden.

OrdCollection

Die Klasse OrdCollection konkretisiert die Abstraktion einer SeqCollection. Sie verwendet intern einen dynamischen Array. Die Klasse OrdCollection ist die in ET++ am häufigsten verwendete Datenstruktur-Klasse.

ObjList, SortedObjList

Die Klasse ObjList konkretisiert ebenfalls die Abstraktion von SeqCollection und verwendet dazu eine doppelt verkettete Liste.

Die Klasse SortedObjList ist von ObjList abgeleitet und implementiert eine sortierte Liste. Die Reihenfolge wird durch die Methode Compare der darin gespeicherten Objekte festgelegt. Der Klient hat aber zusätzlich die Möglichkeit, durch das Überschreiben der Methode CompareObjects ein anderes Sortierkriterium festzulegen.

Die Ableitung der Klasse SortedObjList von ObjList ist ein Beispiel für die Implementierungsvererbung. Eine SortedObjList ist kein Subtyp von ObjList, da sie im Gegensatz zu ObjList das Einfügen eines Objekts an einer bestimmten Stelle (AddBefore, AddAfter) nicht unterstützen kann.

ObjArray, RunArray

Die Klassen ObjArray und RunArray implementieren beide einen Array für die Speicherung von Objekten. Ein RunArray komprimiert Sequenzen (*Runs*) von Objekten, die gemäss der IsEqual-Methode als gleich definiert sind.

Set, IdSet

Die Klasse Set implementiert den abstrakten Datentyp einer Menge, d.h. die Speicherung von Objektduplikaten wird verhindert. Objektduplikate werden durch den Aufruf der IsEqual-Methode bestimmt. Zusätzlich zu den Methoden von Collection stellt die Klasse Set auch die klassischen Mengenoperationen zur Verfügung.

Die Klasse Set ist intern als eine geschlossene Hash-Tabelle implementiert. Als Hash-Funktion wird dabei die Methode Hash verwendet.

Die Klasse IdSet stellt ebenfalls die Abstraktion einer Menge zur Verfügung. Sie bestimmt Objektduplikate aber nicht mit IsEqual, sondern verwendet dazu die Objektidentität.

Dictionary, IdDictionary

Die Klasse Dictionary stellt einen sogenannten assoziativen Array zur Verfügung, d.h. ein Dictionary-Objekt verwaltet Assoziationen zwischen Schlüssel- und Wertobjekten. Die Ableitung der Klasse Dictionary von der Klasse Set beruht auf der Implementierungsvererbung. Die Ableitung von Set hat nur den Zweck, ihre interne Implementation als Hash-Tabelle für die Implementation von Dictionary als eine Menge von Assoziationen zu verwenden.

Die Klasse IdDictionary verwendet beim Vergleichen von Schlüsselobjekten das Kriterium der Identität und nicht wie Dictionary das Kriterium der Gleichheit. Das bedeutet, dass als Schlüssel direkt die Adresse eines Objektes verwendet wird. Ein IdDictionary Objekt ist immer dann hilfreich, wenn zu Objekten zusätzliche Daten zugeordnet werden sollen. Ein Beispiel dafür ist die Speicherung der Liste der Beobachter eines Objekts (3.4.3). Diese Art der Zuordnung von Objekten über eine Hash-Tabelle bezeichnet man auch als *Hash-Linking* [Gor90].

3.5.2 Iteratoren

Zu der Grundfunktionalität eines Containers gehört das Iterieren über seinen Inhalt. Damit dabei die Datenabstraktion gewahrt bleibt, darf der Klient nicht auf die interne Repräsentation eines Containers zugreifen. Die Programmiersprache CLU [Lis86] bietet speziell für diesen Zweck die Möglichkeit an, mit sogenannten *Iteratoren*-Konstruktionen eigene Kontrollstrukturen zu definieren. Die Funktionalität von Iteratoren kann aber auch ohne Sprachunterstützung realisiert werden.

Bei dem in ET++ verwendeten Ansatz für die Unterstützung der Iteration über den Inhalt eines Containers, stellt jede Container Klasse eine entsprechende Iterator-Klasse als *Begleiter* zur Verfügung. Sämtliche Iterator-Klassen sind von der abstrakten Klasse Iterator abgeleitet. Die Klasse Iterator definiert das abstrakte Protokoll zum Aufzählen von Objekten. Im Zentrum steht dabei die Methode, die das nächste Element liefert und das Ende der Iteration durch die Rückgabe eines speziellen Wertes kennzeichnet. Die von Iterator abgeleiteten Klassen konkretisieren dieses Protokoll und definieren zusätzliche Instanzvariablen für die Beschreibung der aktuellen Position. Da die Speicherung der aktuellen Position der Iteration vom Container getrennt ist, können gleichzeitig mehrere Iteratoren auf ihm aktiv sein. Abb. 3.8 zeigt die Klassenhierarchie der Iteratoren.

Damit unabhängig von der konkreten Repräsentation einer Container-Klasse ein entsprechendes Iterator-Objekt erzeugt werden kann, stellt jede Container-Klasse eine dynamisch gebundene Methode MakeIterator zur Verfügung. Diese Methode wird von Container-Klassen überschrieben und gibt entsprechende Iterator-Objekte zurück.

Auf der Grundlage des abstrakten Protokolls einer Container-Klasse und des abstrakten Protokolls von Iterator können mit Hilfe der Methode MakeIterator bereits auf der Stufe der Klasse Collection Operationen wie AddAll oder Find allgemeingültig für ihre Nachfolgerklassen realisiert werden. Find sucht in einem Container nach einem bestimmten Objekt. Das folgende Code-Beispiel zeigt die Verwendung von Iteratoren in ET++:

```
void Object::Changed()
{
    Iter next(observers->MakeIterator());
    Object *op;
    while (op= next())
        op->DoObserve(this);
}
```

Die meisten Schleifen werden in ET++ Applikationen mit Iteratoren gebildet. Gewöhnliche Schleifenkonstruktionen treten dabei in den Hintergrund.

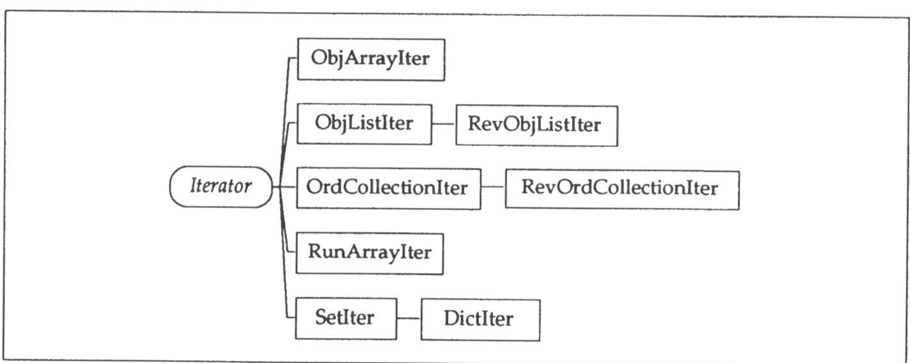

Abb. 3.8: Iterator-Klassen

Aktive und passive Iteratoren

Es können zwei verschiedene Arten von Iteratoren unterschieden werden, nämlich *aktive* und *passive* Iteratoren [Boo86]. Bei einem aktiven Iterator werden dem Klienten Grundoperationen für die Aufzählung der Elemente eines Containers zur Verfügung gestellt, die vom Klienten direkt aufgerufen werden. Die ET++ Iterator-Klassen verwenden diesen Ansatz.

Bei einem passiven Iterator übergibt der Klient dem Iterator eine Botschaft, die vom Iterator auf sämtliche Elemente angewendet wird. Aktive Iteratoren sind flexibler, da mit dem aktuellen Element beliebige Operationen ausgeführt werden können. Passive Iteratoren sind eleganter und führen zu kompakterem Code, falls an sämtliche Elemente nur eine bestimmte Botschaft gesendet werden soll. Die ET++ Container-Klassen stellen deshalb für diesen Zweck ein ForEach-Makro zur Verfügung:

```
observers->ForEach(Object, DoObserve)(this);
```

ForEach baut intern auf den aktiven Iteratoren auf und stellt nach aussen die Schnittstelle eines passiven Iterators zur Verfügung.

Robuste Iteratoren

Ein Klient kann inmitten einer Iteration den Inhalt eines Containers modifizieren. Eine solche Modifikation kann zu Inkonsistenzen zwischen dem Zustand des Iterators und dem Inhalt des Containers führen. Abb. 3.9 zeigt beispielhaft, wie beim Löschen eines Elements aus einer OrdCollection ein inkonsistenter Zustand des aktiven Iterators resultiert. Beim nächsten Aufruf des Iterators würde dabei das Element e übersprungen und fälschlicherweise Element f zurückgegeben.

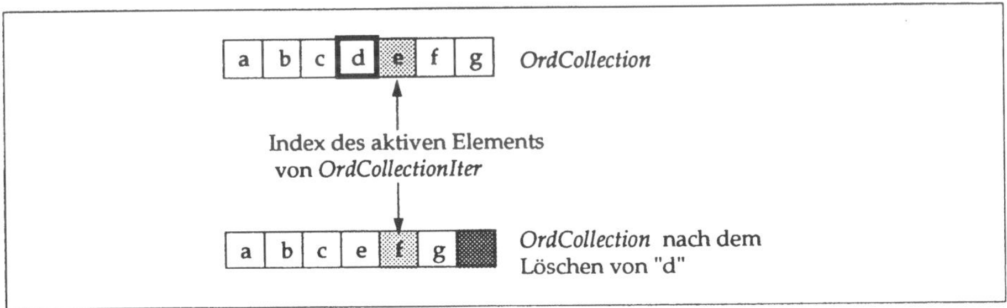

Abb. 3.9: Inkonsistenz eines Iterators

Damit ein Iterator trotz Modifikationen des zugrundeliegenden Containers korrekt arbeitet, sind die Iteratoren der ET++ Container-Klassen als sogenannte *robuste* Iteratoren konzipiert. Wie unsere Erfahrungen mit ET++ gezeigt haben, ist das Konzept von robusten Iteratoren im Zusammenhang mit der Invertierung des Kontrollflusses bei der Arbeit mit einem Application-Framework von besonderer Bedeutung. Durch die Invertierung des Kontrollflusses hat der Programmierer nicht immer Kenntnis darüber, ob bereits ein Iterator auf einem Container aktiv ist. Robuste Iteratoren ermöglichen dem Klienten, den Container ohne Störeffekte zu modifizieren.

ET++ Container im Vergleich mit Smalltalk-80

Obwohl die ET++ Container-Klassen ähnlich wie in Smalltalk-80 strukturiert sind, existieren einige Unterschiede. Bei den Iteratoren der Smalltalk-80 Collection-Klassen handelt es sich um passive, auf dem Smalltalk-Konzept von *Blocks* basierende Iteratoren. Die Smalltalk-80 Iteratoren sind im Sinne der ET++ Iteratoren nicht robust.

Dank der Homogenität von Smalltalk-80 sind die Collection-Klassen universell anwendbar. Einfache Datentypen wie ganze Zahlen oder Zeichen sind ebenfalls Objekte, die von den Collection-Klassen verwaltet werden können. In C++ sind einfache Datentypen nicht von Object abgeleitet, deshalb sind die ET++ Container-Klassen weniger generell anwendbar. Für die Speicherung in einem Container muss ein einfacher Datentyp in eine Klasse verpackt werden.

3.5.3 Textklassen

Obwohl in modernen Benutzerschnittstellen die Interaktion zu einem grossen Teil auf der direkten Manipulation graphischer Symbole basiert, bleibt das Editieren von Text ein wichtiger Bestandteil jeder Benutzerschnittstelle. Aus diesem Grund stellen die ET++ Datenstruktur-Klassen auch Klassen für die Verwaltung von editierbarem Text zur Verfügung.

Struktur der Textklassen

Verschiedene Applikationen stellen unterschiedliche Anforderungen an die Datenstrukturen für die Textverwaltung. Deshalb wird nicht eine universelle, sondern eine Gruppe von Datenstrukturen mit unterschiedlicher Funktionalität und unterschiedlichem Laufzeit-Verhalten zur Verfügung gestellt. Je nach Anwendung kann so vom Klienten eine spezifische Datenstruktur ausgewählt werden.

Für die Textklassen wird die gleiche Struktur wie für die Container-Klassen verwendet. Eine abstrakte Klasse Text definiert ein standardisiertes Protokoll für Editieroperationen, das von ihren Erben konkretisiert wird (Abb. 3.10). Die wichtigsten abstrakten Methoden der Klasse Text sind Cut, Copy, Paste und MakeIterator. Wie bei den Container-Klassen erfolgt der Zugriff auf den Inhalt eines Texts mittels Iteratoren. Ein Iterator liefert bei jedem Aufruf entweder ein einzelnes Zeichen oder ein ganzes Wort. Iteratoren werden vor allem für die Formatierung von Text verwendet.

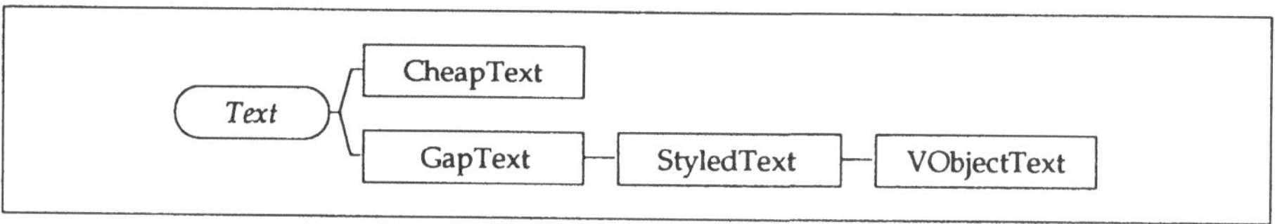

Abb. 3.10: Hierarchie der Textklassen

CheapText

Die Klasse CheapText ist eine funktionell einfache Textdatenstruktur, die nur ein Minimum an Speicherplatz benötigt. Ihre Implementation verwendet einen dynamisch wachsenden Array. Objekte dieser Klasse werden für kurze Texte verwendet, wie sie z.B. als Eingabefelder in Dialogen häufig vorkommen.

GapText

Die Klasse GapText optimiert typische Editieroperationen wie das Einfügen und Löschen von Zeichen und minimiert dabei das Kopieren von Zeichen. GapText basiert auf dem Textlücken-Verfahren [Han87] (Abb. 3.11). Editieroperationen häufen sich meist lokal an einer Stelle (*locality of reference*). Der Text wird deshalb in zwei fortlaufenden Zeichenfolgen gespeichert, die durch eine Lücke getrennt sind. Änderungen finden nur in der Lücke statt, so dass keine Zeichen verschoben werden müssen. Ändert sich die Position, an der Text geändert wird, muss die Lücke an diese Stelle verschoben werden. Beim Zugriff auf den Text mit einem Iterator wird die Lücke nicht verändert. Dank der Lokalität der Editieroperationen muss die Lücke meist nur wenig oder gar nicht verschoben werden.

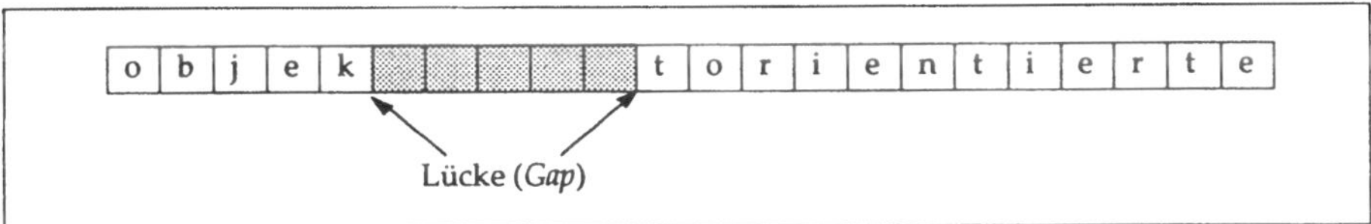

Abb. 3.11: Textlücken-Verfahren

StyledText

Die Klasse StyledText ist eine Erweiterung von GapText, die es gestattet, jedem Zeichen eine eigene Schriftart zuzuordnen.

VObjectText

Die bisher beschriebenen Textklassen können nur gewöhnliche Zeichen verwalten und nicht beliebige Objekte. Die Klasse VObjectText hebt diese Einschränkung auf. Sie kann beliebige VObject-Instanzen (*Visual Object*) in einem Text verwalten. Diese Objekte verhalten sich bei den Editieroperationen wie gewöhnliche Zeichen und fliessen dabei mit dem Text.

Marken

Die Textklassen betrachten einen Text als eine Sequenz von Zeichen. Für den Aufbau zusätzlicher Strukturen oder die Verwaltung von strukturiertem Text stellen die Textklassen einen *Marken*-Mechanismus zur Verfügung. Unter einer Marke versteht man eine Referenz auf einen Textbereich, die bei Editieroperationen transparent aktualisiert wird (Abb. 3.12).

Marken werden durch Objekte der Klasse Mark repräsentiert. Beim Ableiten einer neuen Klasse von Mark kann der Klient durch das Hinzufügen von Instanzvariablen festlegen, welche Information einem Textbereich zugeordnet werden sollen. Auf diese Weise können Marken für den Aufbau einer Zeilen- oder Paragraphenstruktur oder auch zur Verwaltung von Text, der nur bei Bedarf eingeblendet werden soll, verwendet werden.

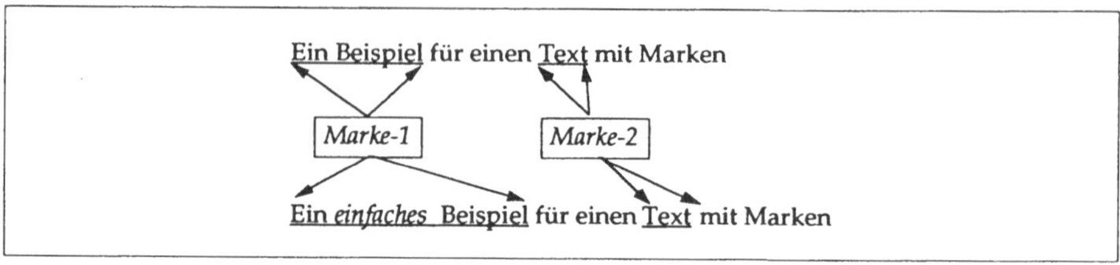

Abb. 3.12: Das Konzept von Marken

3.6 Graphische Klassen

Bei den bisher vorgestellten Klassen von ET++ handelt sich um wiederverwendbare Bausteinklassen, die nicht im Hinblick auf spezifische Applikationen entwickelt wurden. In diesem Abschnitt folgt eine Beschreibung der Bausteinklassen von ET++ für die Implementation graphischer Applikationen.

Die Klassen dieser Gruppe können eingeteilt werden in:

- Graphische Grundklassen
- Elementare graphische Bausteine
- Klassen für das Zusammensetzen elementarer Bausteine
- Komplexere graphische Bausteine

3.6.1 Graphische Grundklassen

Wie die Klasse Object die Wurzel der gesamten Klassenbibliothek darstellt, ist die Klasse VObject (*Visual Object*) die zentrale abstrakte Klasse der graphischen Klassen. Alle graphischen Klassen sind von VObject abgeleitet. Die Methoden von VObject können in die folgenden Protokolle eingeteilt werden:

Layout

Die Klasse VObject verwaltet in einer Instanzvariablen ein Rechteck (contentRect), das die Position und Ausdehnung eines VObjects beschreibt. Für die Verwaltung dieses Rechtecks dienen die Methoden SetOrigin und SetExtent. Weiter gehören zu diesem Protokoll Methoden für die Bestimmung der minimalen Ausdehnung (GetMinSize) und des Basispunktes (Base) eines VObjects. Mit der Methode Base wird festgelegt, wie das Objekt in Bezug auf eine Basislinie in einem Text zu positionieren ist.

Zeichnen

Das eigentliche Zeichnen eines VObjects erfolgt mit der Draw Methode. In ET++ wird ein indirektes Schema beim Zeichnen verwendet, d.h. die Zeichnungsmethode wird nie direkt vom Klienten aufgerufen. Mit der Methode InvalidateRect gibt ein VObject bekannt, welcher Bereich neu zu zeichnen ist. ET++ sammelt diese Bereiche und sorgt dafür, dass die Zeichnungsmethoden in der richtigen Reihenfolge zu einem späteren Zeitpunkt aufgerufen werden. Das Neuzeichnen wird dabei optimiert, ein mehrfach invalidierter Bereich wird dabei nur einmal gezeichnet.

Eine andere Optimierung, die dank diesem indirekten Ansatz transparent für den Klienten vorgenommen werden kann, ist das sogenannte *Double Buffering*. Dabei wird nicht direkt auf den Bildschirm gezeichnet, sondern in einen Puffer im Hauptspeicher. Mit einer einzigen Operation wird schliesslich die neue Version des Ausschnitts auf den Bildschirm kopiert. Auf diese Art kann die Aktualisierung des Bildschirms erfolgen, ohne dass der Benutzer ein Flackern auf dem Bildschirm wahrnimmt [Wei91].

Ereignisbehandlung

Graphische Objekte müssen auf Maus- und Tastaturereignisse reagieren können. Dazu existieren Methoden wie DoLeftButtonDownCommand, DoKeyCommand oder DoMenuCommand. Diese werden für die klassenspezifische Behandlung dieser Ereignisse von den Erben von VObject überschrieben.

CompositeVObject

Die graphischen Bausteine von ET++ verwenden die Idee, komplexere Dialogelemente durch das Zusammensetzen elementarer Grundbausteine zu konstruieren. Den Mechanismus für das Zusammensetzen von VObjects stellt die Klasse CompositeVObject zur Verfügung. Mit dieser Klasse können mehrere VObjects zu einem VObject zusammengefasst werden, das wie *ein* VObject behandelt werden kann. Einfache graphische Objekte können auf diese Art rekursiv zu komplexeren Objekten zusammengesetzt werden. Daraus resultiert ein Baum mit CompositeVObjects als innere Knoten und einfachen VObjects als Blätter. Dieser Baum ist eine Objekthierarchie und wird im folgenden als VObject-*Hierarchie* bezeichnet. Die Klasse CompositeVObject ist eine abstrakte Klasse. Sie überlässt die Konkretisierung des Layout-Protokolls ihren Erben.

Clipper

Die Klasse VObject definiert selbst keine Mechanismen für die Koordinaten-Transformation oder für das *Clipping* von Zeichnungsoperationen. Für diesen Zweck existiert in ET++ die Klasse Clipper. Wenn von einem VObject nur ein Ausschnitt dargestellt werden soll, kann es einem Clipper-Objekt übergeben werden. Ein Clipper-

Objekt verfügt über ein eigenes Koordinatensystem und stellt auch einen Scrolling-Mechanismus für das Verschieben des sichtbaren Ausschnitts zur Verfügung. Die Klasse Clipper ist von VObject abgeleitet. Das bedeutet, dass auch ein Clipper-Objekt selbst wiederum einem anderen Clipper übergeben und so eine Hierarchie von Clipper-Objekten aufgebaut werden kann.

Fenster werden durch die Klasse Window repräsentiert. Window ist ein Nachfolger von Clipper und ein Window-Objekt bildet jeweils die Wurzel einer Clipper-Hierarchie.

Die Container-Beziehung

ET++ baut zwischen den Objekten in einer VObject-Hierarchie eine sogenannte *Container*-Beziehung auf. Unter dem (graphischen) Container eines VObjects versteht man seinen Vaterknoten in der VObject-Hierarchie. Der aktuelle Container eines VObjects kann mit der Methode GetContainer abgefragt werden.

Die EventHandler-Beziehung

Neben der Container-Beziehung wird von ET++ zwischen den VObjects auch eine sogenannte *Event-Handler*-Beziehung definiert. Über diese Beziehung kann ein VObject Eingabeereignisse, die es nicht behandeln will, an ein anderes Objekt zur Bearbeitung weiterreichen.

Das zugrundeliegende Protokoll für die Ereignisbehandlung wird nicht von der Klasse VObject, sondern bereits von ihrer Basisklasse EvtHandler definiert. Die Klasse EvtHandler stellt neben den Methoden für die Ereignisbehandlung auch die Methode GetNextHandler zur Verfügung. Durch das Überschreiben dieser Methode können die abgeleiteten Klassen festlegen, an welches Objekt nicht behandelte Ereignisse weitergeleitet werden sollen. Die Methode GetNextHandler ist in VObject so definiert, dass das Ereignis an den Container des VObjects weitergeleitet wird.

3.6.2 Elementare graphische Bausteine

Die elementaren graphischen Bausteine sind direkt von VObject abgeleitet. Beispiele dafür sind die Klassen TextItem und ImageItem. Ein TextItem kann einen unformatierten Text auf dem Bildschirm darstellen, ein ImageItem ein Rasterbild. Andere Beispiele sind verschiedene Arten von Knöpfen (*Buttons*, *Radio-* und *Toggle-Buttons*).

3.6.3 Klassen zum Zusammensetzen elementarer Bausteine

Die Positionierung individueller graphischer Objekte innerhalb einer Gruppe erfolgt *deklarativ*, d.h. der Klient muss die individuellen Objekte der Gruppe nicht explizit positionieren. Für diesen Zweck existieren in ET++ verschiedene Klassen, die das Layout-Protokoll von CompositeVObject konkretisieren. Diese Klassen stellen unterschiedliche Strategien für die Positionierung der VObjects zur Verfügung.

Cluster

Die Klasse Cluster implementiert eine tabellarische Darstellung ihrer Elemente. Die Elemente eines Clusters können vertikal, horizontal oder als Matrix ausgerichtet werden. Die Klasse Form ist ein spezialisiertes Cluster für den Aufbau eines formulorartig aufgebauten Dialogs, der aus Eingabefeldern und den entsprechenden Feldbezeichungen besteht.

CycleItem

Diese Klasse stapelt ihre Elemente aufeinander und zeigt jeweils nur das Element, das sich zuoberst auf dem Stapel befindet. Durch den Benutzer oder unter der Steuerung des Programms kann der Stapel umgeordnet werden, so dass ein anderes Element zuoberst auf dem Stapel erscheint und angezeigt wird.

BorderItem

Ein BorderItem umrahmt ein VObject und positioniert ein zweites VObject als Überschrift im Rahmen.

Expander

Die Klasse Expander teilt den verfügbaren Platz gleichmässig unter ihren Elementen entlang einer Dimension auf.

Abb. 3.13 zeigt die Vererbungsbeziehungen zwischen den graphischen Klassen von ET++.

Zusammengesetzte graphische Bausteine

Einige häufig verwendete Interaktionselemente werden von ET++ bereits als zusammengesetzte Bausteine zur Verfügung gestellt. Dazu gehören die Klassen ScrollBar, Scroller und Splitter. Ein ScrollBar ist ein Expander, der aus einem Slider für die absolute und zwei Buttons für die inkrementelle Positionierung zusammengesetzt ist. Die Klasse Scroller kombiniert einen Clipper mit mehreren ScrollBars, so dass der sichtbare Ausschnitt eines VObjects auch interaktiv mit den ScrollBars verschoben werden kann. Ein Splitter kombiniert schliesslich mehrere Scrollers, die alle das gleiche VObject zeigen. Er kann auf diese Art gleichzeitig unterschiedliche Ausschnitte eines VObjects darstellen.

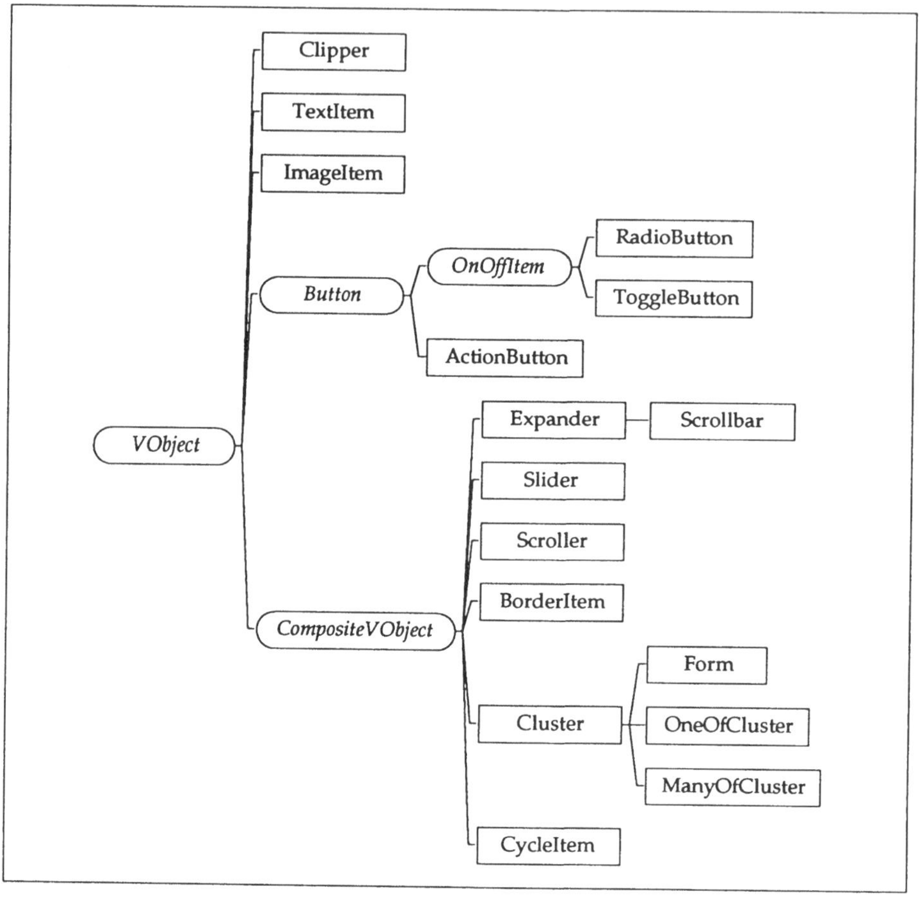

VObject
- Clipper
- TextItem
- ImageItem
- Button
  - OnOffItem
    - RadioButton
    - ToggleButton
  - ActionButton
- CompositeVObject
  - Expander
    - Scrollbar
  - Slider
  - Scroller
  - BorderItem
  - Cluster
    - Form
    - OneOfCluster
    - ManyOfCluster
  - CycleItem

Abb. 3.13: VObject-Klassenhierarchie

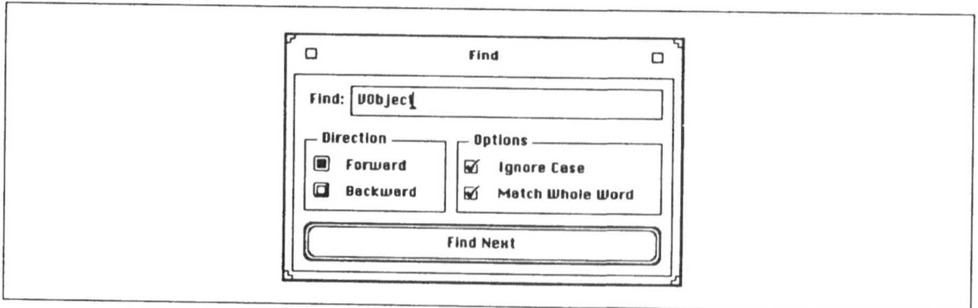

Abb. 3.14: Find-Dialog

Ein Beispiel für die Definition einer VObject-Hierarchie

Abb. 3.14 zeigt einen Dialog für die Eingabe der Parameter für eine Suchoperation in einem Texteditor. In Abb. 3.15 ist die entsprechende Definition seiner VObject-Hierarchie mit den graphischen Bausteinen von ET++ dargestellt. Eine variabel lange Argumentliste eines VObject-Konstruktors wird jeweils durch "0" abgeschlossen.

```
new Expander(eVert,
        new Form("Find:", new EditTextItem(cldFind, ""),
        0),
        new Expander(eHor,
                new BorderItem ("Direction",
                        new OneOfCluster(cldFindMode, eVObjHLeft,
                                "Forward",
                                "Backward",
                        0)
                ),
                new BorderItem ("Options",
                        new ManyOfCluster(cldFindOpt, eVObjHLeft,
                                "Ignore Case",
                                "Match Whole Word",
                        0)
                ),
        0),
        new ActionButton (cldDoFind, "Find Next"),
0);
```

Abb. 3.15: Definition der VObject-Hierarchie des Find-Dialogs

3.6.4 Komplexere graphische Bausteine

Bei den komplexeren Bausteinen von ET++ wird das interaktive Verhalten eines Dialogelements von der Verwaltung der zugrundeliegenden Datenstruktur getrennt. Diese Art der Modularisierung interaktiver Komponenten wurde in Smalltalk-80 eingeführt und wird als *Model-View-Controller*-Architektur (MVC) [Kra88] bezeichnet:

- Das Model verwaltet die Datenstruktur einer Komponente.
- Die View beinhaltet die Algorithmen für die Darstellung des Modells.
- Der Controller behandelt Eingabeereignisse.

Die Grundidee dieser Aufteilung besteht darin, dass die einzelnen Komponenten unabhängig voneinander wiederverwendet werden können. Zusätzlich kann durch diese Trennung das gleiche Modell von verschiedenen Views auf eine unterschiedliche Art dargestellt werden.

ET++ Model-View-Paare

Als komplexere Bausteine stellt ET++ einige vorfabrizierte Model-View-Paare zur Verfügung. In ET++ gibt es keine eigenen Controller-Objekte. Die Funktionalität des

Controllers steckt in ET++ in den VObjects sowie anderen, von EvtHandler abgeleiteten Klassen. Als Modelle der vorfabrizierten Model-View-Paare dienen die Grunddatenstrukturen (Collection, Text) von ET++. Zu diesen Datenstrukturen stellt ET++ entsprechende View-Klassen zur Verfügung. Als Grundlage für die Darstellung der Datenstrukturen dient die direkt von VObject abgeleitete abstrakte Klasse View.

Die Klasse View beinhaltet Methoden für die Verwaltung einer Selektion und des einer View zugeordneten Menüs. Die Umsetzung eines Modells in eine graphische Darstellung erfolgt in der Methode Draw.

3.6.5 Standard-Views

Die folgenden View-Klassen werden von ET++ als Grundbausteine zur Verfügung gestellt (Abb. 3.16):

CollectionView

Eine CollectionView kann eine Collection, deren Elemente VObjects sind, in der Form einer Tabelle darstellen und unterstützt die interaktive Auswahl der Elemente. CollectionView ist der Grundbaustein von Interaktionskomponenten, die eine Liste von Objekten zur Auswahl anzeigen. Dazu gehören verschiedene Arten von Menüs (Menu), Menübalken (MenuBar) oder Paletten.

TreeView

Eine Collection kann als Element wiederum eine andere Collection enthalten. Durch die Verschachtelung von Collections kann eine Baumstruktur gebildet werden. Eine solche Baumstruktur mit VObjects als Blätter kann von der Klasse TreeView dargestellt werden. Die Klasse TreeView berechnet die Position der einzelnen Knoten und unterstützt die interaktive Auswahl eines Elements sowie das Zusammenfassen von einem Teilbaum zu einem Knoten und umgekehrt.

GraphView

Durch die Verschachtelung von Collections kann auch ein gerichteter, azyklischer Graph aufgebaut werden. Ein solcher Graph kann von der Klasse GraphView dargestellt werden. Im Gegensatz zum automatischen Layout von Bäumen ist das Generieren einer ästhetischen Anordnung der Knoten eines Graphen ein anspruchsvolles Problem. Bereits bei der Anwendung einfacher ästhetischer Regeln kann gezeigt werden, dass es sich dabei um NP-vollständige Probleme handelt [Bra89]. Aus diesem Grund wurde ein relativ einfacher Ansatz für das Layout eines Graphen gewählt. Der Benutzer hat aber immer die Möglichkeit, eine erzeugte Anordnung interaktiv zu verändern.

DialogView

Eine DialogView zeichnet eine VObject-Hierarchie und implementiert das Standardverhalten von Dialogfenstern.

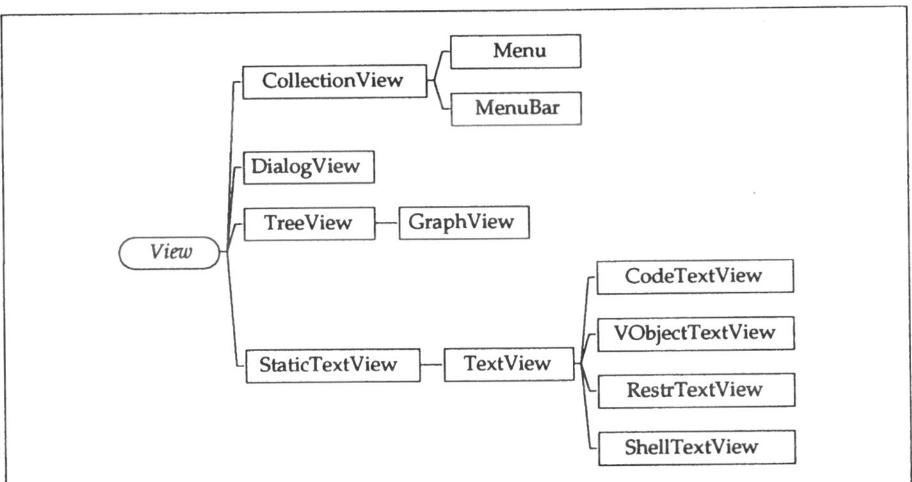

Abb. 3.16: Standard-Views

3.6.6 Darstellung und Manipulation von Text

Für die Darstellung und die interaktive Bearbeitung der in Abschnitt 3.5.3 beschriebenen Textdatenstrukturen wird eine Hierarchie von View-Klassen zur Verfügung (Abb. 3.16) gestellt. Eine StaticTextView kann einen Text formatieren und darstellen. Die Klasse TextView erweitert StaticTextView und fügt zusätzliche Methoden für das Editieren und die Verwaltung einer Selektion hinzu. Die Erben von TextView spezialisieren diese Klasse für verschiedene Anwendungsbereiche:

- CodeTextView, für das Editieren von Programmcode.
- RestrictedTextView, für die Bearbeitung eines Texts mit einem vordefinierten Format. Eine Anwendung einer RestrictedTextView ist ein Dialogelement für die interaktive Eingabe einer Zahl. Das Format des Textes kann mit einem regulären Ausdruck definiert werden.
- ShellTextView, stellt eine Schnittstelle zu einem UNIX-Shell zur Verfügung. Eingegebene Kommandos können editiert werden. Die Ausgaben der Kommandos werden protokolliert.
- VObjectTextView, erweitert eine TextView um zusätzliche Methoden für die Bearbeitung eines VObjectTexts.

Ein konkreter Texteditor entsteht in ET++ durch das Zusammensetzen einer TextView mit einem Text und einem TextFormatter. Die Klasse TextFormatter legt fest, gemäss welchem Algorithmus ein Text in Zeilen umgebrochen werden soll. Sie definiert dazu die abstrakte Schnittstelle für den Formatier-Algorithmus. In der aktuellen Version existieren zwei unterschiedliche konkrete Implementationen von Formatier-Algorithmen:

- SimpleFormatter: Der Umbruch erfolgt bei Zeilenschalter-Zeichen (*newlines*)
- FoldingFormatter: Bricht eine Zeile ab einer bestimmten Breite bei Wortgrenzen um.

Die einzelnen Komponenten eines solchen "Text-Editor-Tripels" kommunizieren intern über standardisierte Protokolle, so dass sie beliebig miteinander kombiniert werden können (Abb. 3.17).

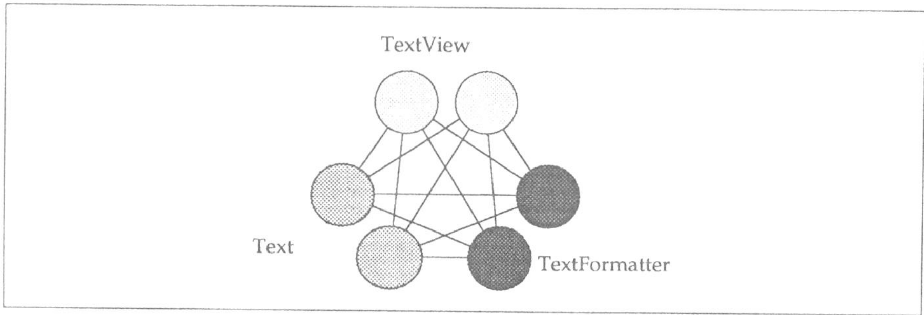

Abb. 3.17: Kombinierbarkeit der Text-Komponenten

Eine bemerkenswerte Anwendung der Textklassen ist die Kombination einer VObjectTextView mit einem VObjectText. In einen VObjectText können beliebige Instanzen von VObject eingefügt werden. Das bedeutet, dass zum Beispiel TextViews rekursiv verschachtelt werden können. Auf die gleiche Art können in einer Hypertext-Applikation Buttons in den Text eingefügt werden, bei deren Betätigung eine bestimmte Aktion ausgelöst wird. Abb. 3.18 zeigt einen VObjectText mit eingefügten VObjects.

Der ET++ Ansatz für die Modellierung von editierbarem Text mit Hierarchien von Text, View- und TextFormatter-Klassen, deren Objekte beliebig kombiniert werden können, deckt ein breites Spektrum verschiedener Anwendungen ab. Einige Beispiele für TextView-Text-TextFormatter-Kombinationen sind in der Tabelle 3.19 zusammengestellt.

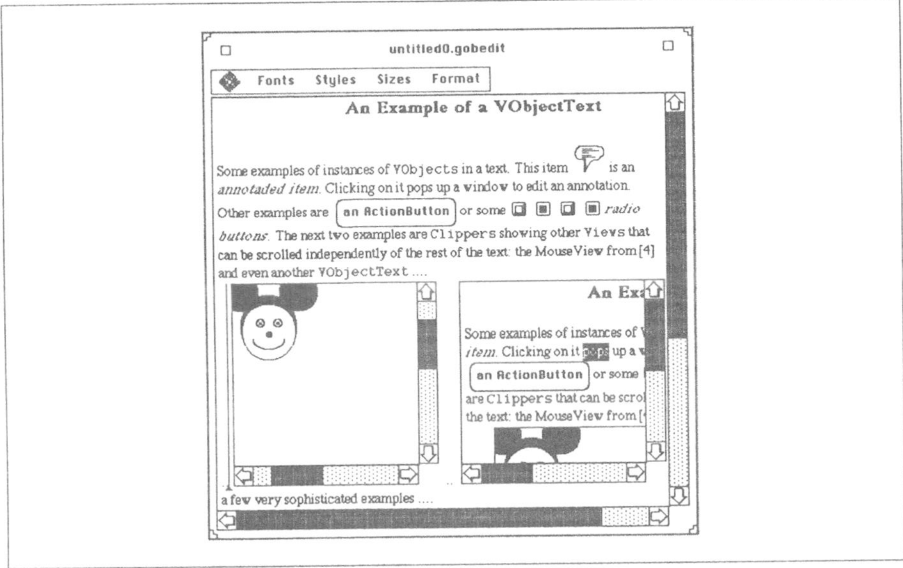

Abb. 3.18: Beispiel eines VObjectTexts

TextView	*Text*	*TextFormatter*	*Anwendung*
CodeTextView	GapText	SimpleFormatter	Programmeditor
TextView	StyledText	FoldingFormatter/ SimpleFormatter	Graphisches Objekt in ET++Draw
StaticTextView	CheapText	SimpleFormatter	Read-Only Text
VObjectTextView	VObjectText	FoldingFormatter	Hypertext-Editor
TextView	CheapText	SimpleFormatter	Textfeld in einer Dialogfenster
RestrictedTextView	CheapText	SimpleFormatter	Numerisches Textfeld in einer Dialogfenster

Abb. 3.19: Beispiele von TextView-Text-TextFormatter-Kombinationen

3.7 Application-Framework-Klassen

Application-Frameworks sind, wie bereits in Abschnitt 2.5 erwähnt wurde, für eine bestimmte Familie von ähnlichen Applikationen konzipiert. Bei der Familie von Applikationen, die von den ET++ Application-Framework-Klassen unterstützt werden, handelt es sich um graphische Editoren mit einer standardisierten Benutzerschnittstelle, die dem Prinzip der Direkten Manipulation folgen. ET++ wurde somit für eine ähnliche Art interaktiver Applikationen entwickelt, wie sie vom Apple Macintosh her bekannt sind. Solchen Applikationen liegt das folgende Modell zugrunde:

- In einer Applikation können vom Benutzer gleichzeitig mehrere Dokumente interaktiv bearbeitet werden.
- Der Inhalt eines Dokuments wird in einem oder mehreren Fenstern dargestellt.
- Die Daten eines Dokuments werden von einer Datei eingelesen und nach Änderungen wieder in einer Datei abgespeichert.
- Für das interaktive Editieren stehen dem Benutzer Befehle zur Verfügung, die über die Tastatur, Menüs oder die Maus ausgelöst werden können.

Dieses Modell wurde in Anlehnung an MacApp in die folgenden Klassen umgesetzt (Abb. 3.20):

- Application (*)
- Document (*)
- Window
- View (*)
- Command (*)

Von den mit (*) markierten Klassen werden bei der Entwicklung einer Applikation spezifische Klassen abgeleitet.

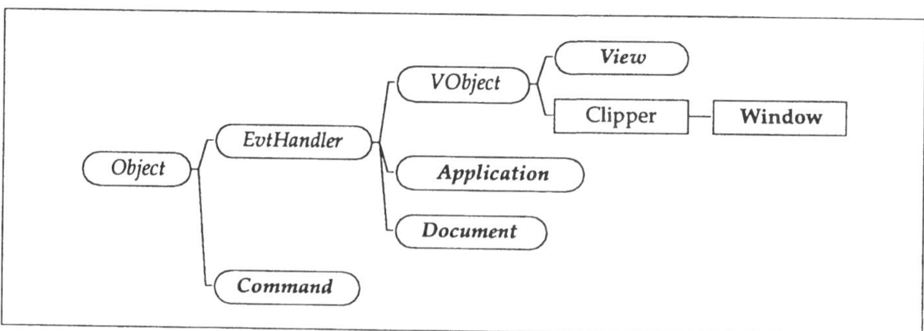

Abb. 3.20: Application-Framework-Klassen

Die Verantwortlichkeiten der verschiedenen Klassen umfassen:

Application

Die Klasse Application verwaltet den globalen Zustand einer Applikation. Beim Starten einer Applikation wird genau eine Instanz dieser Klasse erzeugt. Mit dem Aufruf der Methode Run erfolgt die Abgabe der Steuerung an ET++ (invertierter Kontrollfluss). Das Application-Objekt öffnet bereits existierende oder erzeugt neue Dokumente. Geöffnete Dokumente werden von dem Application-Objekt verwaltet. Die abstrakte Klasse Application hat keine Kenntnis, welche konkreten Dokumente von einer Applikation behandelt werden. In den von Application abgeleiteten Klassen muss deshalb die Methode DoMakeDocument überschrieben werden. In dieser Methode wird ein konkretes Dokument der Applikation erzeugt und an das Application-Objekt zurückgegeben. Methoden dieser Art, die für die Erzeugung eines Objekts überschrieben werden müssen, bezeichnen wir als *virtuelle Konstruktoren.*

Document

Die Klasse Document verwaltet die Datenstrukturen einer Applikation. Ein Document-Objekt ist dafür verantwortlich, diese Datenstrukturen von einer Datei einzulesen bzw. abzuspeichern. Für das Abspeichern und Einlesen müssen die Methoden DoRead und DoWrite überschrieben werden. Diese beiden Methoden verwenden intern typischerweise den Aktivierungs-Passivierungs-Mechanismus (3.4.2).

Die Klasse Document realisiert sämtliche Dialogsequenzen für das Öffnen und Schliessen von Dokumenten, die meist unverändert von den Nachfolgerklassen übernommen werden können.

Ebenfalls zu den Aufgaben des Document-Objekts gehört die Erzeugung der Fenster für die Darstellung der Datenstruktur auf dem Bildschirm. Für die Erzeugung der Fenster wird der virtuelle Konstruktor DoMakeWindows überschrieben. In DoMakeWindows wird eine VObject-Hierarchie aufgebaut und in ein Window-Objekt installiert, das dann zurückgegeben wird.

Window

Die Klasse Window repräsentiert ein Fenster auf dem Bildschirm, das vom Benutzer interaktiv verschoben oder in seiner Grösse verändert werden kann. In den meisten Applikationen kann Window direkt ohne Ableitung verwendet werden.

View

Die Klasse View wurde als eine Grundklasse der graphischen Bausteine von ET++ bereits eingeführt. Sie ist für die Darstellung der vom Dokument verwalteten Datenstruktur verantwortlich. Views werden in der Methode DoMakeWindows des Dokuments beim Aufbau der VObject-Hierarchie erzeugt und typischerweise in einen

Scroller oder Clipper installiert, so dass auch nur ein Ausschnitt einer View dargestellt werden kann.

Command

Die Klasse Command bildet die Grundlage für die Implementation von Befehlen, deren Auswirkungen widerrufbar sind ("*Undo/Redo*"). Wann immer der Benutzer zum Beispiel aus einem Menü einen Befehl auswählt, der den Inhalt des Document-Objekts verändert, wird ein Command-Objekt erzeugt. Dieses wird anschliessend ET++ zur Ausführung übergeben. Die Klasse Command definiert zu diesem Zweck ein standardisiertes Protokoll für die Ausführung von Befehlen, das aus den Methoden DoIt, UndoIt und RedoIt besteht.

Für jeden widerrufbaren Befehl einer Applikation wird eine Klasse von Command abgeleitet. In Instanzvariablen eines Command-Objekts wird vor der Ausführung jeder Operation genügend Information zum alten Zustand gespeichert, so dass ihre Auswirkungen bei Bedarf widerrufbar sind. Die Ausführung von Command-Objekten findet in der Klasse Document statt. Das Document-Objekt "weiss" jeweils, in welchem Zustand sich die Ausführung eines Befehls befindet, und sendet dem Command Objekt je nachdem die DoIt-, UndoIt- oder RedoIt-Botschaft.

Eine wichtige Gruppe von Befehlen sind solche, die durch die direkte Manipulation von Objekten mit der Maus ausgelöst werden, wie zum Beispiel das Verschieben eines graphischen Objekts mit laufender Rückmeldung. Der gemeinsame Kontrollfluss, der Befehlen dieser Art zugrunde liegt, wird ebenfalls von ET++ implementiert: Der Klient muss dazu die beiden Methoden TrackMouse und TrackFeedback überschreiben. TrackMouse wird immer dann aufgerufen, wenn sich entweder die Position der Maus verändert hat oder eine Maustaste betätigt wurde. TrackFeedback wird während der Verschiebung eines Objekts aufgerufen. Durch das Überschreiben dieser Methode kann dem Benutzer eine visuelle Rückmeldung über die aktuelle Position des Objekts angezeigt werden.

3.7.1 Die Objekthierarchie einer ET++-Applikation

Zur Laufzeit einer ET++ Applikation wird mit den Methoden DoMakeDocument und DoMakeWindows eine Hierarchie von Objekten aufgebaut, die den aktuellen Zustand der Applikation repräsentiert. An der Wurzel dieser Objekthierarchie befindet sich das Application-Objekt. Abb. 3.21 zeigt ein Beispiel einer Objekthierarchie für eine Applikation mit zwei geöffneten Dokumenten.

Das Dokument Document-1 ist in zwei Fenstern dargestellt. Die Objekthierarchie in einem Fenster entspricht einer VObject-Hierarchie, wie sie mit den graphischen Bausteinen von ET++ aufgebaut werden kann. Das Fenster Window-1 ist mit einem

Expander aufgeteilt in zwei Teilfenster, in denen zwei Views unterschiedliche Aspekte des Dokuments darstellen.

Die Verbindungen, die mit einem ● markiert sind, werden mit virtuellen Konstruktoren aufgebaut.

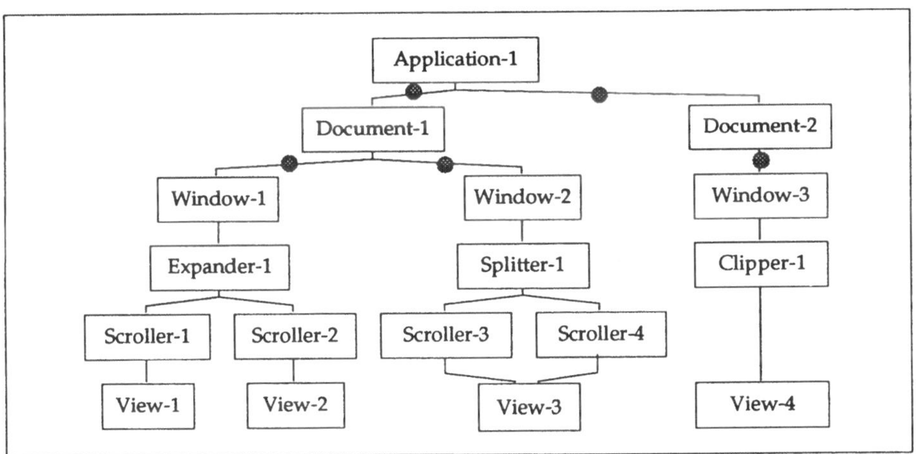

Abb. 3.21: Objekthierarchie einer ET++ Applikation

3.7.2 Ereignisbehandlung und Kontrollfluss von ET++ Applikationen

Interaktive Applikationen werden durch die Eingaben des Benutzers gesteuert (*Event-Driven*). Aus diesem Grund steht im Zentrum des Kontrollflusses einer ET++ Applikation die Behandlung von Eingabeereignissen. Die Verarbeitung von Eingabeereignissen erfolgt in ET++ in drei Phasen.

1. Zuordnung des Ereignisses an ein VObject

Ein Eingabeereignis wird von der ET++ Systemschnittstelle an das Fenster weitergeleitet, in dem sich der Mauszeiger (*Cursor*) befindet. In einem Fenster ist eine VObject-Hierarchie installiert. Das Ereignis wird nun innerhalb dieser Hierarchie weiter verteilt. Die CompositeVObjects als innere Knoten sorgen dafür, dass das Ereignis an das VObject weitergeleitet wird, in dessen Bereich sich der Cursor befindet. Dazu wird die VObject-Hierarchie von oben nach unten traversiert, bis das innerste VObject gefunden ist.

2. Behandlung des Ereignisses

Im VObject, dem das Ereignis zugeordnet wurde, wird das Ereignis analysiert und eine der von EvtHandler definierten Methoden DoKeyCommand, DoLeftButtonDownCommand, DoMenuCommand etc. aufgerufen. Durch das Überschreiben dieser Methoden in Nachfolgerklassen von VObject kann auf ein Ereignis reagiert werden. Wird eine solche Methode nicht überschrieben, wird die von EvtHandler geerbte Methode ausgeführt. Diese sorgt dafür, dass das Ereignis über den Aufruf von GetNextHandler an ein anderes Objekt weitergeleitet wird.

Die Framework-Klassen Application, Document, Window sind ebenfalls von EvtHandler abgeleitet (Abb. 3.20), d.h. Ereignisse können ebenfalls an Objekte dieser Klassen weitergeleitet werden. Die Methode GetNextHandler ist von den Framework-Klassen so definiert, dass ein Ereignis von dem View-Objekt als Blatt der VObject-Hierarchie an das Document und von da aus weiter an das Application-Objekt geleitet wird. Abb. 3.22 zeigt die *Event-Handler-Ketten* für die Objekthierarchie von Abb. 3.21 für die Objekte View-1, View-2 und Window-1.

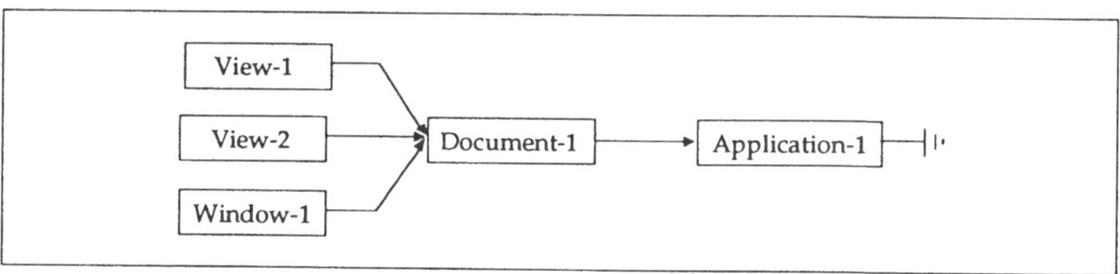

Abb. 3.22: Event-Handler-Ketten

Jedes Objekt in dieser Kette behandelt bei der Traversierung der Eventhandler-Kette die zu seinem Verantwortungsbereich gehörenden Ereignisse. Die View behandelt z.B. die Menüpunkte cut, copy, paste, die auf der Selektion der View operieren. Document behandelt die Menüpunkte load und save, die sämtliche seiner Views und Fenster betreffen, und schliesslich Application Menüpunkte wie z.B. quit, die alle Dokumente betreffen. Auf diese Art entsteht ein Baum von Verantwortungsbereichen, der jeweils von den Blättern zur Wurzel hin traversiert wird. Dabei behandeln die Objekte an den Blättern spezifische und Objekte nahe der Wurzel allgemeinere Ereignisse.

3. Befehlsausführung

Innerhalb der Methoden DoKeyCommand, DoMenuCommand usw. wird das Ereignis weiter analysiert und für die Ausführung des damit verbundenen Befehls ein Command-Objekt erzeugt. In der Klasse TextView zum Beispiel wird bei der Auswahl des *Paste*-Menüeintrags ein PasteCommand-Objekt erzeugt. Das Command-Objekt wird entlang der Eventhandler-Kette weitergereicht, bis es zu seinem Dokument gelangt. Im Document-Objekt erfolgt die eigentliche Befehlsausführung durch den Aufruf von DoIt, UndoIt oder RedoIt.

Bei der Ausführung eines Befehls werden die Datenstrukturen entsprechend modifiziert und dabei mit der Methode InvalidateRect die betroffenen Ausschnitte der graphischen Darstellung invalidiert. Schliesslich sorgt ET++ dafür, dass durch den Aufruf der Draw-Methoden der invalidierten VObjects die Darstellung auf dem Bildschirm aktualisiert wird.

Nach der Aktualisierung des Bildschirms wartet ET++ auf das nächste Eingabeereignis. Sobald ein Eingabeereignis eintritt, wird der Zyklus von neuem durchlaufen.

3.7.3 Die "Hello World" Beispiel-Applikation

In diesem Abschnitt wird am Beispiel einer "Hello World" Applikation (Abb. 3.23) das Zusammenspiel der ET++ Application-Framework-Klassen gezeigt.

Die Funktionalität dieser Applikation umfasst:
- die Darstellung des Textes "hello world" in einem Fenster mit Rollbalken
- das interaktive Verschieben des Textes mit der Maus
- das Abspeichern des Textes und seiner Position in einer Datei.

Abb. 3.23: Die HelloWorld-Applikation

Die Implementation von HelloWorld besteht aus den Klassen HelloView, HelloDocument und Hello, die im folgenden erläutert werden.

HelloView

HelloView ist ein Erbe von View. Die Instanzvariable hello speichert eine Referenz auf ein TextItem-Objekt, das für die Darstellung des Textes "Hello World" zuständig ist. Das dargestellte TextItem wird durch den Aufruf der Methode SetText in die HelloView installiert ①. Bei der Installierung wird das TextItem aufgefordert, seine Grösse zu bestimmen (CalcExtent). Mit der Methode SetContainer wird anschliessend die Container-Beziehung zwischen TextItem und HelloView aufgebaut.

```
class HelloView: public View {
        TextItem *hello;
public:
        HelloView(Document *dp, Rectangle extent) : View(dp, extent) {}
        void Draw(Rectangle r);
        void SetText(TextItem *t);
        Command *DoLeftButtonDownCommand(Point, Token, int);
};

void HelloView::SetText(TextItem *t)
{
        hello= t;                                   ①
        hello->CalcExtent();
        hello->SetContainer(this);
        ForceRedraw();
}

void HelloView::Draw(Rectangle r)
{
        hello->DrawAll(r);                          ②
}

Command *HelloView::DoLeftButtonDownCommand(Point p, Token, int)
{
        if (hello->ContainsPoint(p))                ③
                return hello->MakeDragger();        ④
        return gNoChanges;                          ⑤
}
```

Die effektive Darstellung des TextItem-Objekts erfolgt in der Draw-Methode. Im Falle von HelloView besteht die Implementation darin, den Aufruf an das gezeigte TextItem-Objekt weiterzuleiten ②.

Für die Implementation des interaktiven Verschiebens des Textes überschreibt HelloView die Methode DoLeftButtonDownCommand. Diese Methode wird aufgerufen, wenn der Benutzer die linke Maustaste betätigt. In DoLeftButtonDownCommand wird geprüft, ob auf den Text geklickt wurde ③. Ist dies der Fall, wird vom TextItem-Objekt durch den Aufruf von MakeDragger verlangt, dass es ein Command-Objekt zum interaktiven Verschieben erzeugt ④. Dieses Objekt wird ET++ zur Ausführung übergeben. Als Command-Objekt verwendet TextItem intern ein VObjectDragger-Objekt. Die Klasse VObjectDragger wird von ET++ zur Verfügung gestellt und unterstützt das interaktive Verschieben beliebiger VObjects.

Falls der Benutzer das TextItem-Objekt nicht angeklickt hat, wird ein spezielles gNoChanges-Objekt zurückgegeben ⑤. Dieses markiert, das die Eingabe des Benutzers keine Veränderung in HelloView bewirkt hat.

HelloDocument

Die Klasse HelloDocument ist von Document abgeleitet. Die Instanzvariablen view und text referenzieren das zugeordnete HelloView-Objekt bzw. das dargestellte TextItem. Das TextItem-Objekt wird im Konstruktor erzeugt ① und in der Methode DoMakeWindows in die HelloView installiert ②. Für die Erzeugung des Fensters und seines Inhalts wird die Methode DoMakeWindows überschrieben. Darin wird eine HelloView erzeugt, die anschliessend in einen Scroller installiert wird ③. Der Scroller selbst ist in ein Window-Objekt eingebettet.

Die Speicherung des Textes und seiner Position erfolgt durch die das Überschreiben der Methoden DoRead ⑤ und DoWrite ⑥. Die Implementation dieser Methoden verwendet die Aktivierung/Passivierung für die Speicherung des TextItem-Objekts.

```
class HelloDocument : public Document {
        HelloView *view;
        TextItem *text;
public:
        HelloDocument();
        ~HelloDocument();
        Window *DoMakeWindows();
        void DoRead(istream &, class FileType *);
        void DoWrite(ostream &, int);
};

HelloDocument::HelloDocument() : Document("HELLO")
{
        text= new TextItem("hello world");            ①
        text->SetOrigin(Point(50));
}

HelloDocument::~HelloDocument()
{
        SafeDelete(view);
        SafeDelete(text);
}

Window *HelloDocument::DoMakeWindows()
{
        view= new HelloView(this, Point(400));
        view->SetText(text);                          ②
        return new Window(                            ③
                this, Point(250), eWinDefault, new Scroller(view));
}
```

```
void HelloDocument::DoRead(istream &is, class FileType *ft)
{
        Document::DoRead(is, ft);
        is >> text;                           ⑤
        view->SetText(text);
}


void HelloDocument::DoWrite(ostream &os, int flag)
{
        Document::DoWrite(os, flag);
        os << text;                           ⑥
}
```

HelloApplication

Beim Applikationsobjekt handelt es sich in der HelloWorld-Applikation um ein Objekt von HelloApplication, einer Nachfolgerklasse von Application. Für die Erzeugung von HelloDocument-Objekten wird die Methode DoMakeDocument überschrieben, die ein HelloDocument-Objekt erzeugt, das an ET++ zurückgegeben wird ①.

```
class HelloApplication: public Application {
public:
        Hello(int argc, char **argv) : Application(argc, argv, "HELLO")
            { }
        Document *DoMakeDocuments(Symbol)
            { return new HelloDocument; }     ①
};
```

Das Hauptprogramm reduziert sich in dieser Applikation auf die Erzeugung eines HelloApplication-Objekts gefolgt vom Aufruf der Methode Run. Mit dieser Methode wird die Steuerung der Applikation an ET++ übergeben ②.

```
main(int argc, char **argv)
{
        return HelloApplication(argc, argv).Run();   ②
}
```

3.7.4 ET++ im Vergleich mit MacApp

Als Grundlage für die ET++ Application-Framework-Klassen wurde die Architektur von MacApp I [App86a] genommen und verfeinert. Die Verfeinerungen betrafen insbesondere die dem Framework zugrunde liegende graphische Architektur. Parallel zu ET++ wurde auch bei Apple bei der Entwicklung von MacApp II in diesem Bereich gearbeitet. Das Resultat ist eine Architektur, die auf View-Hierarchien basiert. Eine View in MacApp II [App89] kann als die Vereinigung der ET++ Klassen VObject, CompositeVObject, BorderItem und Clipper verstanden werden. Eine View stellt somit bereits eine relativ komplexe Abstraktion dar. Der Klient hat in MacApp II keine

Möglichkeit, durch das Zusammensetzen von Objekten einem graphischen Objekt selektiv bestimmte Eigenschaften zuzuordnen.

Im Gegensatz zu ET++ basiert MacApp II beim Aufbau von View-Hierarchien nicht auf einem deklarativen, sondern auf einem prozeduralen Ansatz, d.h. die Views müssen explizit positioniert werden. Für das interaktive Erzeugen einer View-Hierarchie stellt MacApp II mit *ViewEdit* ein spezielles Werkzeug zur Verfügung.

MacApp II besteht aus rund 50 Klassen. Das Schwergewicht liegt in den Framework-Komponenten. Fundamentale Mechanismen wie Aktivierung/Passivierung sowie Change-Propagation werden nicht unterstützt. Auch die Grunddatenstrukturen sind mit Klassen für gewöhnliche und sortierte Listen relativ schwach abgedeckt.

Bei den graphischen Bausteinen wird auf der nicht objektorientiert implementierten Macintosh Toolbox [App85, App85a, App85b, App86] aufgebaut. Daraus resultiert ein hybrides System mit objektorientierten und konventionellen Komponenten. Dieses Problem wurde in MacApp II etwas abgeschwächt, indem einige Elemente der Toolbox durch eine objektorientierte Implementation ersetzt wurden. Als grobes Mass, wie konsequent objektorientierte Konzepte zur Anwendung kommen, kann man in funktionell identischen Applikationen zählen, wieviele Objekte darin aktiv sind. In MacApp zählt man dabei typischerweise zwischen 50-200 Objekte und in ET++ zwischen 1000-5000.

Ein wesentlicher Vorteil von ET++ gegenüber MacApp ist die Unabhängigkeit von ET++ von einer bestimmten Hardware- und Software-Plattform.

3.8 Beispiele für ET++ Applikationen

Die folgende Aufstellung zeigt eine Auswahl von Applikationen, die mit ET++ realisiert wurden:

- *ET++Draw*, ein Zeichnungsprogramm mit einer vergleichbarer Funktionalität wie die auf dem Macintosh bekannte MacDraw-I Applikation.
- *ET++PE*, eine Programmierumgebung für ET++.
- *ET++Cookbook*, ein Hypertext-System für die Dokumentation und Beschreibung von ET++ Applikationen.
- *CHAOS*, ein mit Hypertext-Technik realisiertes Administrations- und Organisations-System für die Verwaltung von Dokumenten in einem Rechnungszentrum [Lan91].
- *DICE*, ein Werkzeug zur interaktiven Definition von ET++ Dialogfenstern [Pre89].

- *SCT*, eine Modula-2 Programmierumgebung [Bis90].
- *ET++SwapManger*, eine bankspezifische Applikation für die Bewertung von Zinsswaps.
- *GEO*, ein geographisches Informationssystem [Oos91]. Dieses System benutzt Postgres [Sto86] für die Verwaltung der geographischen Daten und ET++ für die Realisierung der graphischen Benutzerschnittstelle.
- *Harmony*, ein Multimedia-Präsentationssystem [Fuj91].

Application-Frameworks wie ET++ bilden für eine Familie von Applikationen ein Modell, das in Klassen und Beziehungen zwischen Klassen umgesetzt wird. Es ist naheliegend, dass solche Modelle nicht universell gültig sein können. ET++ ist zum Beispiel nicht unmittelbar geeignet für Bildverarbeitungs-Anwendungen oder für klassisches Desktop-Publishing. Die obige Auflistung von ET++ Applikationen zeigt aber, dass mit dem Modell von ET++ ein breites Anwendungsspektrum abgedeckt werden kann.

3.9 Beurteilung der ET++ Klassenbibliothek

Die wichtigsten Elemente der ET++ Klassenbibliothek können wie folgt zusammengefasst werden:

- Die Möglichkeit des Zugriffs auf Metainformation zu Klassen zur Laufzeit.
- Die Mechanismen Aktivierung/Passivierung und Change-Propagation.
- Die Container-Klassen mit robusten Iteratoren.
- Hierarchische Komposition graphischer Objekte mit einer deklarativen Spezifikation des Layouts.
- Mächtige graphische Bausteine, die gemäss dem MVC-Modell strukturiert sind.
- Portabilität der Klassenbibliothek durch objektorientiert modellierte Schnittstellen zu Fenster- und Betriebssystem.
- Das ET++ Application-Framework.

Jedes dieser Elemente für sich alleine betrachtet stellt noch keinen neuen Beitrag auf dem Gebiet objektorientierter Klassenbibliotheken dar – man findet ähnliche Konzepte auch in anderen Klassenbibliotheken. Die Einzigartigkeit von ET++ beruht auf der *nahtlosen Integration* dieser Konzepte zu einer homogenen Klassenbibliothek.

4 ET++PE – Werkzeugunterstützung für die Applikationsentwicklung mit ET++

Beim Einstieg in die objektorientierte Software-Entwicklung stellt das Erlernen einer Klassenbibliothek eine der grössten Hürden dar [O'S86]. Die Applikationsentwicklung mit einer so umfangreichen Klassenbibliothek wie ET++ verlangt deshalb nach zusätzlicher Werkzeugunterstützung. Erfahrungen mit ET++ machten deutlich, dass für die produktive Nutzung einer solch umfassenden Klassenbibliothek ein hoher Lernaufwand geleistet werden muss (Aussage eines ET++ Applikationsentwicklers: "ET++ is a wonderful system — but it is a bitch to learn" [Bor90]).

In diesem Kapitel wird beschrieben, welche Werkzeuge mit ET++ für ET++ entwickelt wurden. Die Werkzeuge werden im folgenden unter dem Begriff *ET++PE* (**ET++ P**rogramming **E**nvironment) zusammengefasst.

Die Hauptprobleme eines ET++ Applikationsentwicklers lassen sich wie folgt zusammenfassen:

- Er muss aus der Vielzahl von Klassen die Teilmenge auswählen, die er für seine Applikation nutzen kann. Dazu muss er sich zuerst einen globalen Überblick über die Struktur und die zentralen Protokolle der Klassenbibliothek verschaffen.
- Bevor eine individuelle Klasse wiederverwendet werden kann, muss ihre Funktionalität verstanden werden. Wegen der Vererbung kann aber die gesamte Funktionalität einer Klasse auf mehrere Stufen der Klassenhierarchie verteilt sein.
- Für die Wiederverwendung der Application-Framework-Komponenten genügt es nicht, eine individuelle Klasse zu verstehen. Damit das Application-Framework für ein spezifisches Problem angepasst werden kann, muss das Zusammenspiel der einzelnen Framework-Komponenten verstanden werden. Dazu gehören insbe-

sonders die Beziehungen zwischen den Objekten eines Frameworks und die Protokolle, die für die Kommunikation verwendet werden.

- Die Invertierung des Kontrollflusses, die für ein Application-Framework typisch ist, versteckt den globalen Kontrollfluss vor dem Programmierer. Damit er seinen applikationsspezifischen Code durch das Überschreiben von Methoden in das Framework einbinden kann, muss er auch den Kontrollfluss innerhalb der Framework-Komponenten verstehen.

Eine Grundlage zur Linderung dieser Probleme ist das Lernen an Beispielen ("Learn by Example") durch das Studium existierender Applikationen. Ein Hauptanliegen bei der Entwicklung von ET++PE war es deshalb, dem Klienten Werkzeuge zur Verfügung zu stellen, die das interaktive und explorative Untersuchen von Applikationen unterstützen.

Das inkrementelle Entwickeln einer Applikation so zu unterstützen, wie dies zum Beispiel in der Smalltalk-80 Programmierumgebung gemacht wird, war kein Ziel bei der Entwicklung von ET++PE. Die inkrementelle Entwicklung einer Applikation wäre natürlich, wie es Smalltalk-80 zeigt, für eine objektorientierte Umgebung besonders wünschenswert; hätte aber den Rahmen des ET++ Projekts gesprengt.

4.1 Konzepte von ET++PE

Hauptanliegen von ET++PE ist es, dem Benutzer Hilfsmittel für das interaktive und explorative Untersuchen der ET++ Klassenbibliothek und der damit implementierten Applikationen anzubieten. Für diesen Zweck existieren in ET++PE verschiedene Werkzeuge, die die Navigation in den dynamischen und statischen Strukturen einer Applikation unterstützen. Das Grundprinzip, das dabei verwendet wird, sind sogenannte *Browser* (to browse = schmökern, stöbern).

4.1.1 Browser

Ein Browser unterstützt die interaktive Navigation in hierarchischen Strukturen. Dem Benutzer stehen dabei Mechanismen zur Verfügung, mit denen er einzelne Knoten der Struktur im Detail inspizieren kann.

ET++PE beinhaltet verschiedene integrierte Browser, die unterschiedliche Sichten auf eine Applikation zeigen. Zu den Browsern für die statische Struktur, d.h. Quellcode und die Vererbungshierarchie, gehören:

- Der *Class Browser*
  Der Class Browser unterstützt die Analyse des Quellcodes einer Applikation. Er

zeigt, welche Methoden eine Klasse implementiert und welche sie von anderen Klassen erbt.

- Der *Class Hierarchy Browser*
  Der Class Hierarchy Browser unterstützt die Navigation in der Klassenhierarchie einer Applikation. Er kann unter anderem die Vererbungsbeziehungen zwischen Klassen graphisch darstellen.

Browser für die Analyse der dynamischen Struktur einer Applikation sind:

- Der *Inspector (Object Browser)*
  Der Inspector unterstützt das Inspizieren von Objekten, d.h. die Darstellung der Werte ihrer Instanzvariablen. Zusätzlich unterstützt der Inspector die Navigation in den zur Laufzeit existierenden Objektstrukturen.
- *Object Structure Browser*
  Der Object Structure Browser zeigt, wie die Objekte in einer Applikation zusammengesetzt sind, die sogenannte *Objekthierarchie.* Zusätzlich kann er auch noch weitere dynamische Beziehungen zwischen Objekten visualisieren.

Für das interaktive Untersuchen der internen Struktur einer ET++ Applikation, können die Browser von ET++PE in die Applikation eingebunden werden. Die Browser laufen somit im selben Adressraum wie die Applikation. Die Einbindung des Codes von ET++PE erfolgt nicht statisch, sondern über den Mechanismus des inkrementellen dynamischen Ladens erst bei Bedarf zur Laufzeit. Für produktiv eingesetzte Applikationen kann die Einbindung der Browser vollständig unterdrückt werden.

Abb. 4.1 illustriert die Verknüpfung der verschiedenen Browser von ET++PE.

4.1.2 Exploratives Untersuchen einer Applikation durch Zeigen und Klicken

Ein Problem, das sich im Zusammenhang mit dem explorativen Untersuchen existierender Applikationen stellt, ist: Wie kann der Benutzer ohne Kenntnis der internen Struktur einer Applikation die Stelle in der Implementation finden, die ihn interessiert? Dem Benutzer muss also ein Mechanismus zur Verfügung gestellt werden, der ihm bei der Abbildung des visuellen Erscheinungsbilds einer Applikation auf ihre interne Struktur hilft.

Von ET++PE wird für diesen Zweck ein Vorgehen mit "Zeigen und Klicken" zur Verfügung gestellt. In einer Applikation kann der Benutzer mit dem Cursor auf ein beliebiges graphisches Objekt der Applikation zeigen. Auf einen speziellen Maus-Klick, einen sogenannten *Inspect*-Klick, wird bestimmt, welches Objekt intern zu dem angeklickten Objekt gehört (ein Inspect-Klick wird durch das Betätigen der linken Maustaste zusammen mit der CTRL- und SHIFT-Taste ausgelöst).

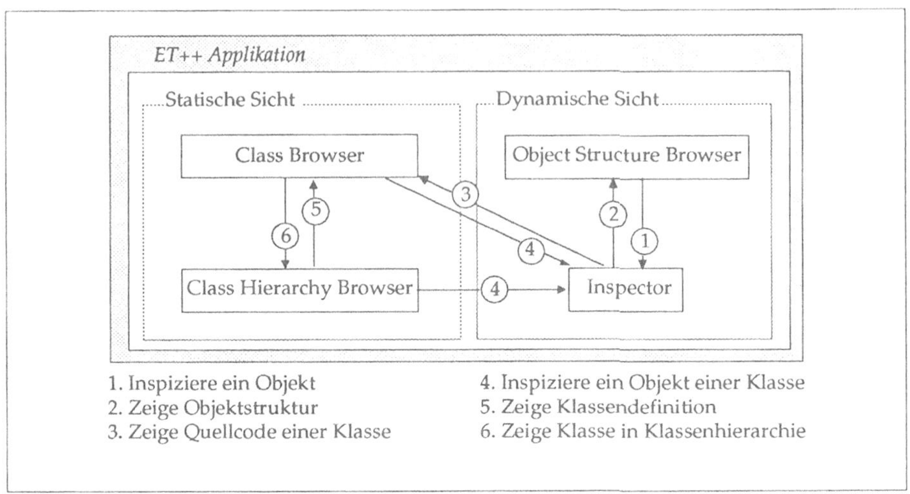

Abb. 4.1: Verknüpfung der Browser von ET++PE

Nach einem Inspect-Klick wird dem Benutzer ein Dialogfenster gezeigt, wie es in Abb. 4.2 dargestellt ist. Graphische Objekte sind in ET++ in VObject-Hierarchien organisiert. Der Inspect-Klick ist so realisiert, dass er automatisch das VObject am Blatt der Hierarchie ermittelt. Damit der Benutzer trotzdem die Möglichkeit hat, ein inneres VObject der Hierarchie über einen Inspect-Klick auszuwählen, wird im Inspect-Klick-Dialog der Pfad durch die VObject-Hierarchie bis hin zur Wurzel dargestellt (die Liste links im Dialog).

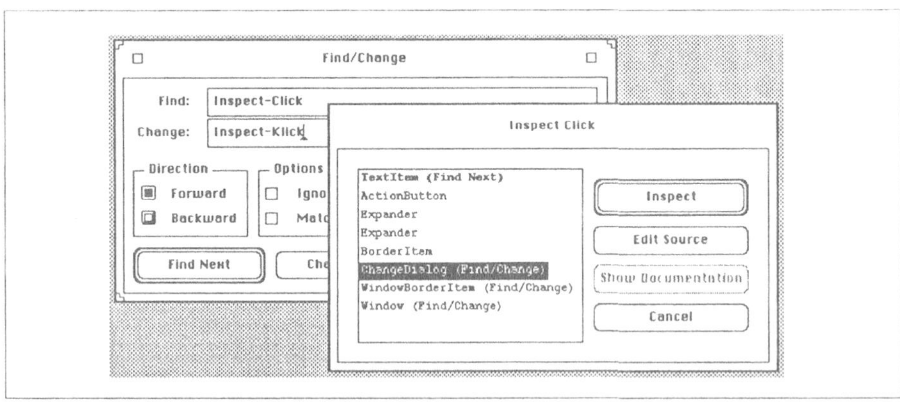

Abb. 4.2: Der Inspect-Klick-Dialog

In Abb. 4.2 hat der Benutzer mit einen Inspect-Klick einen Knopf eines Find-Dialogfensters ausgewählt. Das direkt angeklickte Objekt wird zuoberst in der Liste des Inspect-Klick-Dialogs mit einer fetten Schriftart dargestellt. Von oben nach unten folgen die umhüllenden VObjects. Dabei wird für jedes VObject sein Klassenname, gefolgt von einem optionalen Identifikator, dargestellt. Aus dieser Liste kann der Benutzer das gewünschte Objekt auswählen. Über die Knöpfe rechts im Fenster kann er anschliessend bestimmen, ob der Zustand des Objekts im Inspector (Inspect) oder der Quellcode der entsprechenden Klasse im Class Browser gezeigt werden soll (Show Source)[1].

Dank der Verknüpfung der verschiedenen Browser kann der Benutzer nach dem Inspect-Klick zusätzlich noch ermitteln:

- Wo sich die Klasse des Objekts in der Klassenhierarchie befindet (Class Hierarchy Browser).
- Wie das Objekt zusammengesetzt ist (Object Structure Browser).
- Wie das Objekt mit anderen Objekten verknüpft ist (Inspector, Object Structure Browser).

Der Inspect-Klick Mechanismus ist nicht nur beim explorativen Untersuchen einer Applikation, sondern auch bei der Suche nach wiederverwendbaren Klassen hilfreich. Entdeckt der Benutzer in einer existierenden Applikation eine Eigenschaft, die er auch in seiner Applikation zur Verfügung stellen möchte, kann er durch einen Inspect-Klick bestimmen, welche Klassen diese Eigenschaft implementieren. Mit Hilfe der Browser kann er anschliessend herausfinden, wie er diese Klassen in seiner Applikation wiederverwenden kann.

4.1.3 Verflachung der Klassenhierarchie

Die Verwendung von Vererbung kann dazu führen, dass die Funktionalität einer Klasse auf mehrere Stufen der Klassenhierarchie verstreut wird. Diese Verteilung der Funktionalität erschwert das Verständnis einer Klasse. Aus diesem Grund haben es zum Beispiel die Entwickler von InterViews [Lin87] vorgezogen, nur sehr flache Klassenhierarchien zu verwenden. Die konsequente Faktorisierung gemeinsamer Eigenschaften in ET++ führte zu wesentlich tieferen Klassenhierarchien als in InterViews. Zur Überbrückung der Verständnisprobleme, die sich mit tiefen Klassenhierarchien ergeben, verwenden einige der ET++Browser das Prinzip der *Verflachung*. Bei der Verflachung einer Klasse bzw. eines Objekts werden auch die Instanzvariablen bzw. Methoden der Vorgängerklassen dargestellt.

---

1 Der Knopf Show Documentation ist zur Zeit ohne Wirkung. Er soll später dazu dienen, dass über einen Inspect-Klick auch direkt auf die Dokumentation einer Klasse zugegriffen werden kann.

4.1.4 Instrumentierung von Klassen

Eine wichtige Eigenschaft der ET++ Klassenbibliothek ist ihre Portabilität. Diese Eigenschaft durfte auch für ET++PE nicht aufgegeben werden. Aus diesem Grund war es ausgeschlossen, für die Extraktion der von den Browsern benutzten Informationen, z.B. einen existierenden C++ Übersetzer zu modifizieren. In ET++ wurde deshalb ein Ansatz verwendet, der auf der *Instrumentierung* von Klassen aufbaut. Ein Beispiel dafür ist die Extraktion von Angaben über Instanzvariablen, wie es in Abschnitt 3.4.1 beschrieben wurde. Neben diesem Ansatz mit Makros werden von ET++ für ET++PE auch Methoden definiert, die in abgeleiteten Klassen überschrieben werden können und auf diese Art zusätzliche Informationen für ET++PE liefern. Die Instrumentierung wird in der objektorientierten Programmierung dank Vererbung stark vereinfacht. Sämtliche Bibliotheksklassen von ET++ sind bereits instrumentiert worden. Dank der Vererbung ist gewährleistet, dass neu abgeleitete Klassen automatisch von dieser Instrumentierung profitieren. Der Ansatz der Instrumentierung kann dadurch mit vernünftigem Aufwand seitens des Programmierers eingesetzt werden.

4.2 Die Browser von ET++PE

Ein Browser von ET++PE kann beim Aufstarten der Applikation durch die Angabe von entsprechenden Optionen gestartet werden. Meistens wird aber ET++PE zur Laufzeit einer Applikation durch einen Inspect-Klick gestartet. Nach dem Aufstarten zeigt ET++PE ein Fenster mit einer Palette von Ikonen, über die die repräsentierten Browser gestartet werden können (Abb. 4.3).

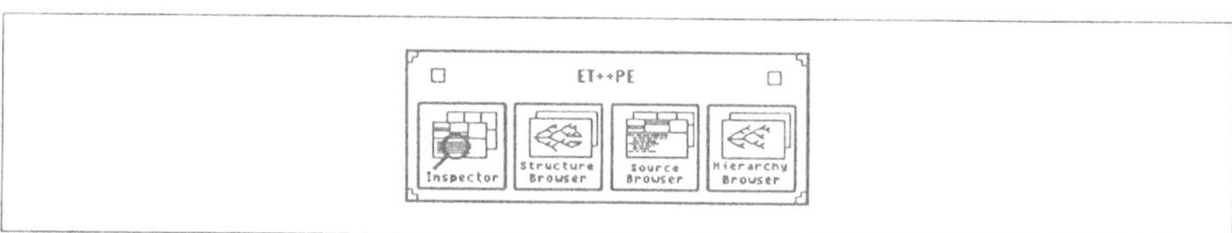

Abb. 4.3: Fenster zum Aufstarten der Browser von ET++PE

4.2.1 Der Inspector

Mit dem Inspector können die aktuellen Werte der Instanzvariablen eines Objekts inspiziert werden. Abb. 4.4 zeigt den Inspector beim Inspizieren eines Window-Objekts. Das Inspector-Fenster ist in fünf Teilfenster unterteilt. Der Kern des Inspectors ist das unterste Fenster, das eine verflachte Sicht auf die Instanzvariablen eines Objekts zeigt. Zusätzlich ist in dieser Darstellung ersichtlich, von welcher Klasse sie definiert wurden. Bei Objektreferenzen, deren statischer Typ sich vom dynamischen unterscheidet, zeigt der Inspector in spitzen Klammern den dynamischen Typ des Objekts an (siehe z.B. in Abb. 4.4 die Instanzvariablen nexthandler und vop).

Die Liste der Instanzvariablen verwendet den ET++ Change-Propagation-Mechanismus für ihre automatische Aktualisierung bei Zustandsänderungen des inspizierten Objekts. Dadurch kann der Benutzer in Echtzeit beobachten, wie sich der Zustand eines Objekts im Verlaufe der Ausführung ändert.

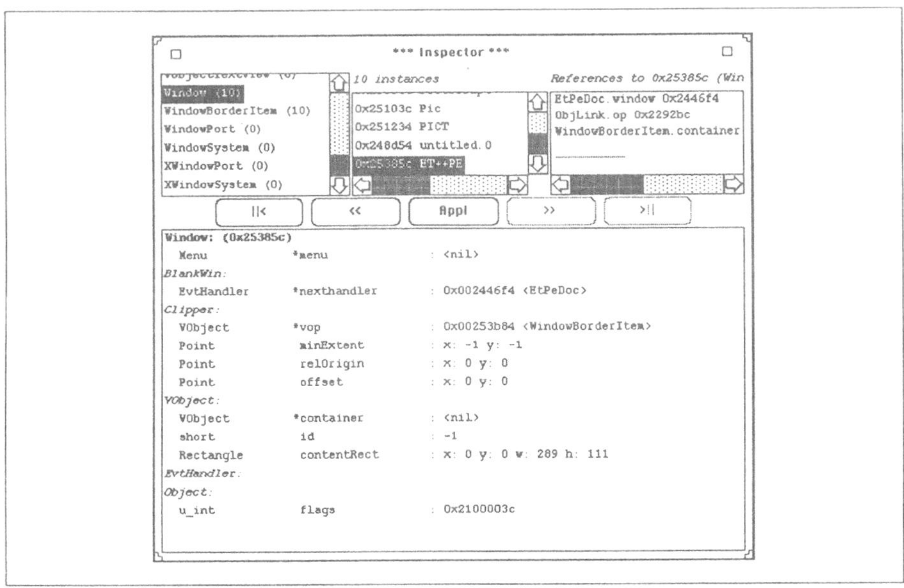

Abb. 4.4: Der Inspector

Auswahl des zu inspizierenden Objekts

Als Hilfsmittel für die Auswahl des zu inspizierenden Objekts stellt der Inspector in den zwei Teilfenstern links oben einen sogenannten Instanzen-Browser zur Verfügung. Das linke Teilfenster zeigt eine alphabetisch sortierte Liste der in der Applikation verwendeten Klassen. In sämtlichen Listen von Klassennamen werden von ET++PE die abstrakten Klassen durch die Verwendung einer kursiven Schriftart hervorgehoben. In der Klassenliste wird in Klammern angezeigt, wieviele Objekte einer Klasse erzeugt wurden. Nach der Auswahl einer Klasse aus dieser Liste werden im rechten Teilfenster ihre Mitglieder angezeigt. Optional kann verlangt werden, dass nicht nur die Mitglieder, sondern sämtliche Instanzen der Klasse gezeigt werden.

Aus der Liste der Objekte kann anschliessend das zu inspizierende Objekt ausgewählt werden.

In der Liste der Objekte wird ein individuelles Objekt durch seine Adresse repräsentiert. Die Adresse alleine ist bei der Auswahl nicht sehr hilfreich. Deshalb kann durch Instrumentierung einer Klasse ihren Objekten ein zusätzlicher Identifikator zugeordnet werden. Für diesen Zweck wird die von Object definierte Methode InspectorId überschrieben. In Document ist diese Methode zum Beispiel so realisiert, dass der Name des Dokuments als Identifikator verwendet wird. Das folgende Code-Beispiel zeigt die Implementation von InspectorId in Document:

```
void Document::InspectorId(char *buf, int len)
{
    strncpy(buf, docName, len);
}
```

Navigation in Objektstrukturen

Neben der Darstellung von Instanzvariablen unterstützt der Inspector auch die Navigation in den dynamischen Objektstrukturen einer Applikation, wie sie zur Laufzeit durch Objektreferenzen aufgebaut werden. Eine Instanzvariable, die ein anderes Objekt referenziert, kann im Instanzvariablen-Teilfenster durch das Anklicken mit der Maus dereferenziert werden, so dass das referenzierte Objekt angezeigt wird. Der Benutzer hat bei der Dereferenzierung die Wahl, ob das neue Objekt die Darstellung des alten Objekts ersetzt, oder ob dazu ein neues Inspector-Fenster erzeugt werden soll.

Als zusätzliche Hilfe für die Analyse dynamischer Objektstrukturen unterstützt der Inspector auch die Bestimmung der Objekte, die das inspizierte Objekt referenzieren. Objektreferenzen werden so beim Inspizieren bidirektional, d.h. sie können in beiden Richtungen verfolgt werden. Das Resultat einer solchen Abfrage wird im Teilfenster rechts oben angezeigt. Pro Objekt, das eine Referenz auf das inspizierte Objekt speichert, wird in dieser Liste seine Klassenzugehörigkeit und der entsprechende Name der Instanzvariablen angezeigt. Aus dieser Liste kann ebenfalls ein Objekt für die Darstellung im Inspector ausgewählt werden. In Abb. 4.4 wurde zum Beispiel auf diese Art bestimmt, welche Objekte in der Applikation das Window-Objekt kennen.

Der Inspector speichert ebenfalls den Pfad, den der Benutzer durch die Objektstruktur zurückgelegt hat. Mit den Knöpfen im mittleren Teilfenster kann er sich entlang dem Pfad vorwärts und rückwärts fortbewegen.

Klassenspezifische Sichten eines Objekts

Bei bestimmten Klassen ist es für den Benutzer hilfreich, zusätzlich zur Auflistung der Werte der Instanzvariablen eine weitere, aussagekräftigere Darstellung anzuzeigen. Zu diesem Zweck kann der Implementierer einer Klasse sogenannte *abstrakte*

Sichten implementieren und beim Inspector registrieren lassen. Wird im Inspector ein Objekt einer solchen Klasse inspiziert, kann der Benutzer über eine Menüauswahl die Darstellung der abstrakten Sicht verlangen. Abstrakte Sichten werden jeweils in einem eigenen Fenster angezeigt. In der aktuellen Version von ET++PE existieren für die folgenden Klassen abstrakte Sichten:

- Collection
  Die abstrakte Sicht eines Collection-Objekts besteht in der tabellarischen Darstellung der darin enthaltenen Elemente.
- Dictionary
  Für ein Dictionary-Objekt wird in der abstrakten Sicht eine zweispaltige Tabelle mit den Schlüssel- und den dazugehörigen Wert-Objekten gezeigt.
- VObject
  Für VObject-Instanzen kann als abstrakte Sicht die entsprechende VObject-Hierarchie graphisch dargestellt werden.
- ImageItem
  Die abstrakte Sicht eines ImageItems zeigt das dazugehörige Rasterbild.

4.2.2 Der Object Structure Browser

Der Inspector kann nur einen eingeschränkten Überblick über die Objektstrukturen einer Applikation vermitteln. Die durch den Inspector unterstütze textuelle Sicht auf Objekte, ist für die Darstellung von Beziehungen zwischen mehreren Objekten zu limitiert. Aus diesem Grund wurde der Object Structure Browser konzipiert, der die Beziehungen zwischen mehreren Objekten auch graphisch darstellen kann. Abb. 4.5 zeigt, wie der Object Structure Browser in zwei Fenstern unterschiedliche Ausschnitte der Objektstruktur einer Texteditor-Applikation darstellt. Ein Knoten des Graphen repräsentiert dabei ein Objekt. Zu jedem Objekt wird seine Klasse und sein mit der Methode InspectorId definierter Identifikator angezeigt. Im Inspector kann durch eine Menüauswahl verlangt werden, dass im Object Structure Browser die Objekthierarchie des inspizierten Objekts graphisch dargestellt wird. Handelt sich beim inspizierten Objekt um das Application-Objekt, wird im Object Structure Browser die Objekthierarchie der gesamten Applikation dargestellt (3.7.1).

Die vom Object Structure Browser automatisch bestimmte Anordnung des Graphen kann vom Benutzer interaktiv mit Direkter Manipulation verändert werden. Ein doppelter Klick auf einen Knoten zeigt den Zustand des selektierten Objekts im Inspector.

Für das Verschieben des sichtbaren Ausschnitts steht dem Benutzer neben den Rollbalken rechts unten im Fenster auch ein sogenannter *Panner* zur Verfügung. Mit dem

Panner kann er den sichtbaren Ausschnitt gleichzeitig in zwei Dimensionen verschieben.

Visualisierung von Objektbeziehungen

Die Wiederverwendung der Application-Framework-Komponenten setzt voraus, dass der Klient die Beziehungen versteht, die das Framework zwischen Objekten aufbaut und für ihn verwaltet. Beispiele dafür sind die Event-Handler- und die Container-Beziehung (3.7.2).

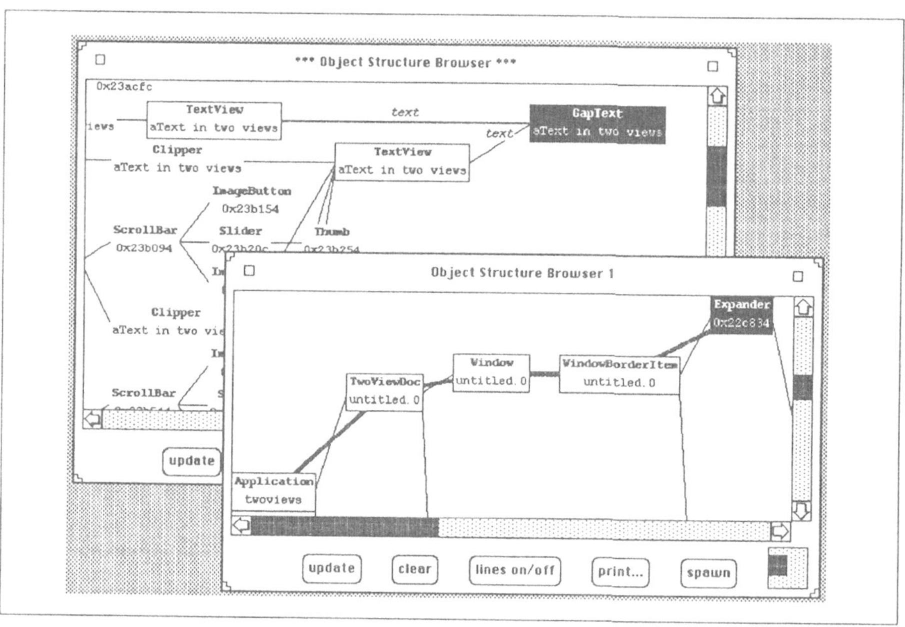

Abb. 4.5: Object Structure Browser

Für die Visualisierung von Beziehungen zwischen Objekten kann der Benutzer im Object Structure Browser einen Knoten auswählen und über ein Menü die Darstellung der entsprechenden Beziehungen zwischen dem selektierten Objekt und anderen Objekten verlangen. Die Beziehungen werden durch farbige Verbindungslinien zwischen den Objekten im Graphen dargestellt. Die folgenden Beziehungen können vom Object Structure Browser visualisiert werden und stehen als Menüpunkte zur Auswahl:

- *event handler*
  Zeigt den Verlauf der Event-Handler-Kette ausgehend vom selektierten Objekt.

- *container*
  Ausgehend vom selektierten Objekt werden seine Container gezeigt.
- *observer*
  Zeigt die Beobachter des selektierten Objekts, die vom Change-Propagation-Mechanismus bei Änderungen benachrichtigt werden.

Zusätzlich zu diesen semantischen Beziehungen können auch allgemeine Abfragen zur Verknüpfung der Objekte ausgeführt und graphisch visualisiert werden:

- *points to*
  Zeigt, welche Objekte vom selektierten Objekt referenziert werden.
- *referenced from*
  Zeigt, welche anderen Objekte das selektierte Objekt referenzieren.

Bei beiden diesen Abfragen werden optional auf den Verbindungslinien auch die Namen der entsprechenden Instanzvariablen angezeigt.

In Abb. 4.5 liess sich der Benutzer im vorderen Fenster die Event-Handler-Kette eines Expander-Objektes anzeigen. Im hinteren Fenster sind die Referenzen auf ein GapText-Objekt dargestellt, das, wie in der Abbildung ersichtlich ist, von zwei anderen Objekten über die Instanzvariable text referenziert ist.

Instrumentierung von Klassen für den Object Structure Browser

Der Aufbau und die Darstellung der Objekthierarchie im Object Structure Browser verlangt eine Instrumentierung der Klassen. Bei Referenzen auf Objekte kann man zwei unterschiedliche Arten unterscheiden:

- Das referenzierte Objekt *gehört* demjenigen Objekt, das die Objektreferenz speichert, d.h. das referenzierte Objekt existiert immer nur zusammen mit seinem *Besitzer*.
- Das referenzierte Objekt gehört einem anderen Objekt. Eine Objektreferenz dieser Art dient lediglich der Kommunikation mit dem referenzierten Objekt.

Für den Aufbau der Objekthierarchie durch den Object Structure Browser müssen die Referenzen einer Klasse gemäss den obigen Kriterien eingeteilt werden. Die Einteilung der Objektreferenzen erfolgt durch das Überschreiben der Methode CollectParts. Als Argument erhält CollectParts ein Collection-Objekt, in das die Objektreferenzen eingefügt werden, die als Bestandteil der Klasse betrachtet werden. Das folgende Code-Beispiel zeigt die Implementation von CollectParts in der Klasse Application. CollectParts ist in Application so realisiert, dass dabei die von ihr verwalteten Document-Objekte in parts eingetragen werden.

```
Application::CollectParts (Collection *parts)
{
    EvtHandler::CollectParts (parts);
    parts->Add(documents);
}
```

4.2.3 Der Class Browser

Mit der Wiederverwendung von Klassen ist auch das Lesen des Quellcodes existierender Klassen verbunden. Goldberg [Gol87] schreibt dazu: "We read programs in order to learn to write, we read to find information, and we read in order to rewrite". Ein Werkzeug, das in ET++PE zum Lesen des Quellcodes realisiert wurde, ist der Class Browser. In C++ wird der Code zu Klassen in konventionellen Dateien des Betriebssystems gespeichert. Der Class Browser stellt dem Benutzer die Funktionalität zur Verfügung, den Quellcode auf der Abstraktionsstufe von Klassen und Methoden zu untersuchen, ohne dass er dazu die physische Organisation des Codes in Dateien kennen muss.

Der Class Browser besteht wie der Inspector aus mehreren miteinander verknüpften Teilfenstern (Abb. 4.6). Das Teilfenster rechts oben zeigt die Liste aller Klassen einer Applikation. Bei der Auswahl eines Klassennamens wird im untersten Fenster der Quellcode der Klasse gezeigt und gleichzeitig das mittlere obere Teilfenster mit einer Liste ihrer Methoden gefüllt.

Für die Darstellung des Quellcodes dient ein Texteditor, der verschiedene C++-Konstrukte durch unterschiedliche Schriftarten hervorhebt (Kommentare kursiv, Klassennamen und Methodenköpfe fett). Aus einem Pop-up-Menü, das in der Klassenliste angezeigt wird, kann festgelegt werden, ob die Definition oder die Implementation der Klasse im Editor-Teilfenster gezeigt werden soll.

Die Methodenliste zeigt eine verflachte Sicht der Methoden einer Klasse. Dabei werden zuerst die eigenen Methoden der Klasse, gefolgt von den Methoden der Vorgängerklassen bis hin zur Wurzel der Klassenhierarchie (Object), dargestellt. Aus dieser Liste kann eine Methode ausgewählt werden, worauf ihre Implementation im Editorfenster gezeigt wird.

Analyse des Quellcodes

Für die Analyse des Quellcodes stellt der Class Browser mit einem Pop-up-Menü, das in der Methodenliste gezeigt wird, weitere Auswertungen zur Verfügung (Abb. 4.6). Das Resultat einer solchen Auswertung besteht jeweils aus einer Menge von Methoden, die als Liste im oberen rechten Teilfenster angezeigt wird. Die Methoden in dieser Liste können ebenfalls angeklickt werden, worauf sie im Editor-Teilfenster dargestellt werden.

Mit der Menüauswahl Implementors kann für die in der Methodenliste selektierte Methode bestimmt werden, welche Klassen sie im System implementieren. Mit dieser Abfrage erhält der Benutzer einen direkten Zugriff auf Beispiele, wie eine Methode realisiert wurde. In Abb. 4.6 liess sich der Benutzer zum Beispiel sämtliche Implementationen der Methode Control anzeigen.

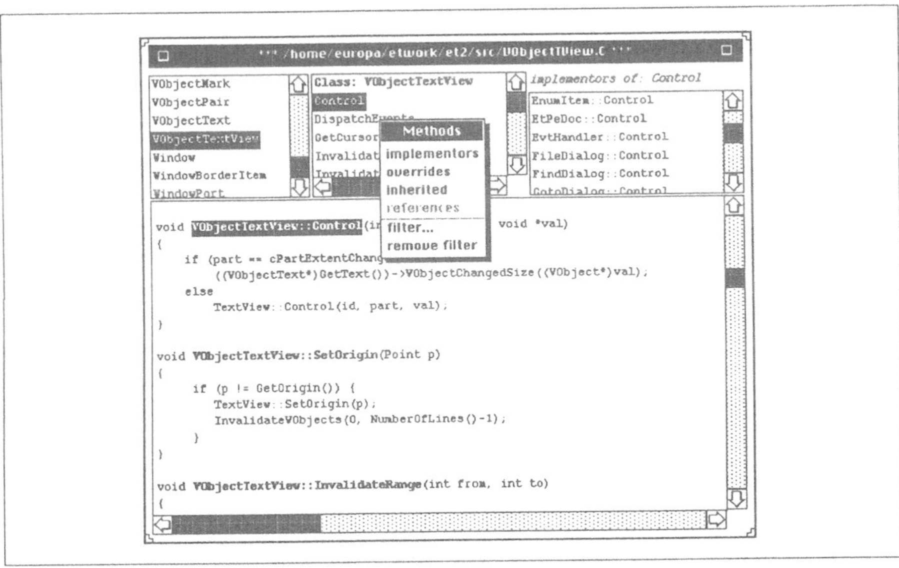

Abb. 4.6: Class Browser

Die Implementors-Auswertung ist auch in das Editor-Teilfenster integriert. Zu einem im Text selektierten Methodennamen kann durch eine entsprechende Menüauswahl abgefragt werden, welche Klassen diese Methode implementieren. Auf die gleiche Art kann auch eine Klasse selektiert und das Anzeigen ihres Quellcodes verlangt werden.

Beim Studium des Quellcodes ist bei einem Methodenaufruf jeweils nur der statische Typ der Objektvariablen im Code ersichtlich. Welche Methode effektiv ausgeführt wird, hängt von ihrem dynamischen Typ ab; somit kommen bei einem Aufruf immer mehrere Methoden in Frage. Den Leser des Quellcodes interessiert es deshalb, welche Methoden bei einem Aufruf potentiell ausgeführt werden. Mit der Menüauswahl Overrides kann er für diesen Zweck herausfinden, welche Nachfolgerklassen die selektierte Methode überschreiben.

Bestimmte Methoden wie z.B. PrintOn (3.4.2) werden inkrementell überschrieben, d.h. es wird darin auch die vererbte PrintOn-Methode aufgerufen. Für die Analyse solcher

Methoden können mit der Menüauswahl Inherited alle Implementationen der selektierten Methode in Vorgängerklassen bestimmt werden.

Filtern von Methoden

Die Vereinigung der eigenen und der vererbten Methoden einer Klasse kann zu einer stattlichen Anzahl von Methoden führen. Die Klasse TextView besitzt zum Beispiel so rund 300 Methoden. Für die Eingrenzung der dargestellten Methoden kann der Benutzer in einem Filter-Dialogfenster verschiedene Filterbedingungen setzen (Abb. 4.7).

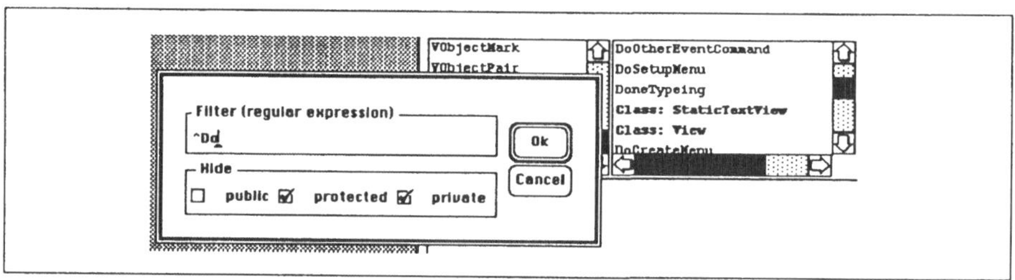

Abb. 4.7: Der Filter-Dialog

Mit den Knöpfen in der unteren Hälfte des Filter-Dialogs wird festgelegt, ob Methoden mit den Zugriffsrechten private, protected oder public herausgefiltert werden sollen. Ein Klient, der eine Klasse direkt ohne Ableitung verwenden will, hat zum Beispiel oft nur Interesse an den public Methoden.

Als zusätzliche Filtermöglichkeit kann im Filter-Dialog mit einem regulären Ausdruck die Zahl der dargestellten Methoden eingegrenzt werden. Bei der Angabe eines regulären Ausdrucks werden nur die Methoden gezeigt, deren Name auf den Ausdruck passt. In Abb. 4.7 wurde die Methodenliste mit Hilfe des regulären Ausdrucks "^Do" auf die Darstellung der Methoden mit dem Prefix "Do" eingeschränkt[1].

4.2.4 Der Class Hierarchy Browser

Der Class Hierarchy Browser (Abb. 4.8) stellt Vererbungsbeziehungen graphisch dar und ergänzt dadurch den Class Browser. Im Class Browser kann über eine Menüauswahl die Darstellung der selektierten Klasse im Class Hierarchy Browser verlangt werden.

---

1 In ET++ wird in Anlehnung an MacApp die Konvention verwendet, dass Methoden, die in abgeleiteten Klassen überschrieben werden müssen oder können, mit "Do" anfangen.

Neben der Visualisierung der Vererbungsbeziehungen stellt der Class Hierarchy Browser auch Mechanismen zur Verfügung, die den Überblick über die Struktur einer Klassenhierarchie verbessern:

- *Zusammenfassen von Teilbäumen*
  Einzelne Teilbäume können selektiv zu einem Knoten zusammengefasst werden. Knoten, die einen zusammengefassten Teilbaum repräsentieren, werden umrandet dargestellt.
- *Hervorhebung der abstrakten Klassen*
  Die wichtigsten Klassen einer Klassenhierarchie sind die abstrakten Klassen. Als "semantische Zoomfunktion" unterstützt der Class Hierarchy Browser eine Darstellung, bei der konkrete Klassen durch einen kleinen Platzhalter repräsentiert werden. Das Anklicken eines Platzhalters mit der Maus zeigt temporär den vollen Klassennamen. Mit Hilfe dieser Zoomfunktion kann sich der Benutzer einen Überblick über die Klassenhierarchie verschaffen und sieht, wo ihre zentralen Protokolle definiert sind.
- *Hervorhebung der Applikationsklassen*
  Für das Verständnis einer Applikation ist es hilfreich, auf einen Blick zu sehen, welche Klassen in ihr neu definiert wurden. Diese sogenannten Applikationsklassen können auf die gleiche Art und Weise wie abstrakte Klassen im Class Hierarchy Browser hervorgehoben werden.

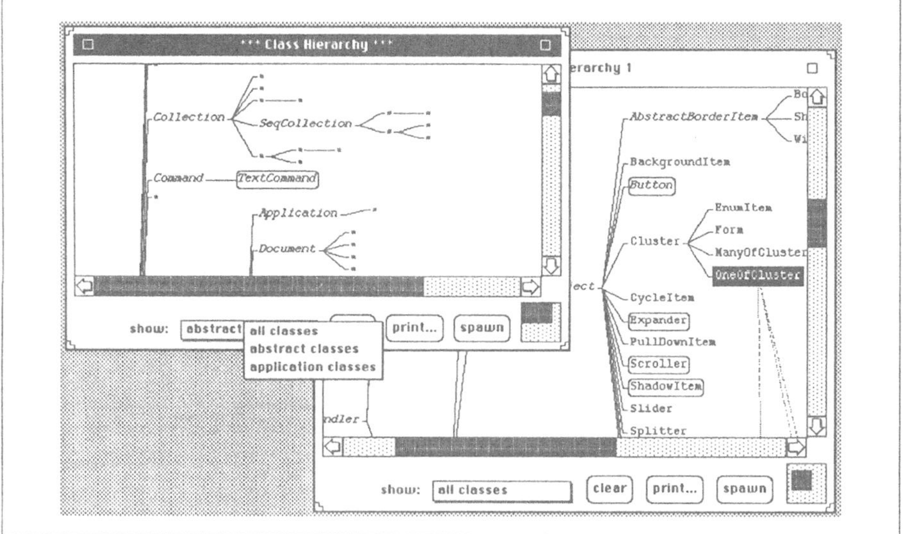

Abb. 4.8: Class Hierarchy Browser

Die Typen der Instanzvariablen einer Klasse definieren weitere Beziehungen zwischen Klassen. Analog wie der Object Structure Browser Objektbeziehungen graphisch darstellt, kann der Class Hierarchy Browser diese Beziehungen zwischen Klassen zeigen:

- *Members*
  Zeigt von der aktuell selektierten Klasse, welche Klassen durch die Typen ihrer Instanzvariablen referenziert werden.
- *Clients*
  Diese Abfrage zeigt, welche anderen Klassen die selektierte Klasse als Typ von Instanzvariablen verwenden.

4.3 Integration von ET++PE in einen Debugger

Ein wichtiges Werkzeug bei der Software-Entwicklung sind symbolische Debugger, mit denen auf Quellcode-Ebene die Ausführung einer Applikation beobachtet und kontrolliert werden kann. ET++PE beinhaltet mit dem Inspector und dem Object Structure Browser Werkzeuge, die den dynamischen Zustand einer Applikation visualisieren können. Ein eigentlicher Debugger für die kontrollierte Ausführung von Programmen ist in ET++PE nicht direkt vorhanden. ET++PE verfügt aber über die Eigenschaft, von einem symbolischen Debugger wie z.B. dbx/dbxtool [Ada86] oder dem GNU Debugger gdb [Sta89] benutzt werden zu können.

Die Integration von ET++PE in einen Debugger sieht für den Benutzer wie folgt aus: Im Debugger kann der Benutzer durch das Setzen von Break-Points die Ausführung seiner Applikation steuern. Sobald bei der Ausführung ein Break-Point erreicht wird, hat der Benutzer neben den existierenden Debugger-Befehlen auch die Möglichkeit, die Steuerung an ET++PE abzugeben. Die Abgabe der Steuerung erfolgt im Debugger dadurch, dass der Benutzer eine Funktion mit dem Namen ETPEEnter aufruft. ETPEEnter ist für diesen Zweck in jede ET++ Applikation eingebunden. In ET++PE hat der Benutzer dann die Möglichkeit, den Zustand der Objekte im Inspector oder im Object Structure Browser zu untersuchen. Die Rückgabe der Steuerung von ET++PE zurück an den Debugger erfolgt mit einer Menüauswahl Exit ET++PE, die in sämtlichen Fenstern der ET++PE Werkzeuge zur Verfügung steht.

C++ Debugger unterstützen häufig nur das Inspizieren von Variablen auf Stufe ihres statischen und nicht ihres dynamischen Typs [Len90]. Dadurch können die Instanzvariablen eines Objekts, die in Nachfolgerklassen definiert sind, nicht direkt eingesehen werden. Der ET++Inspector kennt sowohl den statischen als auch den dynamischen Typ eines Objekts. Mit der Integration von ET++PE konnte somit dieser Mangel behoben werden.

4.3.1 Etgdb

Als weitere Unterstützung für das Debugging von ET++ Applikationen wurde mit etgdb eine mausgesteuerte Benutzerschnittstelle zum gdb-Debugger [Sta89] realisiert. Abb. 4.9 zeigt etgdb in Aktion. Der Benutzer hat dabei einen Break-Point in der Methode HelloView::SetText gesetzt. Sobald bei der Ausführung der gesetzte Break-Point erreicht wurde, liess sich der Benutzer den Empfänger der Botschaft SetText im ET++ Inspector anzeigen. In etgdb erfolgt die Abgabe der Steuerung an den ET++ Inspector durch Betätigung des Knopfes inspect this.

Exploratives Untersuchen von Applikationen mit etgdb

Das explorative Untersuchen einer Klassenbibliothek und damit entwickelter Applikationen ist ein Hauptanliegen von ET++PE. Exploratives Untersuchen im Zusammenhang mit einem Debugger bedeutet, dass in jeder Klasse Break-Points gesetzt werden können, unabhängig davon, ob es sich um eine Applikationsklasse oder eine Bibliotheksklasse handelt. Mit konventionellen symbolischen Debuggern ist die kontrollierte Ausführung auf Stufe des Quellcodes typischerweise nur dann möglich, wenn der Code mit einer speziellen Debug-Option übersetzt wurde. Damit der Entwickler auch die Klassen der Klassenbibliothek im Debugger explorativ untersuchen kann, müssten sämtliche Klassen der Klassenbibliothek mit der Debug-Option übersetzt werden. Dieses Vorgehen hat aber die folgenden negativen Auswirkungen: (1) der Compile-Link-Go Zyklus dauert beträchtlich länger, (2) das Aufstarten des Debuggers wird drastisch verlangsamt, und schliesslich (3) entstehen dabei extrem grosse ausführbare Programme (anstatt 1 MByte bis zu 17 MBytes).

Mit etgdb können sämtliche Klassen einer Applikation auf Quellcode-Ebene untersucht werden, unabhängig davon, ob sie schon im voraus mit der Debug-Option übersetzt wurden. In etgdb wurde für diesen Zweck ein sogenannter *Object-File-Manager* implementiert. Mit seiner Hilfe kann der Benutzer inmitten einer Sitzung die Untersuchung einer Klasse auf Quellcode-Ebene verlangen. Der Object-File-Manager sucht danach auf einem vordefinierten Pfad im Dateisystem, ob zu dieser Klasse eine aktuelle, mit der Debug-Option erzeugte Objekt-Datei existiert. Ist dies der Fall, wird die entsprechende symbolische Information daraus von gdb geladen. Danach kann die Klasse auf Quellcode-Ebene untersucht werden. Ist keine Objekt-Datei vorhanden, wird automatisch der Übersetzer aufgestartet und eine neue erzeugt. Dabei wird nur die individuelle Klasse übersetzt; die Applikation selbst muss nicht neu gebunden werden.

Bei diesem Vorgehen entstehen mit der Zeit zu jeder Klasse zwei Objekt-Dateien, jeweils eine mit und eine ohne Debug-Option. Der Entwickler verwendet immer die Version ohne Debug-Option. Etgdb greift bei Bedarf auf die andere Version zu. Auf diese Art und Weise können mit etgdb auch bei der Entwicklung mit einer umfangreichen Klassenbibliothek wie ET++ sämtliche Klassen bei Bedarf auf Quellcode-Ebene untersucht werden.

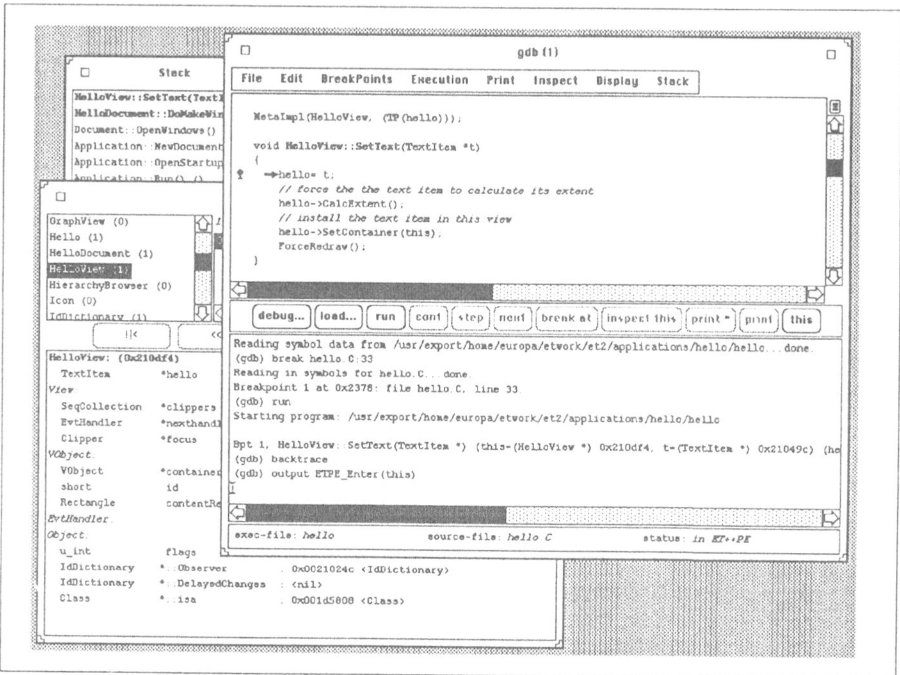

Abb. 4.9: Etgdb

Das Laden zusätzlicher symbolischer Information erfolgt durch den Benutzer, indem er sich den Quellcode einer Klasse in etgdb anzeigen lässt und anschliessend mit der Menüauswahl **add symbols** das Laden der symbolischen Information auslöst. Zusätzlich kann der Benutzer auch in einem Dialog aus einer Liste aller Objekt-Dateien diejenige auswählen, deren symbolische Information nachgeladen werden soll.

Eine weitere wichtige Eigenschaft des Objekt-File-Managers ist die automatische Registrierung der dynamisch zu einer Applikation geladenen Klassen. Dadurch kann der Benutzer auch diese Klassen wie alle anderen Klassen mit etgdb untersuchen.

4.4 Das ET++Cookbook

Die Konzepte objektorientierter Programmierung führen zu neuen Problemen bei der Dokumentation. Cox umschreibt das Problem wie folgt [Cox86]: "Conventional programs have a flat structure that can be presented in a straightforward front to back order. But object-oriented code is as three dimensional as a termite nest and just as hard to describe on the printed page". Diese Aussage macht deutlich, dass konventionelle "lineare" Dokumentationen für eine Klassenbibliothek und insbesonders für Application-Frameworks nicht ausreichend sind.

Als ein attraktiver Ansatz für die rechnerunterstützte Dokumentation nicht-linearer Strukturen sind in neuerer Zeit die sogenannten Hypertext-Systeme [Hal87, Yan88, Goo87] populär geworden. Mit Hypertext-Systemen kann ein Informationsnetz in Knoten zerlegt werden. Zwischen diesen Knoten werden Beziehungen, sogenannte *Links*, definiert. Der Benutzer kann dann mit Hilfe des Hypertext-Systems interaktiv in dem durch Knoten und Links aufgebauten Netz navigieren und einzelne Knoten untersuchen.

Für die Dokumentation von ET++ und vor allem für die Unterstützung der Einarbeitung in diese umfassende Klassenbibliothek wurde als Ergänzung zu ET++PE mit dem ET++Cookbook ein Hypertext-System entwickelt.

4.4.1 Konzepte

Kochbuch Ansatz

Ein Ansatz für die Unterstützung der Software-Entwicklung mit komplexen Software-Systemen sind "Kochbücher". Beispiele dafür sind das *Postscript Cookbook* [Ado85a] oder das *MacApp Cookbook*. In einem Kochbuch wird rezeptartig mit konkreten Code-Beispielen gezeigt, wie ein Problem gelöst werden kann. Dieser Ansatz wird auch im ET++Cookbook verwendet. Ein Rezept entspricht einem Knoten im Informationsnetz. Ausgehend von einem Rezept verweisen Links auf weitere Knoten, die zusätzliche Dokumentation, konkrete Code-Beispiele oder weitere Rezepte enthalten können.

Hypertext Modell

Als Grundmodell für das ET++Cookbook diente Intermedia [Mey86]. Ein Knoten des Informationsnetzes entspricht dabei einem ET++ Dokument. Ausgangs- und Endpunkt eines Links ist eine Selektion in einem Dokument. Eine Selektion entspricht in einem Textdokument einem Textbereich und in einer Graphik einem einzelnen oder einer Gruppe graphischer Objekte.

Für die Unterstützung der Beschreibung objektorientierter Systeme wurden für das ET++Cookbook verschiedene Knoten- und Linktypen eingeführt. Die unterstützten Knotentypen umfassen:

- Textdokumente für die Beschreibung von Rezepten

- Graphische Dokumente à la ET++Draw für das Aufzeichnen von Design-Strukturen und graphischen Illustrationen
- Quellcode-Dateien von Bibliotheks- und Applikationsklassen
- Ausführbare Beispielprogramme

Für die Definition von Beziehungen zwischen Knoten werden die folgenden Linktypen unterstützt:

- *See Also*
  Mit dieser Linkart kann eine "Siehe-Auch" Beziehung zwischen den Knoten definiert werden.
- *Sub-Topic*
  Dieser Linktyp dient dem Aufbau einer hierarchischen Unterkapitel-Beziehung zwischen Knoten. Mit den Sub-Topic-Links kann bei Bedarf automatisch ein Inhaltsverzeichnis der Knoten erzeugt werden.
- *Action*
  Ein *Action-Link* löst die Ausführung einer Aktion aus. Die Aktion wird durch ein UNIX Shell Kommando definiert. Im Gegensatz zu den anderen Linktypen wird beim Verfolgen eines Action-Link kein anderer Knoten angezeigt, sondern lediglich eine Aktion ausgelöst. Die typische Anwendung dieser Linkart besteht darin, aus einem Rezept zur Illustration eine Beispiel-Applikation zu starten.
- *Example*
  Ein Example-Link verweist auf einen Code-Ausschnitt in einer Quelltext-Datei. In einem Rezept können damit die verbalen Erklärungen Schritt um Schritt mit konkreten Code-Ausschnitten illustriert werden.

In einem Dokument werden Links durch spezielle *Link-Buttons* repräsentiert. Ein Link-Button enthält neben einem optionalen Namen eine Ikone, die den Linktyp anzeigt. Durch das Anklicken eines Link-Buttons kann ein Link verfolgt werden.

Als Navigations-Hilfen kann das ET++Cookbook aufgrund der Sub-Topic-Links ein Inhaltsverzeichnis als Baum darstellen. Ein Knoten im Baum repräsentiert ein Dokument. Die Auswahl eines Knotens im Baum öffnet das entsprechende Dokument. Zusätzlich werden traversierte Links mit dem Namen des Zieldokumentes in einer eigenen Liste dargestellt. Mittels dieser Pfad-Information kann ein bereits einmal traversierter Link wieder verfolgt werden.

4.4.2 Ein Beispiel für die Benutzung des ET++Cookbooks

Abb. 4.10 zeigt ein Bildschirm-Ausschnitt einer Sitzung mit dem Cookbook. Der Benutzer begann die Sitzung mit einem Rezept für die Erstellung von Texteditoren mit ET++ ①. Ausgehend von diesem Textknoten folgte der Benutzer einem Link, der das MVC-Modell mit einer Graphik erklärt ②. Anschliessend folgte er einem Example-Link zu einem im Textknoten beschriebenen Code-Ausschnitt des Beispiel-Programms miniedit ③. Das Beispiel-Programm selbst könnte nun durch die Auswahl des Action-Links gestartet werden ④. Das Inhaltsverzeichnis ist in einem eigenen Fenster als Baum dargestellt ⑤. Der Pfad der in der Abbildung dargestellten Cookbook-Sitzung ist oben links ersichtlich ⑥.

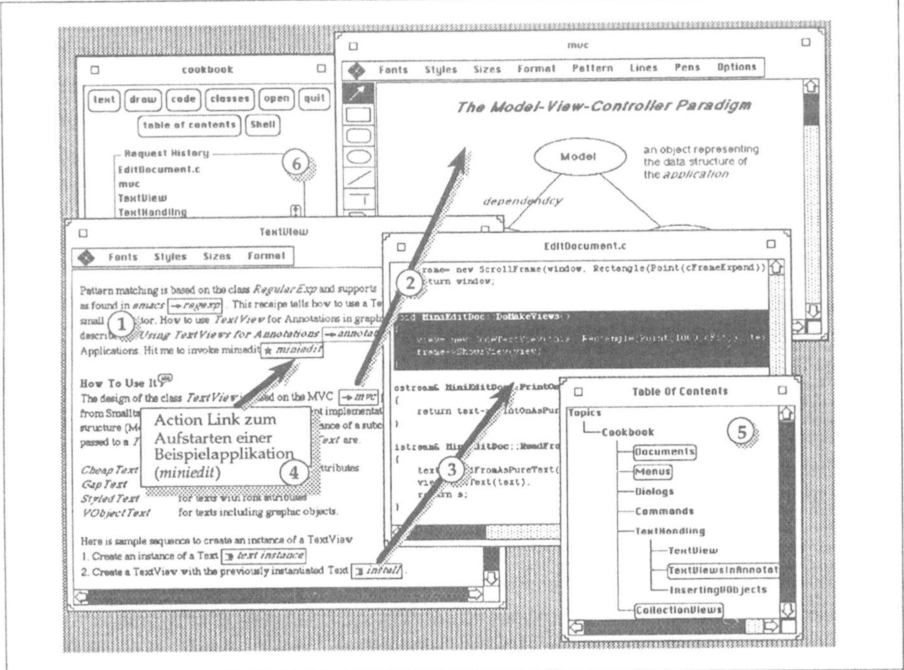

Abb. 4.10: Ein Beispiel für die Benutzung des ET++Cookbooks

4.4.3 Integration des ET++Cookbooks in ET++PE

Das Cookbook gestattet dem Programmierer einen problemorientierten Zugriff auf die Klassenbibliothek, d.h. das Cookbook zeigt, wie mit ET++ ein Problem gelöst werden kann. Im Gegensatz dazu ermöglichen die Werkzeuge Class Browser und Class Hierarchy Browser einen klassenorientierten Zugriff auf ET++. Es war deshalb naheliegend, die Browser von ET++ und das Cookbook zu integrieren. Für diesen Zweck kann in einem Textknoten ein Klassenname selektiert werden. Über eine Menüauswahl kann anschliessend die Darstellung der entsprechenden Klasse im Class Browser oder Class Hierarchy Browser verlangt werden. Auf die gleiche Art kann bei Bedarf auch ein Methodennamen ausgewählt werden, worauf sämtliche

Klassen, die diese Methode implementieren, im Class Browser angezeigt werden. Methoden- und Klassennamen in einem Textknoten sind somit *implizite* Links in den Quellcode.

4.5 Implementationsaspekte

4.5.1 Metainformationen

Eine wichtige Grundlage für die Implementation von ET++PE sind die von den fundamentalen Klassen verwalteten Metainformationen zu Klassen. Wie bereits erwähnt, werden die meisten Metainformationen durch die Instrumentierung des Quellcodes gewonnen (3.4.1). Eine Ausnahme dazu sind die Daten zu den Methoden einer Klasse. Zur Extraktion dieser Daten wird von ET++PE ein minimaler, dafür aber sehr effizienter C++ Analysator (makemap) verwendet. Makemap wird automatisch bei der Übersetzung einer Quellcode-Datei gestartet und erzeugt eine sogenannte Map-Datei. Diese Map-Dateien werden bei Bedarf von den Browsern eingelesen und den Metainformationen im Klassendeskriptor zugeordnet.

4.5.2 Die Benutzerschnittstelle von ET++PE

Bei der Implementation der Benutzerschnittstelle von ET++PE konnte im grossen Rahmen auf ET++ aufgebaut werden. ET++PE ist deshalb auch ein gutes Beispiel für die Wiederverwendbarkeit der ET++ Klassen. Die Klasse CollectionView konnte für die Darstellung der Listen von Klassen, Objekten, Methoden und Instanzvariablen wiederverwendet werden. Grundlage für die Texteditor-Funktionalität war die Klasse CodeTextView. Neben den graphischen Klassen konnten auch die Datenstruktur-Klassen bei der Implementation von ET++PE an diversen Stellen wiederverwendet werden. Die Klassen TreeView bzw. GraphView für die Darstellung von Bäumen und Graphen wurden in einem ersten Schritt speziell für ET++PE entwickelt. Sie wurden aber später zu allgemein wiederverwendbaren Klassen ausgebaut, die auch ausserhalb von ET++PE Wiederverwendung fanden.

4.5.3 Implementation des Cookbooks

Für die Implementation des Cookbooks konnte vollumfänglich auf existierenden Mechanismen von ET++ aufgebaut werden. Grundlage für die Implementation der Textknoten des Cookbooks sind die Klassen VObjectText bzw. VObjectTextView. Diese beiden Klassen ermöglichen, dass auch Link-Buttons beim Editieren mit dem Text fliessen. Für die Verwaltung der Link-Positionen in Textknoten und im Quellcode konnte auf den Marken-Mechanismus der Text-Klassen (3.5.3) zurückgegriffen werden. Auf diese Art werden bei Editieroperationen auch die Link-Positionen automatisch aktualisiert.

Bei der Implementation des Cookbooks wurde aufbauend auf ET++ ein spezialisiertes Framework für Editoren mit Hypertext-Funktionalität realisiert. Eine genauere Betrachtung dieses Vorgehens folgt im nächsten Kapitel.

4.5.4 Debugger-Anschluss

Ein möglicher Ansatz für die Integration von ET++PE in einen Debugger wäre der direkte Einbau der Werkzeuge in einen existierenden Debugger gewesen. In der Implementation der ET++PE Werkzeuge wird auf eine Vielzahl von Daten und Methoden der Applikation direkt zugegriffen. Bei der Integration von ET++PE in einen Debugger müssten diese Daten jeweils vom Applikations- in den Debugger-Prozess transferiert werden. Diese Transferierung der Daten hätte sehr schnell zu einem Flaschenhals bei der Schnittstelle zwischen Debugger- und Applikationsprozess geführt. Bei dem für etgdb gewählten Ansatz werden die Werkzeuge von ET++PE über eine gewöhnliche Funktion (ETPEEnter) des Applikationsprozesses aufgerufen und gestartet. Während ET++PE aktiv ist, überlässt der Debugger somit, die Kontrolle dem Applikationsprozess.

Bei dieser Variante können die Werkzeuge von ET++PE nur dann im Debugger verwendet werden, wenn der Applikationsprozess aktiv ist, d.h. die Werkzeuge stehen nur beim dynamischen Debugging und nicht beim sogenannten *postmortem* Debugging zur Verfügung.

Dieser Intergrationsansatz verfügt aber über die Eigenschaft, die Portabilität von ET++PE aufrecht zu erhalten. Auf jeder Plattform kann jeweils der geeignete Debugger zusammen mit den Werkzeugen von ET++PE eingesetzt werden. Auf der Seite des Debuggers wird lediglich vorausgesetzt, dass er den Aufruf einer C-Funktion im geladenen Code unterstützt. Diese Eigenschaft gehört heute aber zur Grundfunktionalität eines modernen symbolischen Debuggers. Somit ist ET++PE in die meisten verfügbaren Debugger integrierbar. Die für das Aufstarten der ET++PE Werkzeuge notwendige Funktion ETPEEnter ist in jede ET++ Applikation eingebunden. Als Argument wird ETPEEnter das Objekt übergeben, das im Inspector angezeigt werden soll.

Abb. 4.11 illustriert, wie im Beispiel von Abb. 4.9 nach der Betätigung des inspect this Knopfes die verschiedenen Komponenten zusammenarbeiten. In der Abbildung repräsentiert ein Pfeil die Übergabe der Steuerung an eine andere Komponente, abgerundete Rechtecke repräsentieren Prozesse.

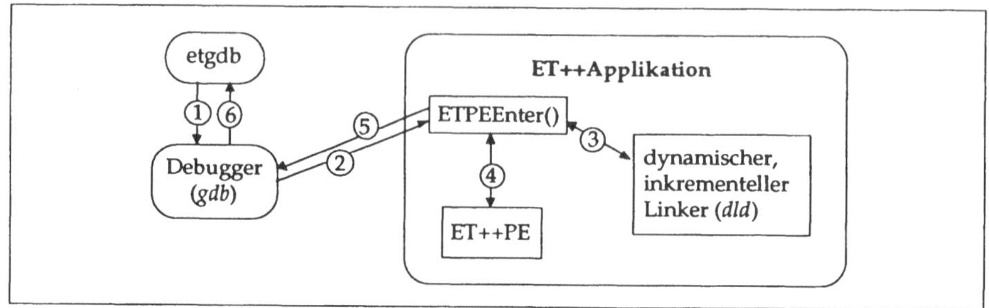

Abb. 4.11: Integration von ET++PE in einen Debugger

Die einzelnen Schritte, die dabei ablaufen sind:

1. Nach Betätigung des inspect this Knopfes wird von etgdb im Debugger der Befehl für den Aufruf von ETPEEnter gestartet.
2. Der Debugger ruft die Funktion ETPEEnter auf.
3. ETPEEnter überprüft, ob ET++PE schon in die Applikation eingebunden wurde. Ist dies nicht der Fall, wird die Steuerung an den dynamischen Linker übergeben. Der dynamische Linker sorgt dafür, dass der Code von ET++PE dynamisch dazugebunden wird.
4. ETPEEnter startet ET++PE.
5. Sobald der Benutzer in einem ET++PE Werkzeug die Menüauswahl Exit ET++PE ausführt, wird ETPEEnter verlassen und die Steuerung an gdb zurückgegeben.
6. Nachdem gdb die Steuerung zurückerhalten hat, sorgt etgdb dafür, dass seine Fenster nach vorne und die Fenster von ET++PE nach hinten gebracht werden.

4.6 Beurteilung von ET++PE

Die Reaktionen von Anwendern beim Einsatz von ET++PE waren durchwegs positiv. ET++PE hat sich nicht nur für die Applikationsentwicklung mit ET++, sondern auch für die Entwicklung von ET++ selbst bewährt.

4.6.1 Mögliche Verbesserungen von ET++PE

Für die Analyse des Quellcodes wären noch weitere Abfragemöglichkeiten bezüglich der Struktur hilfreich. Dazu gehören:

- Wo wird auf eine Instanzvariable zugegriffen?
- Wo werden Objekte einer bestimmten Klasse erzeugt?

- Welche Methoden rufen eine bestimmte Methode auf?
- Welche Friends hat eine Klasse?

Der Object Structure Browser ist ein Beispiel dafür, wie die Beziehungen zwischen Objekten in einer Applikation visualisiert werden können. Wünschbar für ein verbessertes Verständnis des Kontrollflusses in einem Application-Framework wären noch zusätzliche Mechanismen, die den Kontrollfluss auf eine geeignete Art und Weise visualisieren. Ansätze dazu finden sich in [Kle88] und [Cun87].

4.6.2 ET++PE im Vergleich mit anderen Werkzeugen

Browser und Inspector-Werkzeuge sind bewährte Hilfsmittel für die objektorientierte Software-Entwicklung. Werkzeuge dieser Art gehören heute zur Standardausstattung einer objektorientierten Software-Entwicklungsumgebung [Rag87, O'B87, Boe90, Par90, Sab91]. Als Musterbeispiel gelten auch heute noch die Werkzeuge der Smalltalk-80 Programmierumgebung[Gol84].

ET++PE unterscheidet sich von bekannten Werkzeugen vor allem in der Hinsicht, dass ET++PE als integraler Bestandteil einer Klassenbibliothek und eines Application-Frameworks konzipiert wurde. Bemerkenswert dabei ist, wie die Struktur der Klassenbibliothek und die darin enthaltenen Konzepte von ET++PE für die Realisierung neuer Funktionalität ausgenutzt werden konnten. Ein Beispiel dafür ist die Visualisierung von Objektbeziehungen im Object Structure Browser (4.2.2). Die Verwendung der ET++ Application-Framework Klassen vereinheitlicht die Struktur der damit entwickelten Applikationen. Dank dieser Vereinheitlichung können im Object Structure Browser vom Framework standardisierte Objektbeziehungen visualisiert werden. Der Object Structure Browser stellt auf diese Art die Grundstruktur einer ET++ Applikation dar. Diese visualisierte Grundstruktur ist für den Benutzer eine wichtige Hilfe für die Navigation im Objektnetz einer Applikation.

Durch die Integration von ET++PE in ET++ konnten insbesonders auch direkt in ET++ Massnahmen für die Unterstützung von ET++PE getroffen werden. Beispiele dazu sind die Instrumentierung von Klassen durch Methoden wie InspectorId (4.2.1) für den Inspector und CollectParts für den Object Structure Browser (4.2.2). Bei der Realisierung dieser Vorkehrungen konnte auch wiederum von der Struktur und den Konzepten von ET++ profitiert werden. In ET++ sind die Klassen fast ausschliesslich von Object abgeleitet (3.2). Dadurch war es möglich, in die Klasse Object Mechanismen für ET++PE einzubauen, die dann durch Vererbung auch den anderen ET++ Klassen zur Verfügung stehen.

Ein anderes Beispiel, wie ET++PE Eigenschaften von ET++ ausnutzen konnte, illustriert der Inspect-Klick-Mechanismus (4.1.2). In ET++ erfolgt die Analyse von Eingabeereignissen an einer zentralen Stelle in der Klasse VObject. Dank dieser Lokalisierung konnte der Inspect-Klick mit minimalem Aufwand realisiert werden.

Dazu musste lediglich die entsprechende Methode in VObject erweitert werden, so dass die spezielle Tastenkombination eines Inspect-Klicks einen Aufruf der Methode Inspect auslöst. Inspect ist in der Klasse Object definiert und bewirkt die Darstellung des Empfängers dieser Botschaft im Inspector. Alle graphischen Klassen sind in ET++ von VObject abgeleitet und erben somit automatisch den Inspect-Klick-Mechanismus.

Zusammenfassend kann man feststellen, dass die Integration von ET++PE in ET++ die Realisierung von Mechanismen (Visualisierung von Objektbeziehungen, Inspect-Klick) ermöglichte, die für das explorative Untersuchen von Applikationen eine grosse Hilfe sind. Die Unterstützung solcher Mechanismen unterscheidet ET++PE von anderen Werkzeugen.

Die Integration von ET++ mit ET++PE birgt den Nachteil in sich, dass ET++PE kein allgemeines Werkzeug für die Applikationsentwicklung mit C++ ist, sondern nur zusammen mit ET++ sinnvoll verwendet werden kann. Wir sind aber der Meinung, dass eine Klassenbibliothek im Umfang von ET++ so essentiell ist, dass es sich lohnt, dafür *klassenbibliotheks-spezifische* Werkzeuge zu entwickeln.

Die ET++ Klassenbibliothek ist portabel und kann auf diversen Hardware- und Software-Plattformen eingesetzt werden. ET++PE wurde selbst mit ET++ implementiert und ist deshalb ebenfalls portabel. Dank dieser Portabilität stehen auf jeder Plattform, auf der ET++ ablauffähig ist, unmittelbar auch Browser und Inspector-Werkzeuge zur Verfügung.

ET++PE unterscheidet sich von der Smalltalk-80 Programmierumgebung vor allem darin, dass neben rein textuellen auch graphische Darstellungen von Strukturen zum Zuge kommen (Class Hierarchy Browser, Object Structure Browser). Graphische Darstellungen sind insbesonders in objektorientierten Software-Systemen von Bedeutung, da sie dabei helfen, das Verständnis der manchmal komplexen Vererbungs- und Objektbeziehungen zu verbessern. In einer graphischen Darstellung lassen sich solche Beziehungen übersichtlicher als in einer rein textuellen Form darstellen.

Das ET++Cookbook ist ein Beispiel, wie die Hypertext-Technik für die Dokumentation von Software-Systemen verwendet werden kann. Diesen Ansatz findet man auch in anderen Systemen [Wal85]. Eine bemerkenswerte Eigenschaft des ET++Cookbooks ist die Möglichkeit, Quellcode von Applikationen und der Klassenbibliothek mit dem Linking-Mechanismus in das Kochbuch zu integrieren. Das Cookbook eignet sich deshalb nicht nur für die Erstellung von Kochbüchern, sondern auch für die Dokumentation objektorientierter Applikationen im allgemeinen.

5 Design-Muster – ein Ansatz für die Unterstützung des objektorientierten Entwurfs

Objektorientierte Programmierung unterstützt die Konstruktion modularer, wiederverwendbarer und erweiterbarer Software. Die Anwendung objektorientierter Konzepte allein ist noch keine Garantie für die Entstehung von Software-Systeme mit den oben erwähnten Eigenschaften. Ansätze und Methoden für die Unterstützung des Entwurfs objektorientierter Software sind deshalb ein Thema von besonderem Interesse auf dem Gebiet der objektorientierten Software-Entwicklung.

Ein wichtiges Ziel des ET++ Projektes war es, durch die konkrete Anwendung der objektorientierten Programmierung neue Erkenntnisse zu gewinnen, wie die Gestaltung objektorientierter Software unterstützt werden kann. Die Konsolidierung dieser Erkenntnisse führte zu einem neuen Konzept für die Unterstützung des objektorientierten Entwurfs, das wir als *Design-Muster* bezeichnen.

Dieses Kapitel ist wie folgt aufgebaut:

- In einem ersten Teil werden bekannte Konzepte für die Gestaltung objektorientierter Software beschrieben.
- In einem zweiten Teil wird eine graphische Notation für die Darstellung von Struktur und Architektur objektorientierter Software vorgestellt. Diese Notation ist die Grundlage für die nachfolgenden Ausführungen.
- Im zentralen Teil dieses Kapitels folgt anschliessend die Beschreibung des Ansatzes.

5.1 Konzepte zur Unterstützung des objektorientierten Entwurfs

Die Konzepte auf dem Gebiet der Unterstützung des objektorientierten Entwurfs kann man unterteilen in: Methoden, Ansätze, Stilregeln und Frameworks.

Unter einer Entwurfsmethode verstehen wir gemäss Booch [Boo91]: "A method is a disciplined process for generating a set of models that describe various aspects of a software system under development, using some well-defined notation". Ein Entwurfsansatz unterscheidet sich in unserer Terminologie von einer Entwurfsmethode dadurch, dass er nur einen bestimmten Aspekt der Entwurfstätigkeit anspricht und nicht als komplettes Vorgehensmodell eingestuft werden kann.

5.1.1 Ansätze

CRC-Karten

Ein Ansatz für die Unterstützung des objektorientierten Entwurfs sind die sogenannten CRC-Karten [Bec89]. Bei diesem Ansatz werden gewöhnliche Notizkarten verwendet. Pro Klasse wird dabei eine Notizkarte angelegt. Darauf wird ihr Name (C= *Class*), ihre Verantwortlichkeiten (R= *Responsibilities*) und die anderen Klassen, mit deren Objekten kooperiert wird (C= *Collaborators*), festgehalten. Eine wichtige Charakteristik von CRC-Karten ist ihre *Konkretheit*, d.h. sie können physisch manipuliert und umgeordnet werden. Diese Eigenschaft ermöglicht, dass Anwendungsszenarios effektiv im Team durchgespielt werden können. Abb. 5.1 zeigt eine CRC-Karte der ET++ Klasse Document.

Class: *Document*	
Responsibility:	**Collaborators:**
• verwalte Daten zu Modell • einlesen/abspeichern der Daten • erzeuge Fenster • definiere Fensterinhalt	– FileDialog – Window – View – CommandProcessor

Abb. 5.1: Beispiel einer CRC-Karte

CRC-Karten können sowohl bei der Analyse als auch beim Entwurf eines Systems verwendet werden. Sie unterstützen im speziellen das Auffinden von Klassen (das sogenannte "*Class Discovery*") sowie das Erklären des Zusammenspiels zwischen mehreren Klassen. Wichtig an diesem Ansatz ist die Verwendung des Konzepts von Verantwortlichkeiten für das Auffinden und Beschreiben von Klassen.

OOSD

Bei OOSD (Object-Oriented Structured Design) [Was90] handelt es sich um eine Erweiterung der Notation von Structured Design [You79]. OOSD ist gemäss seinen Entwicklern unabhängig von einer bestimmten Methode und beschränkt sich darauf, eine graphische Darstellung einer objektorientierten Systemarchitektur zu definieren. OOSD-Diagramme beschreiben ein System auf einem tiefen Abstraktionsniveau und werden aus diesem Grund schnell komplex und unübersichtlich.

5.1.2 Entwurfsmethoden

Die ersten Entwurfsmethoden für den objektorientierten Entwurf sind im Umfeld von ADA entstanden. Ein Beispiel dazu ist HOOD (Hierarchical Object-Oriented Design) [Hei88]. Methoden aus diesem Umfeld unterstützen lediglich die Datenabstraktion und vernachlässigen die Möglichkeiten der Vererbung sowie der dynamischen Bindung. Erst in jüngerer Zeit sind Methoden entwickelt worden, die sämtliche Konzepte der objektorientierten Programmierung ausnutzen. Keine dieser Methoden hat sich bis jetzt im grossen Rahmen durchgesetzt. In einem Überblick über den aktuellen Stand der Forschung auf dem Gebiet des objektorientierten Entwurfs [Wir90] kommen die Verfasser zum Schluss: "Although each of these methods has ist own unique characteristics, they are more complementary than they are competing".

OOD von Booch

Boochs Methode [Boo91] besteht aus einer graphischen Notation für die Darstellung eines objektorientierten Entwurfs und der Beschreibung eines Vorgehensmodells. Die graphische Notation umfasst verschiedene Diagrammarten für die Darstellung unterschiedlicher Sichten auf einen Entwurf.

Der Methode von Booch liegt ein iteratives Vorgehensmodell zugrunde. Er bezeichnet das Vorgehen als "round trip gestalt design". Die einzelnen Schritte, die dabei durchgeführt werden, sind:

- *Identifikation von Klassen und Objekten*
  Bei diesem Schritt stehen zwei Aktionen im Vordergrund, nämlich (1) das Auffinden der zentralen Klassen im Problembereich ("key abstractions") und (2) die Definition von *Mechanismen*. Unter einem Mechanismus versteht Booch eine Gruppe kooperierender Objekte.
- *Identifikation der Semantik von Klassen und Objekten*
  Für die im vorhergehenden Schritt identifizierten Klassen wird ihre genaue Semantik untersucht. Dazu gehört die Untersuchung des Verhaltens der Klassen und ihres Protokolls. Für diese Aktivität schlägt Booch die Untersuchung des Lebenszyklus eines Objekts von seiner Erzeugung bis zur Vernichtung vor.

- *Identifikation der Beziehungen zwischen Klassen und Objekten*
  Bei diesem Schritt wird die Interaktion und Kooperation zwischen den Klassen untersucht und dabei die Klassenstruktur verfeinert. Aufgrund dieser Überlegungen werden anschliessend die Beziehungen zwischen den Klassen festgelegt. Für die Unterstützung dieses Schrittes wird die Verwendung von CRC-Karten vorgeschlagen.
- *Implementation der Klassen und Objekte*
  In diesem Schritt wird die interne Repräsentation der Klassen festgelegt.

"Responsibility Driven Design" (RDD)

Die "Responsibility Driven Design" Methode stammt von Smalltalk-Entwicklern der Firma Tektronix [Wir89, Wir90a]. RDD setzt einen Schwerpunkt bei der Anwendung der Idee von CRC-Karten. Beim Entwurf mit RDD werden zwei Phasen unterschieden:

- *Die Erkundungsphase (Exploration)*
  In dieser Phase werden die Klassen des Systems identifiziert. RDD verwendet dazu den "Substantiv-Verb-Ansatz", wie er ursprünglich von Abbot [Abb83] beschrieben wurde. Bei diesem Ansatz werden in der verbalen Problembeschreibung die Substantive und Verben gesucht. Die Substantive sind dabei Kandidaten für Klassen, Verben Kandidaten für Methoden.

  Im Sinne von CRC wird in dieser Phase das Verhalten des Systems durch die Zuweisung von Verantwortlichkeiten an Klassen erkundet. Klassen können eine Verantwortlichkeit wahrnehmen, indem sie die dafür notwendigen Operationen selbst ausführen oder mit einer anderen Klasse kooperieren. In dieser Phase werden deshalb auch die Kollaborateure (*Collaborators*) der Klassen bestimmt. Die Phase verläuft iterativ, d.h. das Auffinden einer neuen Verantwortlichkeit kann zu einer neuen Zusammenarbeit zwischen Klassen sowie zu neuen Klassen führen.

  Bei der Beschreibung der Zusammenarbeit zwischen Klassen wird bei RDD das *Client-Server* Modell angewendet, d.h. ein Objekt kann von einem anderen Objekt eine Dienstleistung anfordern. Die Klasse, die die Dienstleistung anbietet, wird als *Server* und die Klasse, die eine Dienstleistung in Anspruch nimmt, als *Klient* bezeichnet.
- *Detaillierter Entwurf (detailed design phase)*
  In dieser Phase werden die Vererbungsbeziehungen zwischen den Klassen festgelegt. Als weitere Entwurfshilfen definiert RDD mit *Kontrakten* und *Subsystemen* zwei weitere Konzepte. Ein Kontrakt fasst mehrere Verantwortlichkeiten zusammen und besteht aus den Diensten, die ein Klient von einer Klasse anfordern kann. Eine Klasse kann mehrere Kontrakte unterstützen. Jede Verantwortlichkeit einer Klasse gehört zu höchstens einem Kontrakt. Ein Server verpflichtet sich, die

im Kontrakt enthaltenen Dienste zur Verfügung zu stellen. Der Klient verpflichtet sich, nur die im Kontrakt enthaltenen Dienste in Anspruch zu nehmen. Ein Kontrakt wird bei der Gestaltung der Klassenschnittstelle in mehrere Botschaften umgesetzt.

RDD versteht unter einem Subsystem eine Gruppe von Klassen, die im Hinblick auf einen Kontrakt kooperieren. Die Bildung von Subsystemen hat den Zweck, die Zusammenarbeit von Klassen in einem Entwurf weiter zu strukturieren.

Als Hilfsmittel für den Designer verwendet RDD CRC-Karten, Klassenhierarchie-Graphen für die Darstellung der Vererbungsbeziehungen und die sogenannten *Collaboration-Graphen*. Ein Collaboration-Graph zeigt, mit welchen Kontrakten Klassen und Subsysteme verbunden sind. Klassen werden darin als Rechtecke und Subsysteme als abgerundete Rechtecke dargestellt. Ein Vererbungsbeziehung wird als eine Verschachtelung der Rechtecke der Klassen gezeichnet. Die Kontrakte, die eine Klasse unterstützt, werden am Rand durch numerierte Halbkreise repräsentiert. Die Nummer des Kontrakts ist eine Referenz auf seine Beschreibung. Eine Client-Server-Beziehung wird mit einem Pfeil vom Klienten hin zum Kontrakt des Servers gezeichnet. Abb. 5.2 zeigt einen teilweisen Collaboration-Graph eines Graphikeditors.

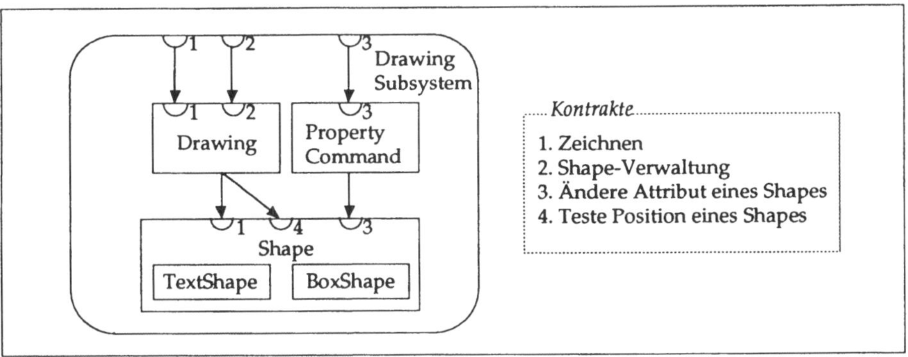

Abb. 5.2: Ein RDD Collaboration-Graph

5.1.3 Stilregeln

Stilregeln sind ein weiteres Konzept, das man zur Unterstützung des objektorientierten Entwurfs findet. Eine Stilregel hat den Zweck, dem Designer Regeln für die Beurteilung seines Entwurfs zur Verfügung zu stellen. Ein Beispiel einer solchen Stilregel ist das sogenannte Gesetz der Demeter (*Law of Demeter*) [Lie88]. Dieses Gesetz hat den Zweck die Kopplung zwischen Klassen zu reduzieren. Es lässt sich wie folgt formulieren:

In allen Methoden M einer Klasse C dürfen nur die Methoden der folgenden Klassen aufgerufen werden:

1. Klassen der Instanzvariablen
2. Klassen der Argumente der Methode M.

Globale und innerhalb von M erzeugte Objekte, werden als Argumente von M betrachtet. Das Gesetz der Demeter führt zu einer Entkopplung von Klassen, da bei seiner Anwendung die direkte Manipulation von Instanzvariablen anderer Klassen ausgeschlossen wird.

Weitere Beispiele für Stilregeln finden sich in [Wir89a, Kor90] und [Kae86].

5.1.4 Frameworks

Die Wiederverwendung von Design ist eine attraktive Möglichkeit für die Unterstützung der Gestaltung neuer Software-Systeme. Das Problem dabei ist es, existierende Designs so festzuhalten und zu beschreiben, dass sie wiederverwendbar sind [Big87]. Frameworks sind ein mögliches Vorgehen, wie Design-Strukturen im Hinblick auf eine spätere Wiederverwendung beschrieben werden können. In einem Framework kann das abstrahierte Design einer Problemstellung als eine Sammlung kooperierender Klassen festgehalten werden. Bei einem Framework wird der Entwurf somit in der Form von Quellcode festgehalten. Die Wiederverwendung umfasst bei einem Framework deshalb Code und Design.

Kann bei der Lösung einer Problemstellung auf einem Framework aufgebaut werden, ist bereits ein grosser Teil der Entwurfsarbeit von den Entwicklern des Frameworks geleistet worden. Der Entwickler kann bei einem Framework die Zerlegung einer Problemstellung in verschiedene kooperierende Klassen und ihre Schnittstellen wiederverwenden. Diese Zerlegung in Komponenten und Schnittstellen sind denn auch die wertvollsten Elemente eines Frameworks [Deu89].

5.2 Konzepte eines neuen Ansatzes für die Unterstützung des objektorientierten Entwurfs

Die Erfahrungen bei der Entwicklung von ET++ haben uns ein gutes Gefühl dafür vermittelt, wo die Probleme beim objektorientierten Entwurf liegen und welches die Eigenschaften eines guten Entwurfs sind. Dabei haben wir die folgenden Erkenntnisse gewonnen:

- Es gibt in objektorientierten Systemarchitekturen bestimmte Arten der Organisation von Klassen, die immer wieder auftreten und die zu einer eleganten, gut strukturierten Lösung beitragen.

- In einer objektorientierten Systemarchitektur übernehmen Klassen häufig bestimmte *Rollen*.
- Bei der Gestaltung der Systemarchitektur ist die *Objektivierung* eine wichtige Tätigkeit. Unter Objektivierung verstehen wir, die Modellierung von Abstraktionen mit Objekten, die nicht unbedingt realen Objekten des Problembereichs entsprechen.

Die heute bekannten Methoden und Ansätze vernachlässigen die oben erwähnten Elemente bei der Gestaltung der Systemarchitektur. Die meisten objektorientierten Methoden setzen häufig auch einen Schwerpunkt auf die Anwendung von Vererbung. Die Gestaltung der Interaktion zwischen Objekten, die Komposition von Objekten sowie das Konzept der Objektivierung werden nicht ausreichend berücksichtigt. Anliegen des in diesem Kapitel beschriebenen Ansatzes mit sogenannten Design-Mustern ist es, diese Lücke zu schliessen. Die folgenden Ziele sind dabei ebenfalls von Bedeutung:

- Die Wiederverwendung von Design-Strukturen und Design-Erfahrungen. Dem Designer werden für diesen Zweck eine Sammlung abstrakter Design-Strukturen zur Verfügung gestellt, die er beim Entwurf anwenden kann.
- Die Vereinfachung der Kommunikation innerhalb eines Entwickler-Teams.
- Die Reduzierung des Einarbeitungsaufwands in eine Klassenbibliothek. Der Klassenproduzent soll für den Klienten festhalten können, welche Organisationsformen und Rollen er verwendet hat.

Der Ansatz mit Design-Mustern konkurrenziert keine der heute bekannten Methoden, sondern ergänzt sie. Diese Ergänzung scheint uns wertvoll, wenn nicht sogar notwendig. Beim Entwurf mit Design-Mustern ist kein eigenes Vorgehensmodell notwendig. Im Zentrum steht dabei die Unterstützung des Designers bei der Gestaltung der Systemarchitektur. Unter der Gestaltung einer objektorientierten Systemarchitektur verstehen wir in diesem Zusammenhang die Definition der Klassenstruktur, der Verantwortlichkeiten einer individuellen Klasse sowie der Kooperation der Klassen untereinander.

Die Identifikation von Klassen wird durch die Verwendung von Design-Mustern nur indirekt unterstützt. Durch die Anwendung eines Design-Musters können zusätzliche Klassen entdeckt werden.

5.2.1 Design-Muster ("*Design Pattern*")

Design-Muster stehen im Zentrum des im folgenden beschriebenen Ansatzes. Unter einem Design-Muster verstehen wir eine abstrakte Beschreibung einer Design-Struktur. Diese Design-Strukturen können für die Organisation von Klassenhierarchien und für die Gestaltung der Interaktion zwischen Klassen verwendet werden.

Ein Design-Muster muss dazu beitragen, die Qualität einer Software-Architektur gemäss bewährter Beurteilungskriterien der Software-Technik zu verbessern. Diese Kriterien umfassen:

- Die Maximierung der Stärke der Bindung (*Cohesion*) innerhalb einer Komponente [You79].
- Die Minimierung der Kopplung und Vereinfachung der Schnittstellen zwischen Komponenten (*Coupling*).
- Die flexible Erweiterbarkeit und Wiederverwendbarkeit einzelner Komponenten.
- Die gleichmässige Verteilung von Funktionalität und Verantwortlichkeiten unter den verschiedenen Komponenten eines Systems [Wir90a].

Die in diesem Kapitel beschriebenen Design-Muster sind weitgehend unabhängig von einer bestimmten Implementationssprache anwendbar. Unterschiede ergeben sich immer dann, wenn es um die Realisierung standardisierter Protokolle geht. Sprachen mit statischer Typenprüfung, die ein Typ einer Klasse gleichsetzen, verlangen, dass Klassen mit einem standardisierten Protokoll eine gemeinsame Vorgängerklasse besitzen. Bei der Beschreibung der Design-Muster wird mit C++ eine Sprache mit statischer Typenprüfung verwendet.

Motivation für einen Ansatz mit Design-Mustern

Ein Ansatz für die Unterstützung des Entwurfs mit Design-Mustern drängt sich bei einem objektorientierten Vorgehen deshalb auf, weil die Ausdrucksmittel objektorientierter Programmiersprachen Möglichkeiten anbieten, Design-Strukturen als entsprechende Klassenstrukturen festzuhalten. Eine solch ausdrucksstarke Umsetzung war mit konventionellen Programmiersprachen nicht möglich. Anderson [And90] umschreibt diesen Sachverhalt auch mit: "(...) object-oriented programs have design-like qualities". Durch einen weiteren Abstraktionsschritt lassen sich deshalb auch Design-Muster identifizieren. Design-Muster ermöglichen die Wiederverwendung existierender Design-Strukturen und Design-Erfahrungen. Sie sind deshalb neben Frameworks eine weitere Möglichkeit zur Wiederverwendung von Design.

Die Bezeichnung von Design-Mustern mit entsprechenden Namen führt zusätzlich auch dazu, dass unter Entwicklern eine einheitliche Terminologie für die Diskussion eines Entwurfs verwendet werden kann. Design-Muster definieren deshalb auch ein *Vokabular* für die Beschreibung eines Entwurfs.

5.2.2 Kategorien von Design-Mustern

Design-Muster werden gemäss ihrem Anwendungszweck in unterschiedliche Kategorien eingeteilt. Wir unterscheiden dabei zwischen Design-Mustern für:

- *Die Strukturierung und Organisation von Klassenhierarchien*
  Dabei geht es darum, wie Klassenhierarchien im grossen strukturiert werden können.
- *Die Gestaltung der Interaktion zwischen Klassen*
  Anliegen dieser Design-Muster ist die Gestaltung der Interaktion zwischen Klassen mit bestimmten abstrakten Rollen, die Klassen dabei übernehmen können.
- *Die Gestaltung der Klassenschnittstelle*
  Bei diesen Design-Mustern geht es um die Gestaltung der Klassenschnittstellen individueller Klassen.
- *Die evolutionäre Verbesserung einer Klassenhierarchie.*
  Der objektorientierte Entwicklungsprozess verläuft iterativ [Gos90, Boo91]. Genauso wichtig wie der initale Entwurf einer Klassenstruktur ist deshalb auch ihre evolutionäre Verbesserung. Auch für die evolutionäre Verbesserung einer Klassenstruktur existieren bestimmte Muster.

Die Beschreibung und Dokumentation von Design-Mustern verlangt nach einer geeigneten Notation. Im nächsten Abschnitt wird für diesen Zweck eine graphische Notation eingeführt.

5.3 Eine graphische Notation für die Darstellung von Design-Mustern

Für die graphische Darstellung objektorientierter Strukturen gibt es heute bereits eine Vielzahl unterschiedlicher Notationen [Was90, Coa89, Boo91, Des90, Wir89, Wil90, Rum91]. Im folgenden geht es nicht darum, noch eine weitere neue Notation zu entwickeln. Als Grundlage für die Beschreibung von Design-Mustern verwenden wir deshalb so weit möglich bekannte Notationen, die erweitert und für unsere Zwecke angepasst werden. Für die Darstellung von Design-Mustern werden drei unterschiedliche Diagrammarten verwendet:

- *Klassendiagramm*
  Im Klassendiagramm werden die Vererbungsbeziehungen zwischen Klassen sowie die Struktur (Instanzvariablen und Methoden) individueller Klassen dargestellt.
- *Objektdiagramm*
  Im Objektdiagramm kann ein Schnappschuss eines Objektnetzes dargestellt werden. Zusätzlich kann im Objektdiagramm auch eine Darstellung der Kommunikation zwischen den Objekten erfolgen.

- *Methoden-Flussdiagramm*
  Im Methoden-Flussdiagramm wird die Reihenfolge der ausgeführten Methoden dargestellt.

5.3.1 Das Klassendiagramm

Als Grundlage für das Klassendiagramm diente die in [Wil90] eingeführte Notation. Diese Notation ist wesentlich einfacher und besser verständlich als diejenige von OOD. Im Vergleich zu OOD können aber mit ihr nicht alle von OOD unterstützten Beziehungen dargestellt werden. Die Notation hat sich aber für unsere Zwecke bewährt und sich als völlig ausreichend erwiesen. Die verschiedenen Diagrammelemente des Klassendiagramms sind in Abb. 5.3 an einem Beispiel dargestellt.

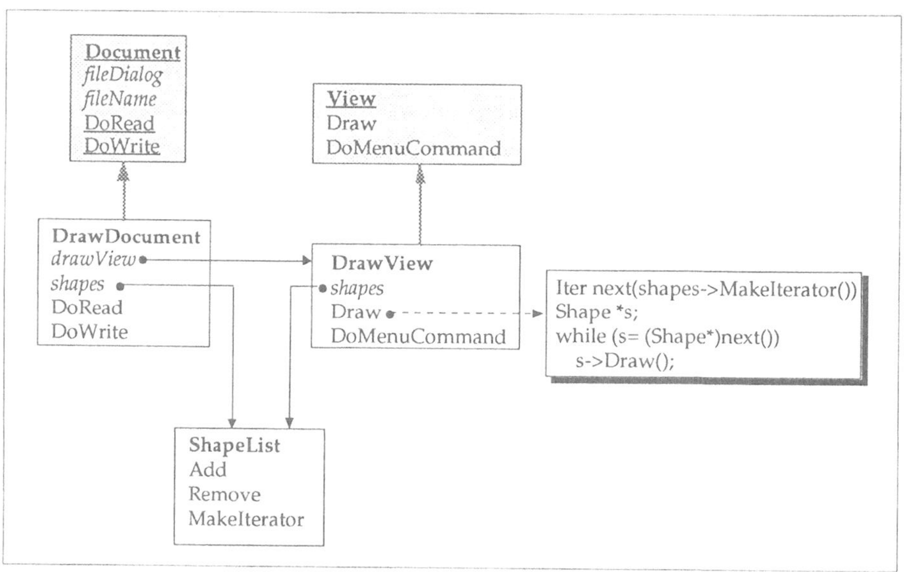

Abb. 5.3: Das Klassendiagramm

In einem Klassendiagramm gelten die folgenden Darstellungsregeln:

- Eine Klasse wird als Rechteck gezeichnet.
- Der Klassenname wird fett geschrieben. Es folgen die Instanzvariablen in kursiver und die Methodennamen in normaler Schriftart.
- Bei einer abstrakten Klasse wird der Klassenname und die Namen der abstrakten Methoden unterstrichen.

- Eine Vererbungsbeziehung wird mit einem grauen Pfeil von der abgeleiteten Klasse zur Basisklasse dargestellt.
- Die von Instanzvariablen referenzierten Klassen werden mit einem Pfeil von der Instanzvariablen zur referenzierten Klasse gezeichnet.
- Geht ein Pfeil von einem Methodennamen zu einem Rechteck einer Klasse, so heisst das, dass die Methode Objekte dieser Klasse als Parameter oder Rückgabewert verwendet.
- Bei Methoden kann bei Bedarf ihr Code in einem separaten, mit einem Schatten versehenen Rechteck skizziert und mit einem gestrichelten Pfeil dem entsprechenden Methodennamen zugeordnet werden.
- Zur Unterscheidung zwischen wiederverwendeten und neu definierten Klassen werden die wiederverwendeten Klassen, die aus einer Klassenbibliothek entnommen werden, grau unterlegt.
- Eine Zusammenfassung von Klassen zu einer Gruppe wird als Stapel von Klassen gezeichnet (Abb. 5.4).

Wenn es im folgenden darum geht, nur die Vererbungsbeziehungen zwischen Klassen darzustellen, wird wie in den letzten Kapiteln anstelle des Klassendiagramms eine einfache Baumdarstellung verwendet.

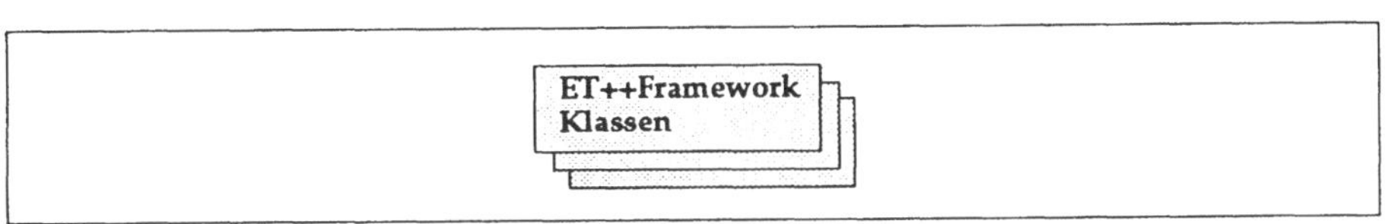

Abb. 5.4: Darstellung einer Klassengruppe

5.3.2 Das Objektdiagramm

Klassendiagramme dokumentieren die statischen Beziehungen zwischen Klassen. Für die Darstellung von Objektstrukturen, wie man sie zur Laufzeit einer Applikation vorfindet, führen wir entsprechend zum Klassendiagramm das Objektdiagramm ein. In einem Objektdiagramm wird ein Schnappschuss eines Objektnetzes dargestellt. Darin ist ersichtlich, welche Objekte über Referenzen miteinander verknüpft sind und sich somit *kennen*. Zusätzlich kann im Objektdiagramm auch das Versenden von Botschaften und somit die Kommunikation und Kooperation zwischen Objekten illustriert werden. Ein Beispiel eines Objektdiagramms ist in Abb. 5.5 dargestellt.

In einem Objektdiagramm gelten die folgenden Darstellungsregeln:

- Objekte werden als abgerundete Rechtecke gezeichnet.
- Der Name eines Objekts wird durch eine Linie vom Rest getrennt.
- Methoden und Instanzvariablen eines Objekts werden wie im Klassendiagramm dargestellt. Dabei können bei Bedarf die Instanzvariablen des Objekts verflacht gezeigt werden, so dass ersichtlich ist, von welcher Klasse eine Instanzvariable oder Methode geerbt wird.

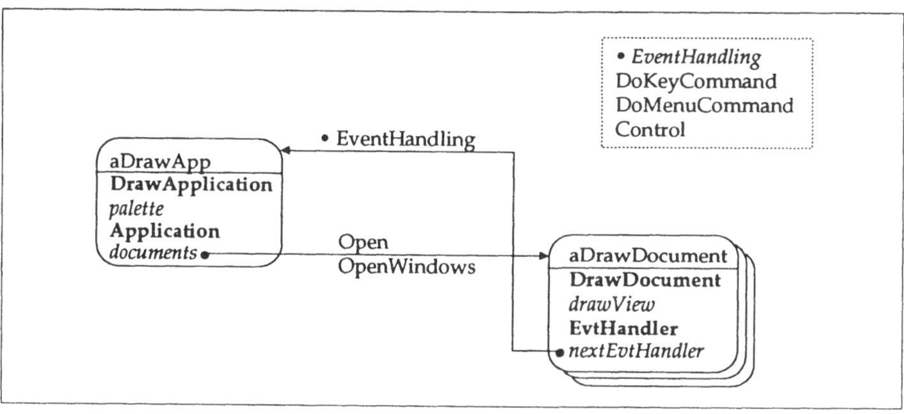

Abb. 5.5: Das Objektdiagramm

- Referenzen zwischen Objekten werden durch Pfeile dargestellt.
- Der Pfeil einer Objektreferenz kann mit den Namen der versendeten Botschaften beschrieben werden.
- Die Kooperation zwischen Objekten spielt sich meist nicht auf der Stufe individueller Botschaften, sondern standardisierter Protokolle oder Kontrakten im Sinne von RDD ab. Eine Objektreferenz kann deshalb auch mit dem Namen eines Kontrakts annotiert werden. Dem Namen des Kontrakts wird ein "•" Symbol vorangestellt. Die Botschaften, die zu einem Kontrakt gehören, werden in einer getrennten Darstellung aufgelistet (z.B. EventHandling in Abb. 5.5).
- Eine Sammlung von Objekten, z.B. ein ET++ Collection-Objekt, wird als Stapel von Objektsymbolen gezeichnet.

5.3.3 Das Methoden-Flussdiagramm

Im Objektdiagramm wird die Kooperation zwischen Objekten gezeigt. Aufrufsequenzen von Methoden können darin nicht dargestellt werden. Für die Darstellung des Kontrollflusses wird eine erweiterte Form des Methoden-Flussdiagramms verwendet, das von Schmucker [Sch86] eingeführt wurde. In einem Methoden-Flussdiagramm gelten die folgenden Konventionen:

- Eine Methode wird in einem Rechteck gezeichnet.
- Pro Methode wird ihr Name, das Objekt, mit dem sie ausgeführt wird, und die Klasse, in der die Methode definiert ist, angegeben.
- Beim Aufruf globaler Funktionen und Operatoren, die nicht im Kontext einer Klasse definiert sind, entfällt die Angabe der Klasse und des Empfängers. Handelt es sich um eine Funktion bzw. einen Operator für die Erzeugung neuer Objekte – in C++ der new-Operator – kann optional der Name des erzeugten Objekts im Rechteck aufgeführt werden. An anderen Stellen im Diagramm kann man sich dann auf diesen Namen beziehen.

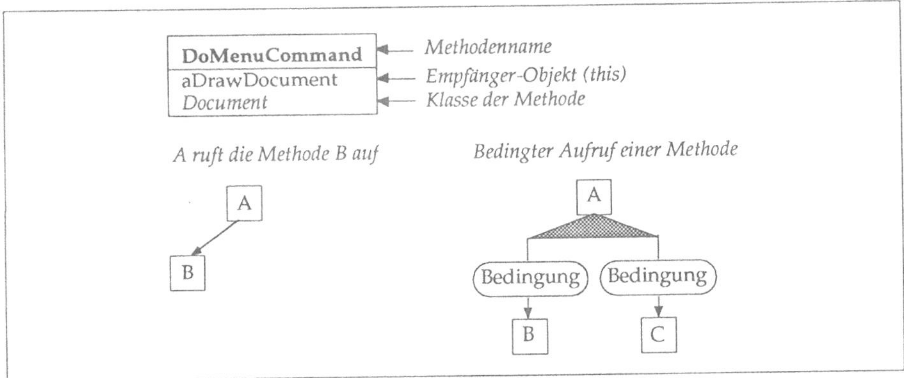

Abb. 5.6: Symbole eines Methoden-Flussdiagramms

- Methoden aus der Klassenbibliothek werden grau unterlegt.
- Ein Pfeil stellt den Aufruf oder die Abgabe der Steuerung an eine andere Methode dar.
- Der bedingte Aufruf einer Methode kann durch ein Dreieck mit mehreren ausgehenden Pfeilen dargestellt werden (Abb. 5.6).

Als ein Beispiel für die Anwendung eines Methoden-Flussdiagramms zeigt Abb. 5.7 die Sequenz der ausgeführten Methoden beim Öffnen eines Dokuments in ET++Draw.

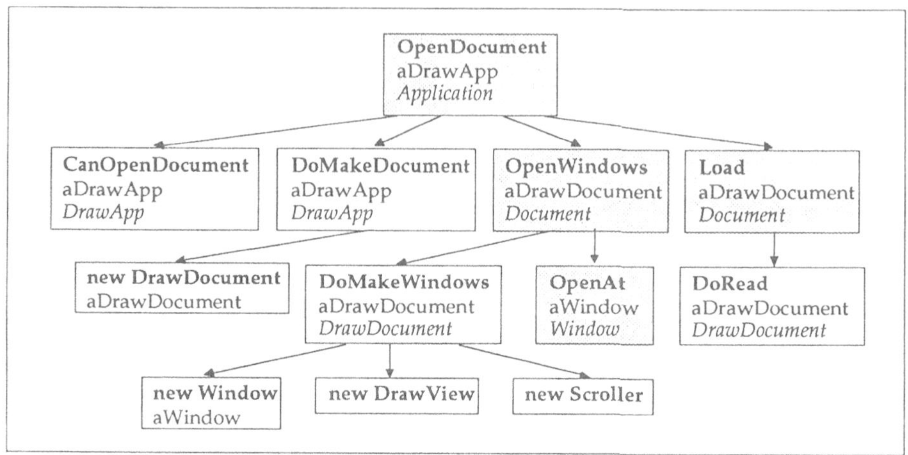

Abb. 5.7: Ausgeführte Methoden beim Öffnen eines existierenden Dokuments in ET++

5.4 Design-Muster für die Organisation von Klassenhierarchien

Der primäre Abstraktionsmechanismus in objektorientierten Programmiersprachen ist die Klasse. Die Granularität der Abstraktion individueller Klassen ist für die Gestaltung einer Systemarchitektur aber häufig zu fein [Kai87]. Als ein höheres Strukturierungskonzept findet man deshalb zum Beispiel in OOD oder RDD das Konzept von Subsystemen. In [Mey89] wird unter dem Begriff *Cluster* ebenfalls ein Konzept für die Gruppierung von Klassen vorgeschlagen. Bei der Entwicklung von ET++ haben wir gelernt, dass Klassen auf verschiedene Arten zu *Klassengruppen* zusammengefasst werden können. Wir unterscheiden vier unterschiedliche Klassengruppen:

- Familien
- Teams
- Subsysteme
- Frameworks

Eine Klassengruppe kann selbst wieder aus mehreren Klassengruppen zusammengesetzt sein. Die Zerlegung einer Problemstellung in Teilbereiche, die anschliessend durch die oben beschriebenen Klassengruppen modelliert werden, ist eine wichtige Tätigkeit bei der Gestaltung der Software-Architektur.

Die explizite Bildung von Klassengruppen ist auch bei der Zuordnung von Verantwortlichkeiten im Sinne von RDD behilflich. In einem ersten Schritt werden dabei die Verantwortlichkeiten nicht direkt Klassen, sondern Klassengruppen zugeordnet.

5.4.1 Familien

Ein wichtiges Hilfsmittel für die Strukturierung einer Klassenhierarchie sind abstrakte Klassen. In einer abstrakten Klasse kann das Protokoll (2.3) für eine Gruppe von Klassen definiert werden. Durch die Ableitung von einer abstrakten Klasse entsteht eine *Familie* von Klassen, die ein einheitliches Protokoll unterstützen.

Die abstrakten Klassen als Wurzeln von Klassenfamilien sind die zentralen Klassen in einer Klassenhierarchie, da sie die für das Verständnis einer Klassenhierarchie fundamentalen standardisierten Protokolle definieren.

In der ET++ Klassenbibliothek befinden sich verschiedene Beispiele von Klassenfamilien:

- Die Familie der Collection-Klassen mit der abstrakten Basisklasse Collection.
- Die Familie der Text-Klassen mit der abstrakten Basisklasse Text.
- Die Familie der graphischen Interaktionsobjekte mit der abstrakten Basisklasse VObject.
- Die Familie der TextView-Klassen mit der Basisklasse StaticTextView.

Bezüglich ihrer Verwendung zur Bildung von Klassenfamilien kann man zwischen zwei Arten abstrakter Klassen unterscheiden:

- *Rein abstrakte Klassen*
  Abstrakte Klassen mit dem ausschliesslichen Zweck, ein standardisiertes Protokoll zu spezifizieren, bezeichnen wir als *rein* abstrakte Klasse. Rein deshalb, da alle ihre Methoden abstrakt sind. Die abgeleiteten Klassen realisieren das Protokoll durch das Überschreiben der abstrakten Methoden. Häufig werden dabei in den abgeleiteten Klassen keine neuen Methoden hinzugefügt. Bei dieser Art der Vererbung steht ausschliesslich die Standardisierung eines Protokolls im Vordergrund. Ein Beispiel einer solchen abstrakten Klasse in ET++ ist Command. Diese Klasse definiert ein standardisiertes Protokoll für die Ausführung von Benutzerkommandos.

- *Partiell abstrakte Klassen*
  Bei einer weiteren Form abstrakter Klassen stellt die abstrakte Klasse ein Gerüst für die Implementation abgeleiteter Klassen zur Verfügung. Dies geschieht dadurch, dass mit Hilfe der abstrakten Methoden bereits auch konkrete Methoden definiert werden. Abstrakte Klassen dieser Art bezeichnen wir als *partiell* abstrakte Klassen. Ein Beispiel dafür ist in ET++ die Klasse Collection. Die abstrakten

Methoden dieser Klasse sind Add, Remove und MakeIterator. Die Methode AddAll, die alle Elemente eines Container-Objekts zum Empfänger addiert, kann mit den abstrakten Methoden bereits allgemeingültig in Collection definiert werden. Abb. 5.8 zeigt, wie die Klassen OrdCollection und ObjList das von Collection vorgegebene Gerüst zu konkreten Klassen erweiteren.

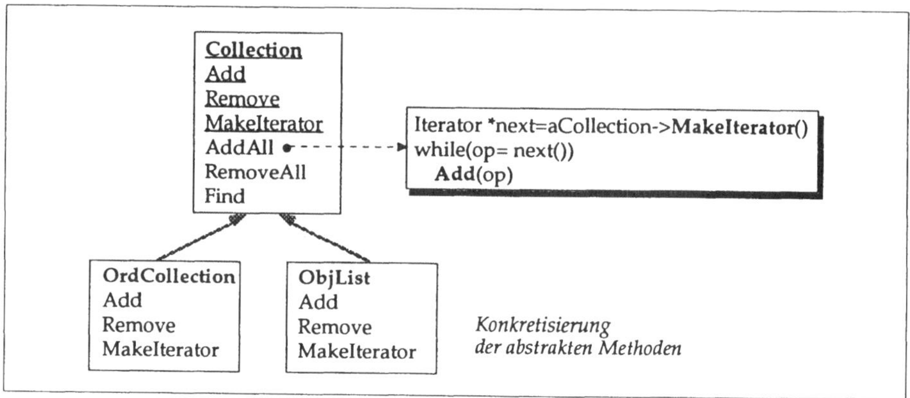

Abb. 5.8: Collection als Gerüst für die Implementation von Container-Klassen.[1]

Bei der Wurzel einer Klassenfamilie sollte es sich immer um eine möglichst leichtgewichtige Abstraktion handeln, d.h. sie sollte die konkrete Datenrepräsentation ihren Erben überlassen. Werden konkrete Datenrepräsentationen bereits in der Wurzelklasse der Familie definiert, ist dies für die abgeleiteten Klassen häufig zu einschränkend. Die Datenrepräsentation wird in diesem Fall an die abgeleiteten Klassen vererbt und kann von ihnen nur noch inkrementell erweitert werden.

Klassenfamilien können sowohl Bottom-Up als auch Top-Down entstehen.

Bottom-Up-Entwicklung einer Klassenfamilie

Die Vererbungsstruktur und insbesonders die abstrakte Wurzelklasse für eine Familie von Klassen entsteht typischerweise Bottom-Up durch das Herausheben der gemeinsamen Eigenschaften innerhalb einer Familie. Johnson schreibt dazu in [Joh88]: "(...) useful abstractions are usually designed from the bottom up, i.e., they are *discovered* not invented".

1 In der tatsächlichen Implementation von ET++ sind die Klassen ObjList und OrdCollection nicht direkt von Collection, sondern von der abstrakten Klasse SeqCollection abgeleitet.

Ein gutes Beispiel für die Bottom-Up-Entstehung einer Wurzelklasse ist die Klasse VObject. Ziel war dabei, ein standardisiertes Protokoll für alle graphischen Klassen zu finden, so dass Algorithmen wie zum Beispiel die Bestimmung des Layouts in Dialogfenstern möglichst allgemeingültig mit diesem Protokoll formuliert werden konnten.

Beispiele existierender graphischer Elemente, zu denen eine abstrakte Klasse gesucht wurde, waren (1) Menüeinträge (MenuItem), (2) Elemente von Dialogfenstern (DialogItem) sowie die Klassen (3) View und Clipper (siehe dazu Abb. 5.9).

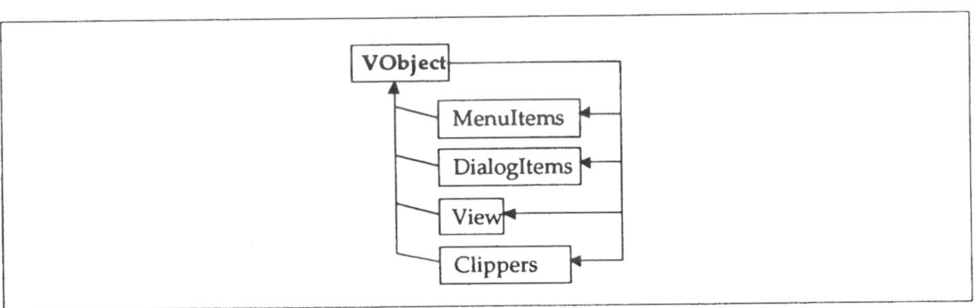

Abb. 5.9: Bottom-Up-Entstehung einer abstrakten Wurzelklasse

Die Evolution der Klasse VObject vollzog sich in mehreren Etappen und benötigte mehrere Iterationen. Die Entwicklung dauerte mehrere Monate. Das Problem bei der Gestaltung einer abstrakten Klasse und des damit verbundenen Protokolls besteht darin, eine Schnittstelle zu finden, die zwar minimal aber doch mächtig genug ist, so dass Algorithmen unabhängig von einer konkreten Klasse formuliert werden können.

Top-Down-Entwicklung einer Klassenfamilie

Die interne Struktur einer Familie von Klassen kann nicht nur Bottom-Up, sondern auch Top-Down auf eine inkrementelle Art und Weise entwickelt werden. Ein Beispiel dafür sind die ET++ Text-Klassen (Abb. 5.10).

Wie die Abb. 5.10 zeigt, wurde dabei die relativ komplexe Klasse VObjectText für die Verwaltung eines Textes mit integrierten graphischen Objekten und verschiedenen Font-Attributen in mehreren Entwurfsschritten entwickelt. Ähnlich wie mit dem Prinzip der schrittweisen Verfeinerung [Wir71] komplexere Funktionen Top-Down in Einzelfunktionen zerlegt werden, wurde bei den Text-Klassen dieses Prinzip auf Klassen angewendet. In einem ersten Schritt wird dabei die abstrakte Klasse Text von GapText konkretisiert. In den weiteren Schritten wird die Klasse GapText inkrementell zu VObjectText verfeinert. Diese Vorgehensweise führt dazu, dass dabei die verschiedenen Abstraktionsstufen durch die Klassen StyledText und VObjectText explizit dokumentiert sind. Die Anwendung der schrittweisen Verfeinerung ist auch daran zu erkennen, dass zum Beispiel die Methode Cut auf jeder Stufe inkrementell erweitert wird (Abb. 5.10).

Verglichen mit einer monolithischen Klasse, die die gesamte Funktionalität eines Textes mit integrierten graphischen Objekten in einer Klasse implementiert, resultiert durch diese Anwendung der schrittweisen Verfeinerung eine modulare Struktur. Die Zwischenprodukte, die dabei entstehen, sind direkt nutzbar. Ein Klient kann in Abhängigkeit der Anforderungen seiner Applikation auswählen, welche Funktionalität einer Text-Klasse er dazu baucht. Auch im Hinblick auf spätere Erweiterungen ist die Struktur der Text-Klassen offen, d.h. dem Klienten stehen mehrere Klassen für die Ableitung einer neuen, seinem Problem angepassten Text-Klasse zur Verfügung.

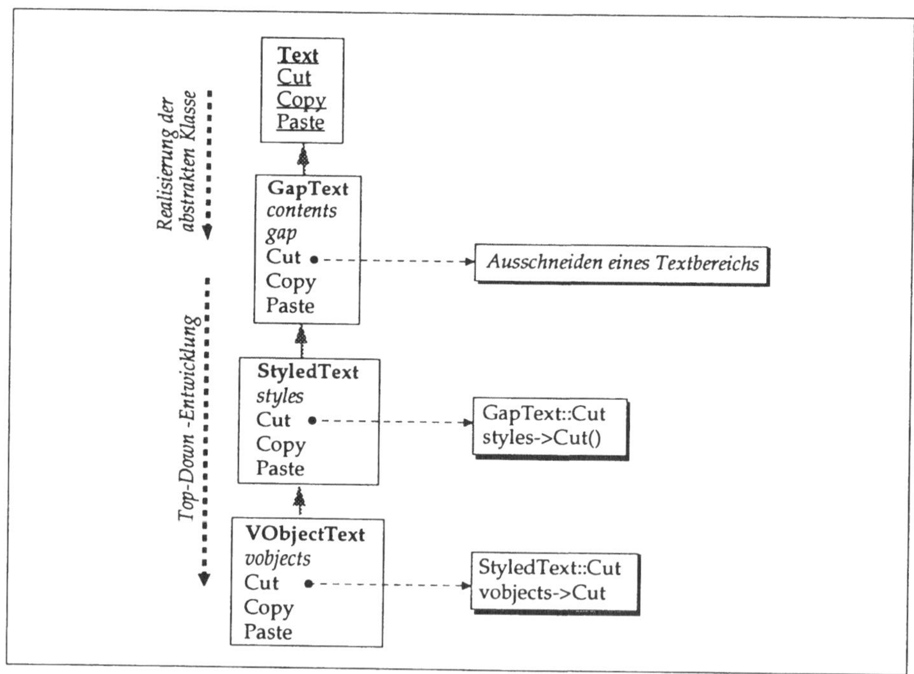

Abb. 5.10: Inkrementelle Top-Down-Entwicklung einer Familie

Es ist bei dieser Art der Vererbung bemerkenswert, wie dabei eine abgeleitete Klasse ihre Basisklasse aus sachlogischer Sicht verallgemeinert und nicht, wie zum Beispiel bei der Ableitung der Klasse Set von Collection, die Basisklasse spezialisiert. Ein GapText ist ein spezialisierter StyledText, der für den gesamten Text die gleiche Schriftart verwendet. Wichtig ist aber, dass eine Instanz von GapText trotzdem überall problemlos durch eine Instanz von StyledText oder VObjectText ersetzt werden kann (*Principle of Substitutability* 2.2.2).

Bei der Top-Down-Entwicklung einer Klassenfamilie sorgt die Vererbung für ein einheitliches Protokoll der Familienmitglieder. Zusätzlich wird bei der Ableitung aber auch die Repräsentation der Basisklasse inkrementell erweitert.

5.4.2 Teams

Eine Gruppe von Klassen, die als Realisierung *eines* Konzepts eng zusammenarbeitet, bezeichnen wir als ein *Team*. Ein Team kann intern aus mehreren kooperierenden Klassenfamilien bestehen. Ein Beispiel eines Klassenteams aus ET++ sind die Klassen für die Text-Manipulation, das sogenannte *Text-Team*. Die Verantwortlichkeiten für die Unterstützung der Text-Manipulation wurden in diesem Team auf die kooperierenden Klassenfamilien Text, TextView, TextFormatter, verschiedene TextCommand-Klassen und die Klasse TextPainter verteilt. TextCommand-Klassen sind für die Realisierung der Editier-Kommandos (Cut, Copy, Paste usw.) zuständig (Abb. 5.11). Zu den Verantwortlichkeiten der Klasse TextPainter gehört die Darstellung einzelner Textzeilen und die entsprechende Interpretation von Formatierattributen.

Abb. 5.12 illustriert mit CRC-Karten die Kooperation innerhalb der Klassen des Text-Teams und zeigt, wie die Verantwortlichkeiten verteilt sind.

Das Text-Team ist, gemessen am Code-Umfang sowie an der Anzahl Klassen, bereits ein grösseres Team. In ET++ gibt es daneben noch diverse kleinere Teams. Zum Beispiel findet man in den Container-Klassen mehrere Teams, die aus einer Container- und ihrer entsprechenden Iterator-Klasse bestehen (Set-SetIter, OrdCollection-OrdCollIter/RevOrdCollIter).

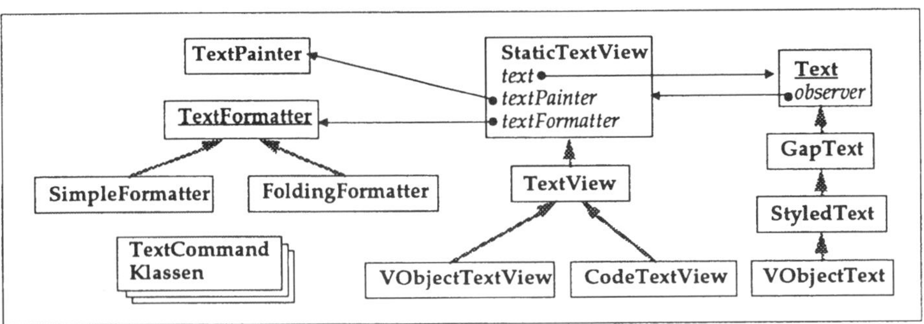

Abb. 5.11: Die ET++ Text-Klassen als Beispiel eines Klassenteams

Bei wiederverwendbaren Klassen ist das Team, dem sie angehören, die Einheit der Wiederverwendung, d.h. Klassenteams werden meistens als Einheit wiederverwendet. Zum Beispiel macht es beim ET++ Text-Team wenig Sinn, lediglich eine einzelne

Klasse daraus wiederzuverwenden. Bei der Wiederverwendung wird immer gleichzeitig eine TextView-, TextPainter-, Text- und eine TextFormatter-Klasse mitverwendet.

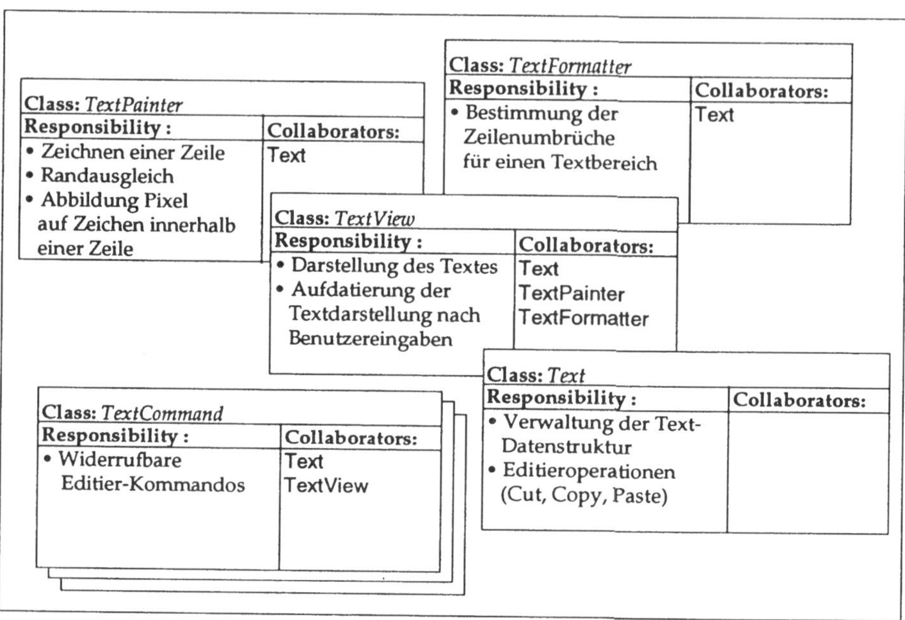

Abb. 5.12: Die Aufteilung der Verantwortlichkeiten innerhalb des Text-Teams dargestellt mit CRC-Karten

Abstrakte Kopplung

Die Klassen in einem Team müssen eng kooperieren. Trotz dieser engen Kooperation kann aber die Kopplung zwischen den einzelnen Team-Mitgliedern mit objektorientierten Techniken lose und flexibel gestaltet werden. Die Kopplungsart, die eine solche lose Kopplung ermöglicht, bezeichnen wir als *abstrakte Kopplung*. Darunter verstehen wir die Kommunikation mit Objekten anderer Klassen über Protokolle, die von einer abstrakten Klasse definiert wurden. Bei der abstrakten Klasse handelt es sich dabei häufig um die Wurzelklasse einer Klassenfamilie.

Die Kopplung der Klasse StaticTextView mit den Text- und TextFormatter-Klassen ist, wie in Abb. 5.11 ersichtlich ist, ein gutes Beispiel für die abstrakte Kopplung. Die Klasse StaticTextView verwendet für die Kommunikation mit dem dargestellten Text-Objekt und dem für die Darstellung notwendigen TextFormatter-Objekt nur Methoden, die auf der Stufe der abstrakten Klassen Text und TextFormatter definiert wurden. In Sprachen mit statischer Typenprüfung äussert sich die abstrakte Kopplung dadurch, dass der statische Typ der Instanzvariablen, die ein kooperierendes Objekt referenziert, einer abstrakten Klasse entspricht.

Die abstrakte Kopplung ermöglicht die Programmierung mit polymorphen Objekten und trägt zur Flexibilität einer Software-Architektur bei. Die abstrakte Kopplung ist deshalb ein Qualitätsmerkmal einer objektorientierten Software-Architektur.

5.4.3 Subsysteme

Ein Subsystem ist eine spezielle Art eines Klassenteams. Auch die Klassen eines Subsystems sind für die enge Zusammenarbeit miteinander konzipiert. Im Unterschied zu einem gewöhnlichen Klassenteam bezweckt man aber mit der Bildung eines Subsystems zusätzlich die Abkapselung des Teams. Ein Klient ausserhalb des Subsystems soll dabei keinen direkten Zugriff auf die einzelnen Subsystem-Mitglieder haben. Ziele bei der Bildung von Subsystemen sind:

- die Kopplung zwischen Klassen durch abgekapselte Teams zu reduzieren
- dem Klienten zusätzliche Abstraktionen für den Umgang mit einer Klassengruppe zur Verfügung zu stellen.

RDD verwendet ebenfalls ein Konzept von Subsystemen. Unser Konzept eines Subsystems unterscheidet sich aber im folgenden Punkt von RDD. Die Verfasser von RDD schreiben in [Wir90a]: "But subsystems are only conceptual entities, they do not exist during execution". Im Gegensatz dazu werden in unserem Ansatz auch Subsysteme mit Klassen modelliert.

Die Abkapselung einer Klassengruppe kann mit objektorientierten Techniken durch die Bildung einer speziellen Vermittlerklasse (*Mediator*) zum Klassenteam eines Subsystems realisiert werden. Die Vermittlerklasse stellt einerseits Methoden zur Verfügung, über die auf die Funktionalität der Mitglieder des Subsystems zugegriffen werden kann. Andererseits handelt es sich dabei aber auch um eine weitere zusätzliche Abstraktion. Abb. 5.13 skizziert, wie durch eine Vermittlerklasse ein Klassenteam abgekapselt werden kann.

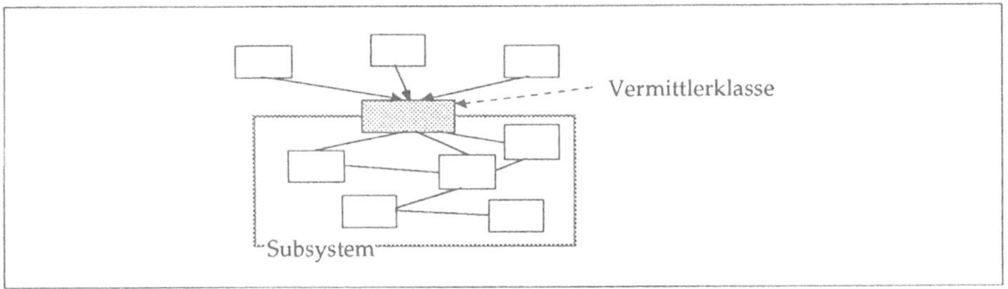

Abb. 5.13: Abkapselung eines Subsystems durch eine Vermittlerklasse

Die strenge Abkapselung eines Subsystems verbessert nicht nur die Verständlichkeit einer Systemarchitektur, sondern ermöglicht auch die Austauschbarkeit von unterschiedlichen Realisierungen eines Subsystems. ET++ Applikationen sind zum Beispiel auf mehreren Fenstersystemen lauffähig. Diese Eigenschaft beruht auf der Realisierung der Schnittstelle zu den Fenstersystemen als Subsysteme (XWindow-, SunWindow-Subsystem), die gegeneinander ausgetauscht werden können. Die abstrakte Vermittlerklasse dieser Subsysteme ist die Klasse WindowSystem.

Wenn die Austauschbarkeit von Subsystemen erwünscht ist, wird die Vermittlerklasse als abstrakte Klasse definiert. Für jede Ausprägung des Subsystems kann auf diese Art von der abstrakten eine konkrete Vermittlerklasse abgeleitet werden. Von einer konkreten Vermittlerklasse wird zur Laufzeit eine Instanz erzeugt, die die Vermittlung zwischen dem Subsystem und der restlichen Applikation übernimmt. Die Klassen ausserhalb des Subsystems sind in diesem Fall mit der Vermittlerklasse und somit auch mit dem gesamten Subsystem nur abstrakt gekoppelt. Sie kommunizieren mit dem Subsystem nur über Protokolle, die von der abstrakten Vermittlerklasse festgelegt wurden. Die Möglichkeit, verschiedene Realisierungen eines Subsystems mit einer Applikation zu kombinieren, ergibt sich als Konsequenz der abstrakten Kopplung.

Die Einbindung von ET++PE in ET++ Applikationen ist ein Beispiel für das im letzten Abschnitt geschilderte Vorgehen. ET++PE ist als ein eigenes Subsystem realisiert worden. Die Rolle der abstrakten Vermittlerklasse übernimmt dabei die Klasse ProgEnvironment. Diese Klasse stellt als Einstiegspunkte zu ET++PE Methoden zum Aktivieren der Browser-Werkzeuge zur Verfügung. Abb. 5.14 zeigt das Klassendiagramm des ET++PE-Subsystems.

Nicht für jedes Subsystem einer Applikation ist es wünschbar oder notwendig, dass dazu mehrere Ausprägungen existieren. In solchen Fällen ist die Vermittlerklasse nicht abstrakt und übernimmt dabei eine Rolle, die einem konventionellen Modul im Sinne von Modula-2 entspricht.

Abstrakte Fabriken

Im Unterschied zum ET++PE-Subsystem ergibt sich bei bestimmten Subsystemen für den Klienten der Bedarf, Objekte von Mitgliedern des Subsystems zu erzeugen und selber zu verwalten. Bei den Fenstersystem-Subsystemen muss der Klient zum Beispiel Objekte der konkreten Klassen für Bitmaps, Fonts oder WindowPorts erzeugen können. Damit das Fenstersystem-Subsystem seine ihm passenden Objekte selbst erzeugen kann, muss die Vermittlerklasse als eine *abstrakte Fabrikklasse* konzipiert sein. Eine abstrakte Fabrikklasse stellt dem Klienten Methoden zur Verfügung, über die er indirekt neu erzeugte Objekte anfordern kann. Mit diesen Fabrikmethoden kann der Klient ohne Kenntnis des konkret verwendeten Subsystems Objekte erzeugen. Die

Entscheidung, welcher Klasse die erzeugten Objekte angehören sollen, wird so dem Subsystem überlassen.

Das Konzept von Fabrikobjekten für die Objekterzeugung kennt man von Objective-C [Cox86]. Im Unterschied zu den Fabrikobjekten von Objective-C unterstützen die abstrakten Fabriken die Objekterzeugung ohne explizite Angabe einer konkreten Klasse.

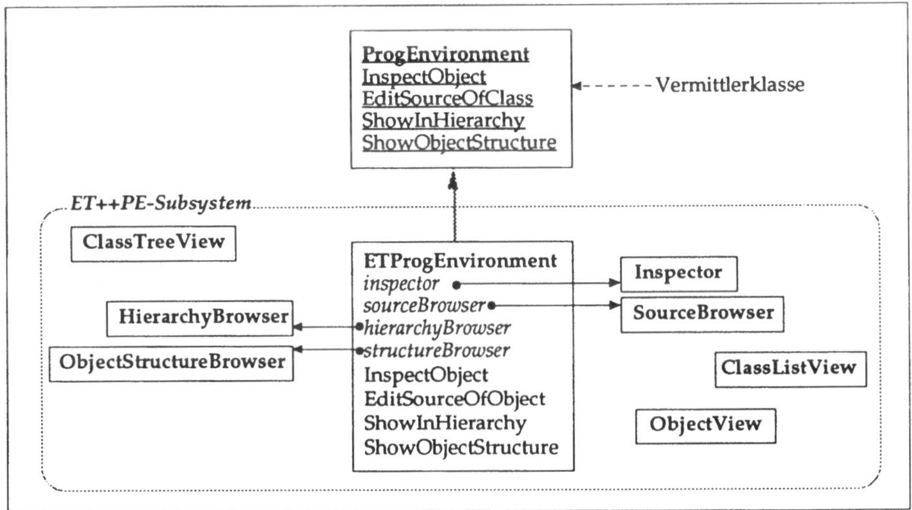

Abb. 5.14: ET++PE als Beispiel eines Subsystems

Im Beispiel des Fenstersystem-Subsystems (Abb 5.15) ist die Klasse WindowSystem eine abstrakte Fabrik. Sie definiert Fabrikmethoden wie MakeBitmap, MakeFont und MakeWindowPort, die als Rückgabewert ein entsprechendes Objekt des Subsystems liefern.

Der statische Typ des Rückgabewerts einer Fabrikmethode entspricht der jeweiligen abstrakten Klasse (Bitmap, Font, WindowPort). Diese Fabrikmethoden sind auf Stufe der Vermittlerklasse WindowSystem abstrakt. In den davon abgeleiteten Klassen SunWindowSystem bzw. XWindowSystem werden sie konkretisiert und liefern dann ein entsprechendes Objekt des Subsystems. Abb. 5.16 illustriert die Implementation der Fabrikmethoden in der Klasse SunWindowSystem.

Das Fenstersystem-Subsystem illustriert, wie die Schnittstelle zu einem Subsystem nicht nur aus einer, sondern auch aus mehreren Klassen gebildet werden kann. Bei diesem Subsystem sind neben der abstrakten Fabrikklasse WindowSystem auch die abstrakten Klassen für die unterschiedlichen Ressourcen wie Bitmap, Font und WindowPort Bestandteil der Schnittstelle des Subsystems (Abb. 5.15).

5.4.4 Frameworks

Ein Framework ist eine spezielle Art eines Klassenteams. Ein Framework ist im Unterschied zu einem gewöhnlichen Klassenteam für die Verfeinerung durch die Ableitung neuer Klassen konzipiert. Die wichtigsten Team-Mitglieder sind deshalb meist abstrakte Klassen. Die Verfeinerung und Integration zusätzlicher Funktionalität erfolgt durch die Konkretisierung dieser Klassen. Durch die Konkretisierung überführt der Klient ein Framework in ein Klassenteam.

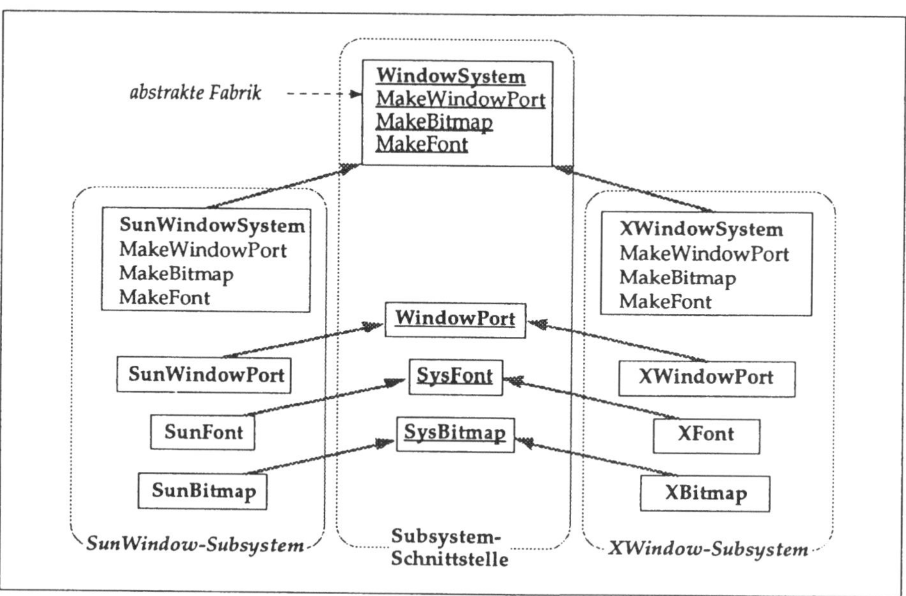

Abb. 5.15: Fenstersystem-Subsysteme mit einer abstrakten Fabrikklasse

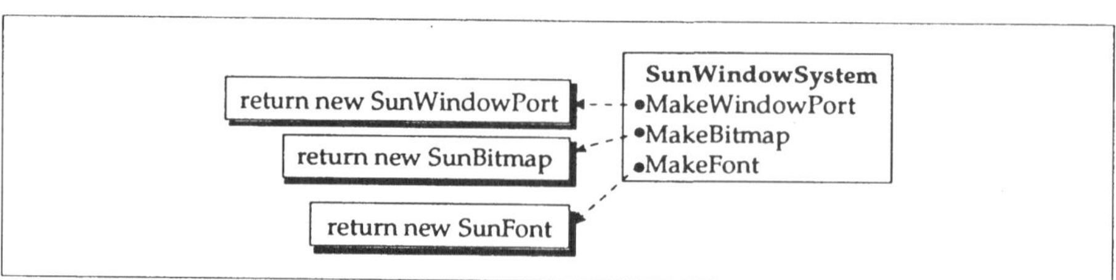

Abb. 5.16: Fabrikmethoden der Klasse SunWindowSystem

Frameworks entstehen meist Bottom-Up durch die Konsolidierung der Erfahrungen, die bei der Entwicklung einer Lösung für ein spezielles Problem gewonnen wurden. Mit der Gestaltung eines Frameworks ist deshalb ein iterativer Entwicklungsprozess verbunden. Dabei wird das Framework in konkreten Applikationen erprobt. Die bei der Anwendung gewonnenen Erkenntnisse werden laufend konsolidiert und wieder ins Framework integriert.

ET++ ist das Resultat mehrerer solcher Iterationen. Wir betrachten die Entwicklung von ET++ auch heute noch nicht als abgeschlossen. Neue Applikationen, die mit ET++ entwickelt werden, führen zu neuen Erkenntnissen, die wieder in ET++ zurückfliessen *müssen*.

Bei Frameworks unterscheiden wir zwischen Frameworks im grossen und im kleinen.

Frameworks im grossen

Frameworks im grossen sind Application-Frameworks oder generische Applikationen. Hinter einem Framework steht die Idee, dass es bei der Software-Entwicklung häufig nicht nur um die Realisierung individueller Applikationen, sondern um *Applikationsfamilien* mit gemeinsamer Grundfunktionalität geht. Bekannte Methoden wie RDD oder OOD sind unter diesem Gesichtspunkt aber immer nur auf die Entwicklung einer einzigen Applikation und nicht einer Familie von Applikationen für eine bestimmte Problemdomäne ausgerichtet! Bei diesen Methoden werden deshalb Frameworks nur ungenügend berücksichtigt.

Ein Beispiel eines Application-Frameworks wurde anhand von ET++ bereits beschrieben, weshalb an dieser Stelle nicht weiter auf dieses Konzept eingegangen wird.

Frameworks im kleinen

Neben Frameworks im grossen, d.h. den Application-Frameworks, existieren in einer objektorientierten Software-Architektur typischerweise auch kleinere Frameworks für bestimmte Problembereiche. Beispiele für solche Frameworks aus ET++ sind:

- Die abstrakten Klassen VObject, CompositeVObject sowie diverse konkrete Klassen wie Clipper, BorderItem und Expander für die Konstruktion neuer graphischer Interaktionselemente.
- Die Klassen Clipper und Command für die Implementation von Benutzerbefehlen, die Direkte Manipulation verwenden.

Als ein Beispiel für die Entstehung eines Frameworks im kleinen aus einer speziellen Lösung betrachten wir im folgenden ein Framework für die interaktive Navigation in hierarchischen Strukturen. Dieses Framework resultierte aus der Entwicklung der sogenannten FileBrowser-Applikation. Die FileBrowser-Applikation ist in Abb. 5.17 dargestellt.

Abb. 5.17: Die FileBrowser-Applikation

Der obere Bereich des Fensters stellt die Funktionalität zum interaktiven Navigieren im Dateisystem zur Verfügung. Die drei Listen zeigen jeweils den Inhalt eines Verzeichnisses (die Anzahl der dargestellten Listen kann vom Benutzer festgelegt werden). Oberhalb der Listen ist jeweils der Verzeichnisname angezeigt. Innerhalb einer Liste sind Verzeichnisse durch eine spezielle Ikone gekennzeichnet. Beim Anklicken eines Verzeichnisnamens in einer Liste wird in der Liste rechts daneben sein Inhalt dargestellt. Wird dabei der rechte Rand erreicht, werden die Listen um eine Stelle nach links verschoben. Der sichtbare Ausschnitt des so traversierten Pfades kann mit den Knöpfen unterhalb der Liste verschoben werden. Beim Anklicken einer Datei wird ihr Inhalt in das Texteditier-Teilfenster zur Bearbeitung geladen.

Der in der oberen Hälfte des FileBrowsers realisierte Mechanismus für die Navigation im Dateisystem hat sich bei seiner Anwendung bewährt.[1] Es war deshalb naheliegend zu versuchen, diesen Mechanismus zu verallgemeinern, so dass er für die Navigation in beliebigen hierarchischen Strukturen wie z.B. einer Klassenhierarchie oder einem Kontoplan einer Buchhaltung wiederverwendet werden kann.

In Abb. 5.18 ist in einem Klassendiagramm ein Ausschnitt aus der Implementation der FileBrowser-Applikation dargestellt. Die Navigation im Dateisystem wird von der Klasse FileBrowserView realisiert. FileBrowserView ist eine spezialisierte DialogView und speichert in der Instanzvariablen path den vom Benutzer traversierten Pfad im Dateisystem. Ein Knoten des Pfades wird von einem BrowserNode-Objekt verwaltet. BrowserNode speichert dazu den Namen und Inhalt des Verzeichnisses. Ein BrowserNode-Objekt wird falls es sichtbar ist, in einer Liste der FileBrowserView dargestellt. Der aktuell sichtbare Ausschnitt des Pfades wird von der Klasse FileBrowserView verwaltet. Ein Element eines Verzeichnisses wird von einem FileItem-Objekt dargestellt.

Im Laufe der Verallgemeinerung des in der FileBrowser-Applikation implementierten Navigationsschemas entstand das *HierarchyBrowser*-Framework. Dieses Framework unterstützt das interaktive Navigieren in beliebigen hierarchischen Strukturen. Die Klassenstruktur dieses Frameworks und seine Verfeinerung für die FileBrowser-Applikation ist in Abb. 5.19 dargestellt.

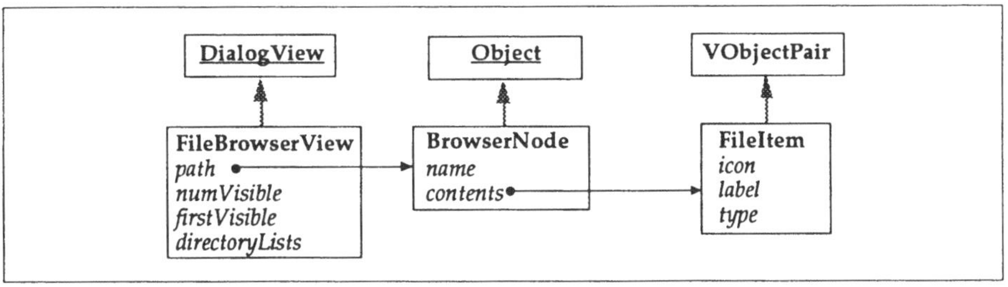

Abb. 5.18: Ausschnitt aus Klassenstruktur der FileBrowser-Applikation

Im Zentrum des HierarchyBrowser-Frameworks stehen die beiden abstrakten Klassen HierarchyBrowser und BrowserItem. HierarchyBrowser wurde von der ursprünglichen Klasse FileBrowserView abgespalten und verwaltet die Listen, die einen Ausschnitt des traversierten Pfades in der Hierarchie darstellen. Wie ihr Inhalt geladen wird, müssen abgeleitete Klassen durch das Überschreiben der abstrakten Methoden

---

1 Inspiriert wurde diese Art der Navigation vom *Workspace-Manager* von NeXTstep [NeX90].

DoLoadRootNode und DoLoadChildNode festlegen. Diese Methoden müssen als Rückgabewert ein Container-Objekt, gefüllt mit BrowserItems, liefern. DoLoadRootNode und DoLoadChildNode führen somit die Adaption der Klasse HierarchyBrowser an eine konkrete Hierarchie durch.

Über die Methode HierarchyBrowser::Control werden die Klienten jeweils benachrichtigt, wenn der Benutzer ein Element in einer Liste auswählt. Durch Überschreiben dieser Methode kann in einer abgeleiteten Klasse auf solche Ereignisse reagiert werden. In der FileBrowser-Applikation wird dabei zum Beispiel eine Datei in eine CodeTextView geladen.

HierarchyBrowser::PathAsString liefert den traversierten Pfad bis zu einer bestimmten Stufe als Zeichenkette. Mit der Methode Goto kann der sichtbare Ausschnitt des dargestellten Pfades kontrolliert werden. Für die Erzeugung eines neuen BrowserNode-Objekts ruft HierarchyBrowser die Methode MakeBrowserNode auf. Standardmässig liefert diese Methode ein BrowserNode-Objekt. Diese Methode kann bei Bedarf überschrieben werden, wenn in HierarchyBrowser eine erweiterte, von BrowserNode abgeleitete Klasse, für die Speicherung eines Knotens im Pfad verwendet werden soll.

Die Klasse BrowserItem abstrahiert von einem Element innerhalb eines Knotens der Hierarchie. BrowserItem ist eine abstrakte Klasse und ermöglicht die abstrakte Kopplung zwischen der Klasse HierarchyBrowser und BrowserItem. In abgeleiteten Klassen muss durch Überschreiben der Methode IsLeafNode festgelegt werden, ob es sich bei einem Knoten um ein Blatt der Hierarchie handelt. UpdateItem kann dazu verwendet werden, Informationen zu einem Knoten erst bei Bedarf (*"Lazy"*) bei seiner erstmaligen Darstellung zu bestimmen. In der FileBrowser-Applikation bestimmt zum Beispiel die Klasse FileItem den genauen Typ eines Knotens (Datei, Verzeichnis, ET++ Datei, Applikation usw.) erst bei Bedarf durch Überschreiben von UpdateItem.

Wie in Abb. 5.19 ersichtlich ist, wurden in der Verfeinerung des HierarchyBrowser-Frameworks für die FileBrowser-Applikation von HierarchyBrowser und BrowserItem entsprechende konkrete Klassen abgeleitet und darin die abstrakten Methoden realisiert. Die Klasse FileBrowserView ist in dieser Version nicht mehr für die Verwaltung des Pfades zuständig. Sie verwendet dazu ein HierarchyBrowser-Objekt.

Das HierarchyBrowser-Framework wurde nebst der FileBrowser-Applikation auch in einer ClassBrowser-Applikation für die Navigation in Klassenhierarchien wiederverwendet.

Zusammenfassend zeigt dieses Framework typische Charakteristika der Framework-Entwicklung:

- Eine spezielle Lösung eines Problems wird verallgemeinert.

- Die Verallgemeinerung erfolgt typischerweise durch die Einführung der abstrakten Kopplung zwischen Komponenten.
- Das Framework wird in einer oder mehreren Applikationen erprobt.

Ein Framework verdient die Bezeichnung erst dann, wenn es tatsächlich in mindestens zwei unterschiedlichen Konkretisierungen wiederverwendet werden konnte.

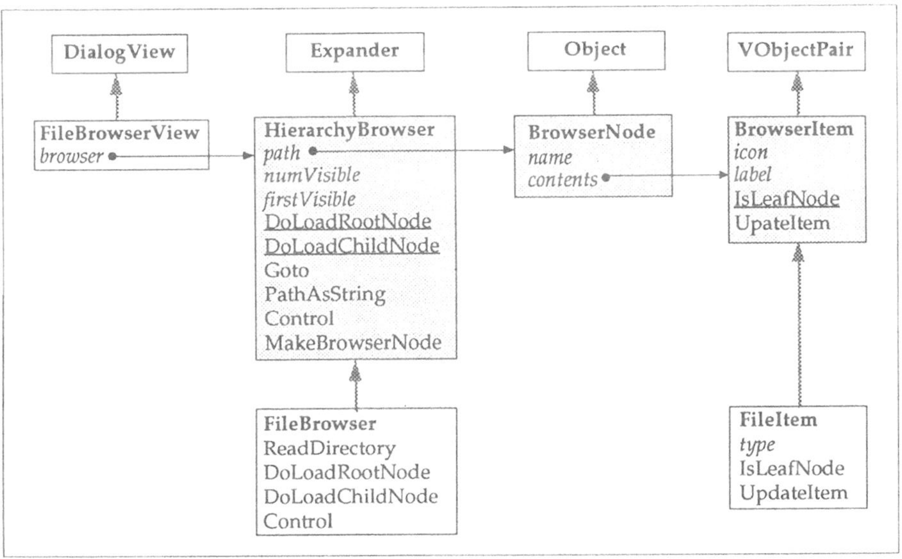

Abb. 5.19: Das HierarchyBrowser-Framework und seine Verfeinerung für die FileBrowser-Applikation

Spezialisierung eines Frameworks durch die Bildung einer Framework-Schicht

Bei der Entwicklung des ET++Cookbooks (siehe 4.4) zeigte sich, wie ein neues Framework auch durch die Spezialisierung eines existierenden Frameworks entstehen kann. Bei der Entwicklung des Cookbooks ging es darum, für die verschiedenen Knotenarten (Text, Graphik, Quellcode) im Cookbook eine Familie von Editoren zu realisieren. All diese Editoren müssen dabei die Verknüpfung ihres Inhalts durch Links unterstützen.

Für die Realisierung des Cookbooks war es deshalb naheliegend, ein Hypertext-Framework mit ET++ als Grundlage zu entwickeln. In Abb. 5.20 ist die dabei entstandene Klassenstruktur dargestellt. Wie man in dieser Abbildung erkennt, wurde für das Hypertext-Framework eine zusätzliche Schicht abstrakter Klassen definiert (HyperApplication, HyperDocument, HyperView). Diese Klassen stellen das Framework für die Realisierung von Editoren mit Hypertext-Funktionalität zur Verfügung. Zusätzlich dazu wurden mit den abstrakten Klassen Block und Link weitere Framework-Komponenten für Hypertext-Editoren realisiert.

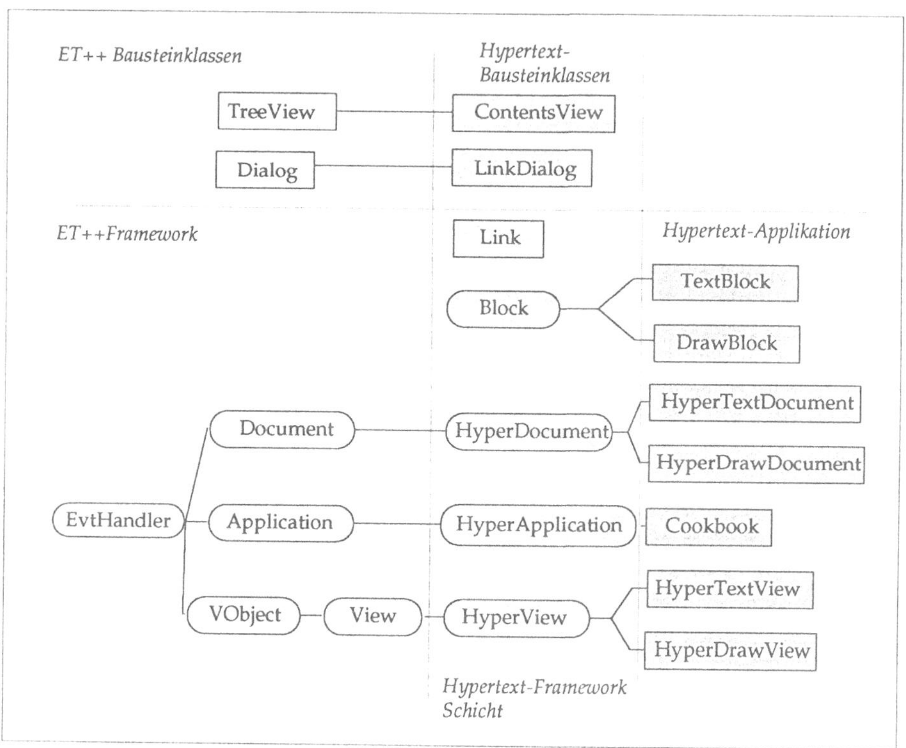

Abb. 5.20: ET++ Hypertext-Framework als Beispiel einer Spezialisierung eines Frameworks mit einer Framework-Schicht

Die Klasse Block ist eine abstrakte Klasse, die von den unterschiedlichen Repräsentationen des Ziels eines Links abstrahiert. In einem Text ist der Zielpunkt eines Links ein Textbereich, und in einer Graphik eine Gruppe graphischer Objekte. Die Klasse Link realisiert eine Verknüpfung zwischen zwei Knoten und stellt eine Methode zur Verfügung, mit der ein Link verfolgt und das zugehörige Block-Objekt dargestellt werden kann. Die bei der Entwicklung des Cookbooks entstandenen Klassen sind eine Spezialisierung des ET++ Frameworks und sind wie die ET++ Framework-Klassen abstrakt. Sie werden durch Ableitung für die verschiedenen Editoren konkretisiert und erweitert.

In Abb. 5.20 erkennt man ferner, wie für die Unterstützung der Entwicklung von Hypertext-Editoren zusätzliche bereichsspezifische Bausteinklassen entwickelt wurden. Beispiele dafür sind die Klassen ContentsView und LinkDialog. Die Klasse ContentsView ist eine Spezialisierung der ET++ Klasse TreeView für die Darstellung des Inhaltsverzeichnisses der Hypertext-Dokumente. LinkDialog unterstützt die Definition der Attribute eines Links (Link-Typ, Link-Name) durch den Benutzer.

Das oben beschriebene Hypertext-Framework wurde nicht nur für die Realisierung des Cookbooks, sondern auch in CHAOS [Lan91] wiederverwendet. CHAOS (C++ Hyperdokument Administrations- und Organisations-System) ist ein Prototyp für die Dokumentenverwaltung in einem Rechenzentrum, die auf Hypertext-Konzepten aufbaut.

Objektorientierte Domänenanalyse

Eine wichtiges Konzept im Zusammenhang mit der Entwicklung von Frameworks ist die sogenannte Domänenanalyse (*Domain Analysis*) [Ara89]. Der Begriff der Domänenanalyse wird von McNicholl [Boo86] wie folgt definiert: "An investigation of a specific application area that seeks to identify the operations, objects, and structures that commonly occur in software systems within this area". Ziel der Domänenanalyse ist es, die gemeinsamen Eigenschaften einer Familie von Applikationen zu erkennen und daraus ein sogenanntes Domänenmodell abzuleiten.

Das Domänenmodell kann die Grundlage für den Entwurf eines Frameworks und eine entsprechende Umsetzung in Klassen bilden.

5.4.5 Die globale Organisation einer Klassenbibliothek

In den bisherigen Abschnitten wurden verschiedene Design-Muster für die Strukturierung und Organisation von Klassenhierarchien beschrieben. Eine zentrale, im Umfeld von C++ heftig diskutierte Frage, die sich im Zusammenhang mit der Organisation von Klassenbibliotheken stellt, betrifft ihre globale Organisation. Für die Festlegung der globalen Organisation einer Klassenbibliothek stehen verschiedene Strukturen zur Auswahl:

- *Baumstruktur (Monolythic, Single Root Approach)*
  Sämtliche Klassen besitzen eine gemeinsame Wurzelklasse, von der alle Klassen erben. Das Musterbeispiel einer solchen Klassenhierarchie ist die Smalltalk-80 Klassenbibliothek mit der Wurzelklasse Object.
- *Waldstruktur (Forest Approach) ohne mehrfache Vererbung*
  Eine Klassenbibliothek besteht aus mehreren, voneinander relativ unabhängigen Klassenhierarchien ohne gemeinsame Wurzel. Beispiele für Klassenbibliotheken mit dieser Struktur sind InterViews und libg++ [Lea88].

- *Waldstruktur mit Mixin-Klassen und mehrfacher Vererbung*
  Die Grundlage einer Klassenbibliothek ist eine Sammlung sogenannter *Mixin-Klassen* [Kee88] oder *Traits* [Cur84]. Mixin-Klassen sind Klassen, die der Klient zum "Hinzumischen" von Funktionalität an seine Klassen mit Vererbung verwenden kann. Unter Anwendung mehrfacher Vererbung kann eine Klasse selektiv von mehreren Mixin-Klassen Eigenschaften erben. Eine Mixin-Klasse ist vergleichbar mit einer abstrakten Klasse; es werden nie Instanzen davon erzeugt. Ein Beispiel für eine Klassenbibliothek mit dieser Struktur ist die Eiffel-Library [Int88].

Die globale Organisation von ET++ kann als eine monolithische Klassenhierarchie bezeichnet werden. ET++ besitzt eine zentrale Wurzelklasse Object. Eine Ausnahme dabei sind die sogenannten Built-In-Klassen (3.2), die nicht von Object abgeleitet sind.

Bei der Entwicklung von ET++ hat sich die monolithische Struktur in den folgenden Punkten als vorteilhaft erwiesen:

- *Vereinheitlichung der Klassenbibliothek*
  In einer monolithischen Klassenhierarchie können Grundmechanismen für die gesamte Klassenbibliothek in der Wurzelklasse definiert werden, die sich durch Vererbung über die gesamte Klassenbibliothek verbreiten. Beispiele dafür sind Mechanismen wie Change-Propagation oder Aktivierung/Passivierung. Die Aktivierung/Passivierung baut zum Beispiel auf den PrintOn bzw. ReadFrom Methoden auf, die von Object definiert und in abgeleiteten Klassen jeweils überschrieben werden. Solche Grundmechanismen sorgen für eine Vereinheitlichung der Klassenhierarchie, da sämtliche Klassen eine bestimmte Grundfunktionalität besitzen.

  Ein zentrales Problem umfassender Klassenbibliotheken ist ihre Grösse und der damit verbundene Lernaufwand. Eine durch eine zentrale Wurzelklasse vereinheitlichte und somit homogene Klassenbibliothek ist einfacher zu verstehen.

- *Generische Container-Klassen*
  Ohne Unterstützung generischer Klassen durch die Programmiersprache liessen sich in ET++ generische Container-Klassen dank der zentralen Wurzelklasse Object realisieren (3.5.1).

- *Zugriff auf Typinformation zur Laufzeit*
  C++ stellt zur Laufzeit keine Typinformationen zur Verfügung. Dank der monolithischen Struktur konnte in ET++ auch dieser Mangel überbrückt werden. Jede Klasse implementiert dazu die von Object definierte IsA-Methode, die ihren Klassendeskriptor zurückgibt.

- *Werkzeugunterstützung*
  Von der Homogenität einer monolithischen Klassenstruktur profitierte auch die Implementation von ET++PE. Sämtliche Werkzeuge können dabei auf einer von Object vorgegebenen Grundfunktionalität aufbauen. Ein weiterer Vorteil der

Baumstruktur zeigte sich bei der einfachen Realisierung der für die Browser notwendigen Erweiterungen über die Wurzelklasse Object.

Coggins [Cog90] kritisiert an monolithischen Klassenhierarchien: "Monolithic hierarchies impose considerable overhead in terms of memory load, compilation and run time, code size, and hidden dependencies". Die Kritik bezüglich Laufzeitkosten und Speicherbedarf wird durch unsere Erfahrung mit ET++ nicht bestätigt.

Ein Vorteil einer Waldstruktur besteht in der grösseren Unabhängigkeit der einzelnen Teilbäume der Klassenbibliothek untereinander. Diese Unabhängigkeit führt zu mehr Flexibilität bei der Entwicklung neuer Teilbäume und gestattet es mehreren Entwicklern, unabhängig voneinander an der Klassenbibliothek zu arbeiten. Es ist aber gerade diese Unabhängigkeit, die unter Umständen zu (1) Code-Duplizierungen oder (2) inkonsistenten Klassenbibliotheken führen kann.

Die Unabhängigkeit einzelner Teilbäume bei der Verwendung einer Waldstruktur hat Vorteile, wenn es darum geht, in einer Applikation Klassen aus mehreren Klassenbibliotheken gleichzeitig zu verwenden. Das Mischen unterschiedlicher Klassenbibliotheken ist aber, wie in [Ber90] gezeigt wird, noch mit einer Vielzahl von Problemen behaftet.

Mit mehrfacher Vererbung besteht noch eine weitere Variante, eine Klassenbibliothek zu strukturieren. Anstatt einer universellen Wurzelklasse kann dabei eine Klassenbibliothek auf einer Sammlung von Mixin-Klassen aufgebaut werden. Die Definition der standardisierten Protokolle der Klassenbibliothek erfolgt in mehreren Mixin-Klassen. Klassen, die ein bestimmtes Protokoll unterstützen sollen, können dabei zusätzlich zu ihrer primären Basisklasse noch von einer solchen Mixin-Klasse erben. Dieses Vorgehen führt zu Klassen, die typischerweise *keine* oder *eine* primäre Basisklasse und *keine* oder *mehrere* Mixin-Klassen als Vorgänger besitzen.

In einer monolithischen Klassenhierarchie wie ET++ besteht die Tendenz, standardisierte Protokolle nahe bei der Wurzel der Klassenhierarchie zu definieren. Dabei besteht die Gefahr, dass bestimmte Protokolle zu hoch in der Klassenhierarchie angesiedelt sind. Eine Klasse kann unter Umständen ein Protokoll erben, das sie gar nicht realisieren kann. Ein Beispiel dafür ist die Definition eines Protokolls zur Festlegung einer vollständigen Ordnung bereits in der Klasse Object. Grundsätzlich ist es nicht für alle Klassen möglich oder sinnvoll, eine vollständige Ordnung zwischen ihren Objekten zu definieren. In diesem Fall wäre die Lösung mit einer Mixin-Klasse Comparable eleganter. Klassen, die eine vollständige Ordnung unterstützen, können von dieser Klasse das entsprechende Protokoll erben.

Die Strukturierung einer Klassenbibliothek mit Mixin-Klassen hat die potentielle Gefahr, dass bei der Verwendung von Mixin-Klassen die Anzahl Klassen im System stark zunimmt. Für jede unterschiedliche Kombination von Mixin-Klassen muss bei diesem Vorgehen eine neue Klasse gebildet werden.

ET++ wurde mit einer C++ Version ohne mehrfache Vererbung realisiert. Deshalb stand dieser Ansatz nicht zur Diskussion. Wie er sich auf die Komplexität einer Klassenbibliothek effektiv auswirkt, kann an dieser Stelle nicht beurteilt werden.

5.5 Design-Muster für die Gestaltung der Interaktion zwischen Klassen (*Interaktions-Design*)

Im letzten Abschnitt wurden Design-Muster für die Bildung von Klassengruppen beschrieben, mit denen eine Klassenhierarchie im grossen strukturiert werden kann. Im Zentrum dieses Kapitels stehen Design-Muster für die Gestaltung der Klassenstruktur innerhalb Klassengruppen. Ein Kernproblem dabei ist die Festlegung der Interaktion zwischen Klassen. Klassen dürfen nicht als Inseln, sondern müssen als Bestandteil eines Systems mehrerer kooperierender Klassen betrachtet werden [Bec89]. Diese Aussage wird auch durch eine empirische Untersuchung mit erfahrenen Designern von Rosson und Gold bestätigt [Ros89]. Sie kamen dabei zum Schluss: "(...) for him (the designer) objects seem to be not independent agents, but participants in an organization".

Die oben angeführten Aussagen decken sich mit unseren ET++ Erfahrungen. Im Zentrum der in diesem Abschnitt beschriebenen Design-Muster stehen deshalb Muster für die Gestaltung der Interaktion und der Kooperation von Klassen, dem sogenannten Interaktions-Design (*Interaction-Oriented Design*) [Hel90].

Bei der Entwicklung von ET++ hat es sich gezeigt, dass Klassen beim Interaktions-Design häufig bestimmte Rollen übernehmen, die mit objektorientierten Techniken modelliert werden. Diese Rollen sind die Grundlage für verschiedene Design-Muster, die beim Interaktions-Design zur Anwendung kommen können. Die Rollenbetrachtung von Klassen führt so zu einer Kategorisierung von Klassen, die für die Diskussion eines Entwurfs hilfreich ist.

Die meisten Design-Muster, die in diesem Kapitel beschrieben werden, stammen aus der Domäne interaktiver, graphischer Applikationen. Sie befinden sich aber auf einem hohen Abstraktionsniveau und können deshalb als allgemeine Design-Muster betrachtet werden. Bei der Beschreibung wird für jedes Design-Muster seine entsprechende Klassenarchitektur, mögliche Anwendungen und Vorteile aufgezeigt, die sich durch seine Anwendung ergeben.

Wir beginnen die Beschreibung der Design-Muster mit einer Klassenstruktur, die in unterschiedlichen Ausprägungen bei mehreren Design-Mustern vorkommt.

5.5.1 Black-Box- und Parameterklassen

Polymorphismus ist ein fundamentales Konzept der objektorientierten Programmierung. Dank diesem Konzept können Objekte unterschiedlicher Klassen an eine Objektvariable gebunden werden. Diese Eigenschaft ermöglicht die Gestaltung von Klassen, die speziell für die *Komposition* mit unterschiedlichen Objekten konzipiert sind. Ein Beispiel einer solchen Klasse ist die Klasse TextView, die mit unterschiedlichen Text- und TextFormatter-Objekten kombiniert werden kann. Durch die Komposition mit unterschiedlichen Objekten können mit der Klasse TextView unterschiedliche Texteditoren *konfiguriert* werden (3.6.6). Für diese Art der Komposition von Objekten verwenden wir im folgenden den Begriff *Objektkomposition*. Klassen wie TextView bezeichnen wir in Anlehnung an [Joh88] als *Black-Box-Klassen*. Eine solche Klasse ist für den Klienten eine Black-Box. Objekte dieser Klassen können mit anderen Objekten kombiniert werden, ohne dass er interne Details von ihr kennen muss. Objekte, die mit einem Black-Box-Objekt kombiniert werden können, bezeichnen wir als *Parameterobjekte*, ihre entsprechenden Klassen als *Parameterklassen*.

Ein Objekt kann nur dann mit einem Black-Box-Objekt kombiniert werden, wenn es ein bestimmtes Protokoll versteht. Im Beispiel der Klasse TextView muss ein Text-Objekt das Texteditier-Protokoll (Cut, Copy, Paste) und ein TextFormatter-Objekt das Textformatier-Protokoll verstehen. Anders formuliert in der Terminologie von RDD: Die Objekte müssen den Texteditier- bzw. den Textformatier-*Kontrakt* erfüllen (Abb. 5.21).

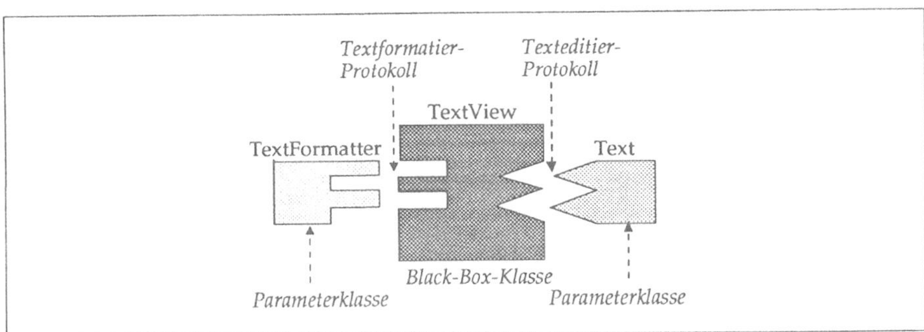

Abb. 5.21: TextView als Beispiel einer Black-Box-Klasse

In Sprachen mit statischer Typenprüfung wird das Protokoll der Parameterobjekte typischerweise in einer abstrakten Klasse festgelegt. Im Beispiel von TextView sind das die beiden abstrakten Klassen Text und TextFormatter. Black-Box-Klassen sind dadurch mit ihren Parameterklassen nur abstrakt gekoppelt.

In Abb. 5.22 ist in einem Klassendiagramm die allgemeine Struktur von Black-Box-Klassen dargestellt. Die Klasse BlackBox kann in diesem Beispiel mit Objekten der Klassen P_i konfiguriert werden.

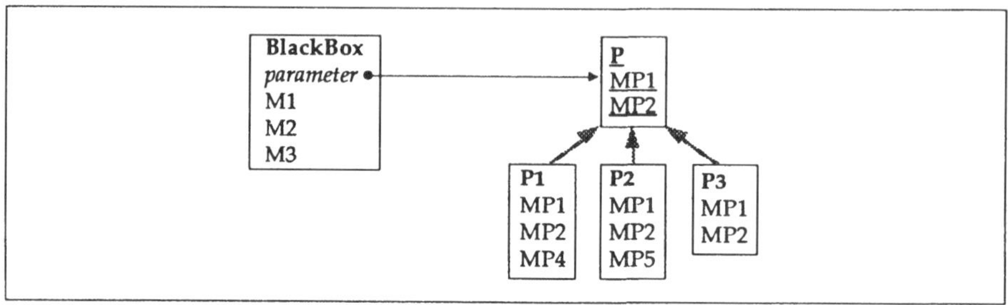

Abb. 5.22: Klassendiagramm einer Black-Box-Klasse

Black-Box-Klassen müssen bei der Wiederverwendung zuerst mit geeigneten Parameterobjekten konfiguriert werden. Die Konfiguration erfolgt typischerweise durch die Übergabe von Parameterobjekten bei der Erzeugung eines Objekts einer Black-Box-Klasse. Black-Box-Klassen führen zusammen mit den geeigneten Protokollen für Parameterobjekte zu Klassenstrukturen, bei denen der Klient Objekte sehr flexibel miteinander kombinieren und zusammenstecken kann.

Die Flexibilität von ET++ beruht zu einem grossen Teil auf Black-Box-Klassen und der damit verbundenen Möglichkeit der Objektkomposition. Die Abb. 5.23 zeigt Beispiele von ET++ Black-Box-Klassen. In der Tabelle erkennt man, dass unterschiedliche Black-Box-Klassen das gleiche Protokoll von Parameterklassen verlangen (VObject). Der Klient hat dadurch die Möglichkeit, unterschiedliche Parameterobjekte mit unterschiedlichen Black-Box-Klassen zu kombinieren.

Black-Box-Klasse	*Parameterklasse(n)*
Clipper, Splitter, Scroller	VObject
BorderItem, Expander, Cluster	VObject
StaticTextView/ TextView	Text/TextFormatter
VObjectText	VObjects
CollectionView	Collection von VObjects

Abb. 5.23: Black-Box-Klassen aus ET++

Die Black-Box-Klassen Clipper, Splitter, Scroller, BorderItem, Expander und Cluster verstehen selbst auch das Protokoll ihrer Parameterklassen: Objekte dieser Klassen können somit rekursiv verschachtelt werden. Diese Möglichkeit der rekursiven Verschachtelung ist beim Entwurf von ET++ bewusst angestrebt worden und trägt zur Flexibilität von ET++ bei.

In ET++ sind für die graphischen Black-Box-Klassen bereits vorgefertigte Parameterklassen enthalten. Beispiele dafür sind ImageItem, TextItem, EditTextItem und Button. Insgesamt kann dadurch der Klient, ohne selbst eine neue Klasse zu schreiben, seine Benutzerschnittstelle durch die Objektkomposition mit Black-Box-Klassen und vorgefertigten Parameterklassen konfigurieren.

Das Gegenstück zu Black-Box-Klassen sind White-Box-Klassen. Die Wiederverwendung einer White-Box-Klasse beruht auf dem Überschreiben und Hinzufügen von Methoden in abgeleiteten Klassen. Die Ableitung setzt vom Klienten eine detaillierte Kenntnis über die interne Struktur der Basisklasse voraus. Eine solche Klasse ist deshalb für den Klienten eine White-Box. Im Gegensatz dazu muss sich der Klient bei einer Black-Box-Klasse nicht um ihre interne Struktur kümmern.

Das Konzept von Black-Box-Klassen bildet die Grundlage für verschiedene Design-Muster, die in den folgenden Abschnitten beschrieben werden.

5.5.2 Kompositionsklassen ("*Composer*")

Beim Interaktions-Design ergibt sich häufig das Bedürfnis, eine Gruppe von Objekten wie ein einzelnes Objekt zu behandeln. Eine Art, solche Gruppen von Objekten zu realisieren, sind Klassen, die wir als *Kompositionsklassen* bezeichnen. Eine Kompositionsklasse sorgt dafür, dass sich eine Gruppe von Objekten wie ein individuelles Objekt verhält und Objektgruppen somit rekursiv verschachtelt werden können. Ein Beispiel einer Objektstruktur mit rekursiv verschachtelten Objektgruppen ist die VObject-Hierarchie von ET++. VObject-Hierarchien werden in ET++ mit Hilfe der Klasse CompositeVObject und ihren Nachfolgern aufgebaut. Die Klasse CompositeVObject ist ein Musterbeispiel einer Kompositionsklasse (Abb. 5.24). Die Klasse CompositeVObject aggregiert darin Instanzen von VObject so, dass sie die gleichen Kontrakte wie VObject erfüllen.

Eine Kompositionsklasse ist somit eine spezielle Ausprägung einer Black-Box-Klasse, der als Parameter eine Objektgruppe übergeben werden kann. Mit der in Abb. 5.24 dargestellten Struktur kann überall anstelle eines einfachen VObjects auch eine Gruppe von VObjects eingesetzt werden. Auf diese Weise lässt sich eine VObject-Hierarchie aufbauen. In der Abbildung ist zusätzlich ersichtlich, wie die Methoden von Kompositionsklassen typischerweise implementiert sind. Eine Botschaft wird von CompositeVObject entweder an alle darin enthaltenen VObjects (Draw) oder nur an ein ausgewähltes VObject (DispatchEvents) weitergesendet.

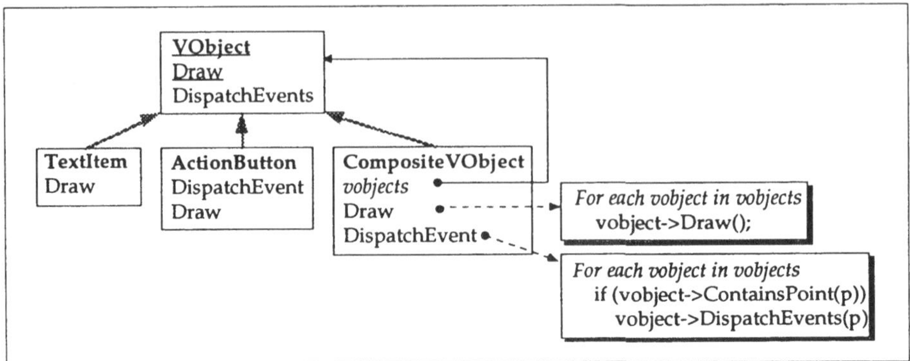

Abb. 5.24: CompositeVObject als Beispiel einer Kompositionsklasse

5.5.3 Umwickler ("*Wrapper*")

Eine weitere Ausprägung von Black-Box-Klassen sind Klassen mit der Rolle von Umwicklern (*Wrapper*). In der objektorientierten Programmierung können einer Klasse durch Vererbung Eigenschaften einer Basisklasse zugeordnet werden. Die Vererbung ist jedoch nicht die einzige Möglichkeit für die Zuordnung von Eigenschaften. Eine Alternative dazu ist die Verwendung von Objektkomposition.

Eine Klassenart, die sich speziell für diesen Zweck eignet, sind die sogenannten *Umwicklerklassen*. Mit einer Umwicklerklasse können einem individuellen Objekt via Objektkomposition bestimmte Eigenschaften zugeordnet werden. Das aus der Umwicklung resultierende zusammengesetzte Objekt kann dabei idealerweise *transparent* anstelle des umwickelten Objekts verwendet werden. Die Umwicklerklasse muss deshalb das gleiche Protokoll verstehen bzw. den Kontrakt der umwickelten Klasse erfüllen. Die allgemeine Struktur einer Umwicklerklasse ist in Abb. 5.25 dargestellt.

Die Umwicklerklasse Wrapper kann Instanzen von A_i umwicklen und mit zusätzlichen Eigenschaften versehen. Methoden, die von der Umwicklung nicht betroffen sind, werden direkt an das umwickelte Objekt (body) weitergeleitet. Das umwickelte Objekt kann so transparent anstelle des ursprünglichen Objekts verwendet werden. Die Zuordnung zusätzlicher Eigenschaften an ein A-Objekt kann in Wrapper (1) durch die Definition zusätzlicher Methoden und Instanzvariablen oder (2) die Erweiterung einer A-Methode bewerkstelligt werden.

In ET++ werden Umwicklerklassen für die *Dekoration* von VObjects und für die Zuordnung eines bestimmen Verhaltens an ein VObject verwendet:

- *Dekoration*
  Mit den Umwicklerklassen wie BorderItem, ShadowBorderItem und WindowBorder-

Item können VObjects mit unterschiedlichen Rahmen dekoriert werden. Abb. 5.26 zeigt als konkretes Beispiel einer Umwicklerklasse das Klassendiagramm für BorderItem.

- *Zuordnung von Verhalten*
  Mit den Umwicklerklassen Clipper, Scroller und Splitter kann ein VObject mit unterschiedlichem Verhalten bei der Darstellung (nur ein Ausschnitt des VObjects, Ausschnitt mit Rollbalken, gleichzeitig mehrere Ausschnitte) versehen werden.

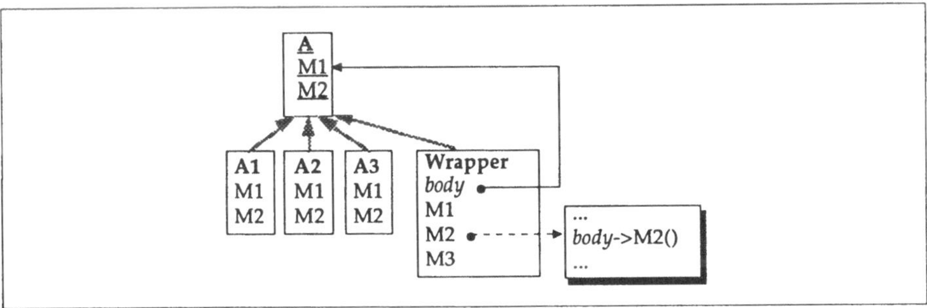

Abb. 5.25: Umwicklerklasse

Durch die Verwendung von Umwicklerklassen für die Zuordnung von Eigenschaften an Objekte anstelle der Vererbung kann für den Klienten mehr Flexibilität bei der Wiederverwendung resultieren. Betrachten wir dazu als Beispiel, wie eine TextView mit einem Scrolling-Mechanismus mit Umwicklerklassen oder mit Vererbung ausgestattet werden kann.

Ein mögliches Vorgehen mit mehrfacher Vererbung ist die Ableitung einer Klasse ScrollingTextView von den Klassen TextView und Scrollable. Beim Design-Muster mit Umwicklerklassen kann der gleiche Effekt durch die Komposition der Umwicklerklasse Scroller mit einer TextView erreicht. Die Vorteile von Umwicklerklassen zeigen sich in diesem Beispiel in den folgenden Punkten:

- Ohne Modifizierung von existierendem Quellcode kann die gleiche TextView (auch noch zur Laufzeit) anstatt in einen Scroller in einen Clipper oder Splitter installiert und somit unterschiedlich dargestellt werden.
- Es muss nicht für jede "Komposition" eine neue Klasse gebildet werden (wie z.B. eine SplittableTextView oder eine BorderedSplittableTextView). Auf diese Art und Weise wird die Entstehung einer Vielzahl ähnlicher Klassen verhindert, die das Verständnis einer Klassenhierarchie negativ beeinflussen.

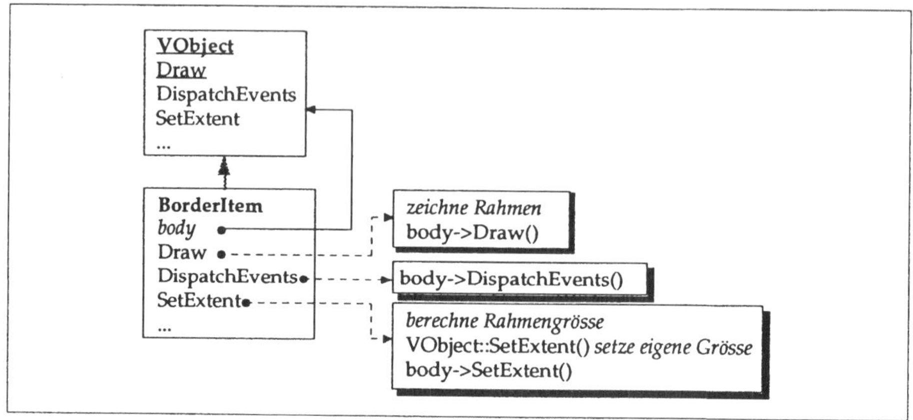

Abb. 5.26: BorderItem als Beispiel einer Umwicklerklasse

Wie einfach sich mit Umwicklerklassen auch eine TextView mit Scrolling-Mechanismus und einem Rahmen realisieren lässt, zeigt das folgende Codebeispiel:

```
new BorderItem(
    new Scroller(
        new TextView(aRectangle, aText)
    )
)
```

Bei der Verwendung von Vererbung besitzen alle Objekte einer Klasse die gleichen Eigenschaften. Im Gegensatz dazu können mit Umwicklerobjekten *einzelnen* Objekten bestimmte Eigenschaften zugeordnet werden. Unter dem Blickwinkel des Konzepts der Objektivierung kann man Umwicklerklassen wie BorderItem oder Scroller auch als *objektivierte Attribute* von Klassen betrachten, die durch Objektkomposition einem Objekt zugeordnet werden können.

Umwicklerklassen für die Erweiterung existierender Klassenhierarchien

Bei der Entwicklung mit einer Klassenbibliothek kann sich das Bedürfnis ergeben, einen ganzen Teilbaum einer Klassenhierarchie mit zusätzlichen Eigenschaften auszustatten. Mit Hilfe der Vererbung können solche Erweiterungen nicht durchgeführt werden, da mit der Vererbung Erweiterungen nur an den Blättern der Klassenhierarchie möglich sind.

Dieses Problem stellte sich zum Beispiel bei der Realisierung der Klassen VObjectText und VObjectTextView (3.6.6). Diese beiden Klassen stellen die Funktionalität zum Einfügen beliebiger VObjects in einen Text zur Verfügung. Dabei ergab sich auch das Bedürfnis, die Grösse der VObjects im Text *interaktiv* auf eine spezielle Art zu verändern. Die Klasse VObject stellt diese Funktionalität nicht zur Verfügung. Die direkte Erweiterung der Klasse VObject mit zusätzlichen Methoden auf Quellcode-Ebene ist in diesem Beispiel nicht vertretbar, da diese Funktionalität zu speziell ist und in anderen Anwendungen von VObjects nicht benötigt wird. Die Definition einer abstrakten Klasse StretchableVObject, von der VObjects das Grundverhalten für die interaktive Grössenänderung in Texten erben können, macht wenig Sinn, da die existierenden VObject-Klassen nicht davon profitieren können.

Auch die mehrfache Vererbung kann bei diesem Problem nur beschränkt helfen. Wie in Abb. 5.27 dargestellt ist, müsste für jede existierende VObject-Klasse eine neue Klasse gebildet werden, die gleichzeitig von StretchableVObject und vom ursprünglichen VObject abgeleitet ist. Dieses Vorgehen führt einerseits zu einer Explosion von Klassen, und andererseits ist die manuelle Bildung der entsprechenden Stretchable-VObject-Klassen nicht besonders elegant.

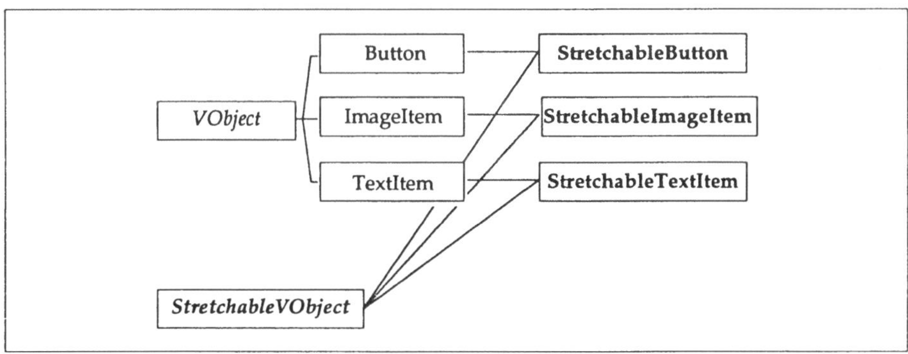

Abb. 5.27: Erweiterung von VObjects mit einer Mixin-Klasse StretchableVObject

In ET++ konnte dieses Problem mit einer Umwicklerklasse StretchWrapper elegant gelöst werden. StretchWrapper ist ähnlich wie die Klasse BorderItem (Abb. 5.25) konzipiert und umwickelt VObjects, so dass ihre Grösse interaktiv verändert werden kann. Der Klient von VObjectText kann mit der Klasse StretchWrapper dafür sorgen, dass eingefügte VObjects interaktiv in der Grösse verändert werden können. Für diesen Zweck muss er lediglich das einzufügende VObject vorher mit einem StretchWrapper-Objekt umwickeln.

5.5.4 Brücken- ("*Bridges*") und Implementationsklassen

Die typische Art, wie mit objektorientierter Programmierung eine Abstraktion in unterschiedlichen Ausprägungen implementiert werden kann, ist die Bildung einer Klassenfamilie. Eine abstrakte Klasse definiert dazu die Schnittstelle zu einer Abstraktion, die durch Ableitung unterschiedlich konkretisiert wird. *Brückenklassen* sind ein Design-Muster für eine noch stärkere Trennung der Schnittstelle einer Abstraktion von ihren konkreten Implementationen.

Die abstrakte Schnittstelle wird dabei mit einer abstrakten Klasse definiert. Unabhängig davon erfolgt die Realisierung mehrerer Klassen, die zur Implementation der Abstraktion verwendet werden können, Klassen dieser Art bezeichnen wir als *Implementationsklassen*. Konkrete Realisierungen der Abstraktion entstehen bei diesem Vorgehen dadurch, dass sogenannte *Brückenklassen* implementiert werden. Eine Brückenklasse hat die Aufgabe, die Schnittstelle der Abstraktion auf die Implementationsklassen abzubilden. In Abb. 5.28 sind zwei Implementationsklassen I1 und I2 dargestellt, die von den Brückenklassen B1 und B2 für die Implementation von Abstraction verwendet werden.

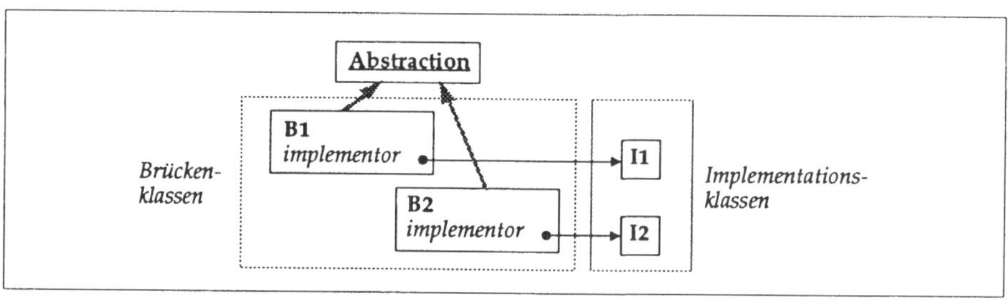

Abb. 5.28: Brücken- und Implementationsklassen

Ziele dieses Design-Musters sind:

- Eine strenge Trennung zwischen der Schnittstelle einer Abstraktion und ihrer Implementation. Diese Trennung entspricht dem bewährten "Separation of Concern"-Prinzip [Par72] für die Strukturierung von Software-Systemen.
- Die Möglichkeit der Wiederverwendung einer Implementationsklasse für die Implementation weiterer Abstraktionen.

Der Klient arbeitet dabei mit einer Abstraktion nur über ihre abstrakte Schnittstelle, und eine Brückenklasse führt eine "Protokoll-Umwandlung" auf eine entsprechende Implementationsklasse durch. Dieses Vorgehen führt zu drei Schichten von Klassen: (1) abstrakte Klassen für die Definition von Schnittstellen, (2) Brückenklassen für die Anpassung einer Schnittstelle an eine Implementationsklasse und (3) Implementationsklassen.

Ein Beispiel für die Anwendung dieses Design-Musters ist die Implementation der Abstraktion einer Menge. Für die Definition der abstrakten Schnittstelle wird eine abstrakte Klasse Set definiert. Die Abstraktion einer Menge kann mit unterschiedlichen Datenstrukturen implementiert werden. Mögliche Datenstrukturen sind: eine verkettete Liste, eine sogenannte *Skip-Liste* [Pug90] oder eine Hash-Tabelle. Diese Datenstrukturen werden als unabhängige Implementationsklassen realisiert (List, SkipList, HashTable). Die Konkretisierung der Set-Abstraktion erfolgt mit Brückenklassen wie: SetViaList, SetViaSkipList oder SetViaHashTable. Diese Klassen speichern ein Objekt der entsprechenden Implementationsklasse als Komponente und bilden das Protokoll von Set auf die Methoden dieser Klasse ab.[1]

Die Realisierung der Abstraktion eines Fensters ist ein gutes Beispiel aus ET++ für eine Klassenarchitektur mit Brücken- und Implementationsklassen. In ET++ muss die Abstraktion eines Fensters auf unterschiedlichen Fenstersystemen verwendet werden können. Ein möglicher Ansatz für die Modellierung eines Fensters ohne Brückenklasse ausschliesslich mit Vererbung ist in Abb. 5.29 illustriert.

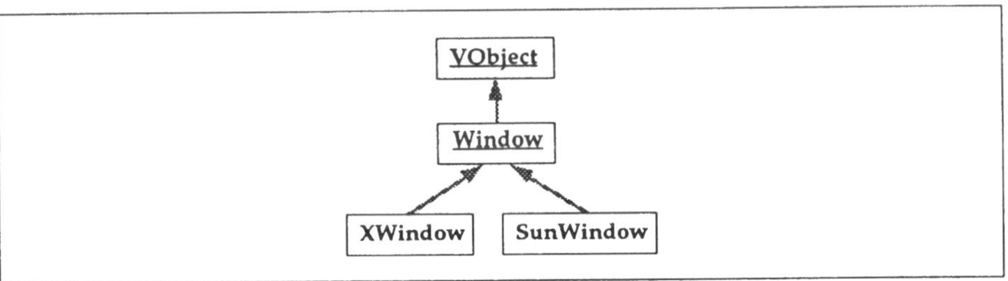

Abb. 5.29: Modellierung unterschiedlicher Fenster ausschliesslich mit Vererbung

Als Gegensatz dazu zeigt Abb. 5.30 wie in ET++ ein Fenster mit Brücken- und Implementationsklassen realisiert ist.

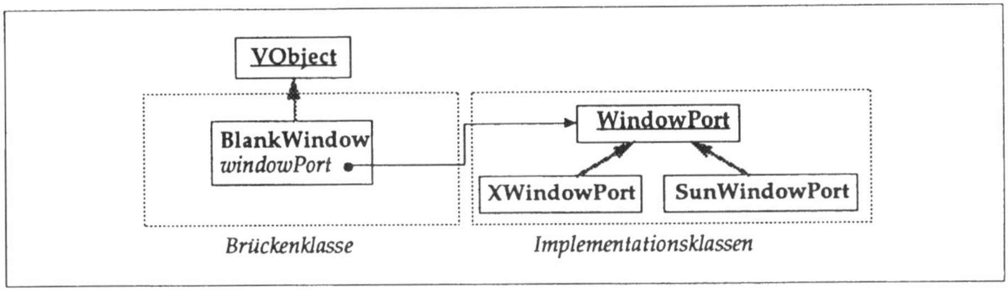

Abb. 5.30: BlankWindow als Beispiel einer Brückenklasse in ET++

1 In ET++ wurde die Abstraktion einer Menge in einer einzigen Klasse Set ähnlich wie in Smalltalk-80 implementiert. Sie verfügt nicht über die hier beschriebene Struktur.

Ein Fenster ist in ET++ ein graphisches Objekt, das wie alle anderen graphischen Objekte die abstrakte Schnittstelle der Klasse VObject unterstützen muss. Bei den Implementationsklassen handelt es sich um eine Familie mit der abstrakten Klasse WindowPort als Wurzel (3.3). Die Rolle der Brückenklasse, die die Abstraktion eines Fenster mit dem Protokoll von VObject an WindowPort anpasst, übernimmt die Klasse BlankWindow.

Die Struktur mit einer Brückenklasse (Abb. 5.30) zeichnet sich gegenüber derjenigen mit ausschliesslicher Verwendung von Vererbung (Abb. 5.29) in den folgenden Punkten aus:

- Ein Klient sieht von einem Fenster nur die von BlankWindow zur Verfügung gestellte erweiterte VObject-Schnittstelle. Die Implementation der Fenster für unterschiedliche Fenstersysteme bleibt ihm verborgen.
- BlankWindow kann seine interne Repräsentation dynamisch an das verwendete Fenster-System anpassen. Wird BlankWindow unter XWindow verwendet, dient als Repräsentation ein XWindowPort-Objekt und unter SunWindow ein SunWindowPort-Objekt. Welches WindowPort die Klasse BlankWindow als Implementationsobjekt verwendet, wird durch den Aufruf der Methode MakeWindowPort der abstrakten Fabrik WindowSystem des Fenstersystem-Subsystems bestimmt (Abb 5.15).
- Die Bildung einer Brückenklasse ermöglicht eine einfache Einführung neuer Implementationsklassen. Bei der Portierung von ET++ auf ein weiteres Fenstersystem kann problemlos ein neue WindowPort-Klasse realisiert werden, ohne dass davon die Klienten von BlankWindow betroffen sind.

Die Brückenklasse BlankWindow ist zusätzlich auch nur abstrakt mit der Wurzel der Klassenfamilie der Implementationsklassen gekoppelt. Dadurch kann auch BlankWindow durch Ableitung erweitert werden. Die spezialisierten BlankWindow-Klassen können dabei, automatisch mit sämtlichen WindowPort-Implementationen kombiniert werden. Beispiele für solche Spezialisierungen von BlankWindow sind die Klassen Window und Icon. Window erweitert BlankWindow mit den typischen Fenster-Dekorationen wie Titelbalken und Schliessbox. Icon ist eine Spezialisierung von BlankWindow für ikonisierte Fenster. Mit der Struktur von Abb. 5.30 ist es somit möglich, sowohl auf Seite der Implementationsklassen als auch auf Seite der Brückenklassen unabhängig voneinander neue Klassen abzuleiten.

Brückenklassen verwenden ein Objekt einer Implementationsklasse als eine ihrer Komponenten. Eine andere Art, wie diese Brückenbeziehung zwischen abstrakter Schnittstelle und unterschiedlichen Implementationsklassen modelliert werden kann, ist mittels mehrfacher Vererbung. Dabei wird von der abstrakten Klasse die Schnittstelle und von einer Implementationsklasse die Implementation geerbt. Abb. 5.31 illustriert dieses Vorgehen am Beispiel der Implementation eines assoziativen Arrays mit einer Skip-Liste. Die Klasse AssocArray definiert dabei die abstrakte Schnittstelle. Die Klasse SkipList dient als Implementationsklasse [Car91].

Diese Technik wurde ursprünglich in den Eiffel Klassenbibliotheken eingeführt und wird dort als "Marriage of Convenience" bezeichnet. Diese Anwendung mehrfacher Vererbung findet aber auch immer mehr Eingang in C++ Klassenbibliotheken [Car91]. Die Anwendung mehrfacher Vererbung für diesen Zweck ist nicht unbestritten. In [Sch91] wird aber gezeigt, wie die Struktur von Abb. 5.31 mit Komposition und einfacher Vererbung ohne Verlust an Flexibilität realisiert werden kann.

Gegen die Verwendung mehrfacher Vererbung für die Implementation einer Brückenklasse spricht auch die Tatsache, dass die Modellierung der Implementationsklasse diese als Komponente der Brückenklasse strenger vom Klienten abkapselt. Vererbung ist in den meisten Sprachen ein statischer Mechanismus, d.h. es nicht möglich, Vererbungsbeziehungen dynamisch zu ändern. Dadurch kann die verwendete Implementationsklasse nicht dynamisch zur Laufzeit geändert werden.

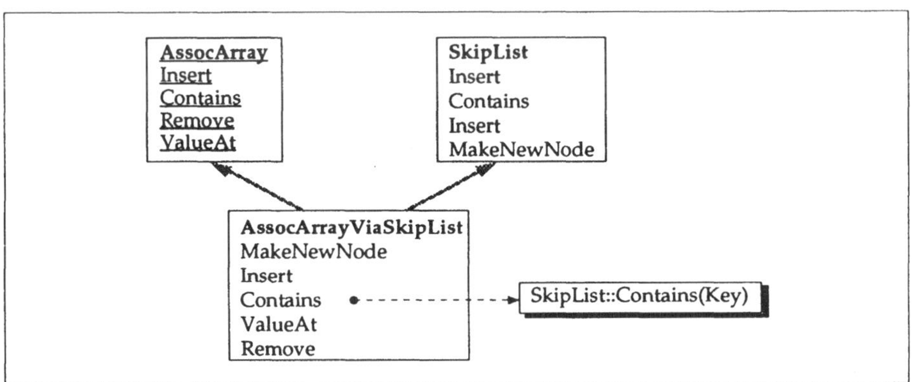

Abb. 5.31: Brückenklasse mit mehrfacher Vererbung

5.5.5 Delegationsklassen ("*Forwarder*")

Eine Klasse besitzt in der Terminologie von RDD Verantwortlichkeiten, die entweder von ihr selbst wahrgenommen oder an eine Instanz einer anderen Klasse delegiert werden. Die sogenannten *Delegationsklassen* statten ihre Erben mit der Möglichkeit aus, bestimmte Aufgaben auf eine flexible Art und Weise an andere Objekte weiterzuleiten. Eine Delegationsklasse ist meist die Wurzelklasse einer Klassenfamilie. Sie stellt ihren Familienmitgliedern die Funktionalität zur Verfügung, (1) ihre Objekte untereinander zu verketten und (2) Methodenaufrufe entlang einer solchen Kette weiterzuleiten. In Abb. 5.32 ist die allgemeine Struktur einer Klassenfamilie mit einer Delegationsklasse dargestellt.

Mit der Instanzvariablen delegate können Objekte der Familienmitglieder F_i miteinander verkettet werden. Die Verkettung wird mit der Methode SetDelegate aufgebaut. Die Klasse Forwarder definiert weiter einen Satz von Methoden M_i, die entlang der verketteten Objekte weitergeleitet werden können. Jede Methode M_i ist in Forwarder so realisiert, dass sie an das von delegate referenzierte Objekt delegiert wird. Die Erben von Forwarder überschreiben diese Methoden typischerweise wie folgt: Hat das Objekt Interesse an der erhaltenen Botschaft, werden die entsprechenden Aktionen ausgeführt, sonst wird die vererbte Methode aufgerufen. Der Aufruf der vererbten Methode bewirkt, dass die Botschaft an das nächste Element der Kette weitergeleitet wird. Bei einer nicht überschriebenen Methode sorgt die von Forwarder geerbte Methode automatisch für die Delegierung der Botschaft.

Delegationsklassen stellen insgesamt einen Mechanismus zur Verfügung, mit dem Botschaften automatisch an andere Objekte weitergeleitet werden können. Über diese *automatische Propagierung von Botschaften* kann ein Objekt ohne explizite Kenntnis seiner Nachbarobjekte, Botschaften an andere Objekte weiterleiten. Das für eine Botschaft zuständige Objekt wird dabei über die automatische Propagierung der Botschaften implizit gesucht. Delegationsklassen ermöglichen ebenfalls, Klassen nur abstrakt über das in der Delegationsklasse definierte Protokoll zu koppeln.

Das Konzept der automatischen Propagierung von Botschaften wird auch in Hypercard bei der Verarbeitung von Eingabeereignissen verwendet.

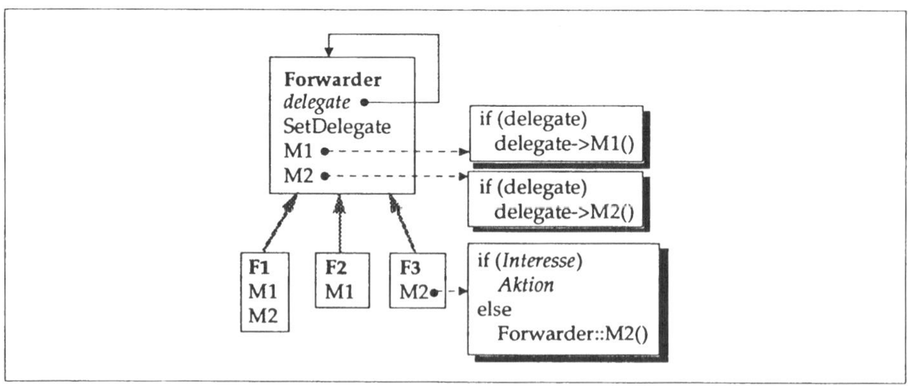

Abb. 5.32: Klassenfamilie mit einer Delegationsklasse als Wurzel

Bei der Verwendung von Delegationsklassen kann ein Objekt mit einer Aufgabe betraut werden. Fühlt sich das Objekt nicht für die Bearbeitung zuständig, kann es die Aufgabe fast schon *bürokratisch* an ein anderes Objekt delegieren. Durch die Verkettung der Objekte entsteht dadurch auch eine eigentliche Kette von Verantwortungsbereichen, die für die Verteilung von Aufgaben traversiert werden kann.

Die Klasse EvtHandler ist ein Beispiel einer Klasse mit der Rolle einer Delegationsklasse. EvtHandler ist die Vorgängerklasse der visuellen Interaktionsobjekte sowie der Application-Framework-Klassen Document und Application. Dank der Klasse EvtHandler kann bei der Bearbeitung von Eingabeereignissen in einer ET++ Applikation zwischen Objekten delegiert werden. Abb. 5.33 zeigt am Beispiel der Applikation ET++Draw ein Klassendiagramm mit EvtHandler. Die Abbildung zeigt nicht sämtliche Ereignisbehandlungs-Methoden (DoLeftButtonDownCommand, DoKeyCommand usw.), sondern beschränkt sich auf DoMenuCommand.

In Abb. 5.34 ist in einem Objektdiagramm dargestellt, wie in ET++Draw die Objekte über die von EvtHandler geerbte Funktionalität verkettet sind.

Die Aufrufkette von Methoden, die bei der Delegation der DoMenuCommand-Botschaft entlang der EvtHandler-Kette entsteht, ist im Methoden-Flussdiagramm in Abb. 5.35 dargestellt. Die verschiedenen DoMenuCommand-Methoden sind alle nach dem gleichen Muster implementiert. Als Argument erhält sie den ausgewählten Menüeintrag. Handelt es sich dabei um einen Menüeintrag, der zum Verantwortungsbereich der Klasse gehört, wird der Eintrag behandelt, sonst wird die von der Basisklasse geerbte DoMenuCommand-Methode aufgerufen.

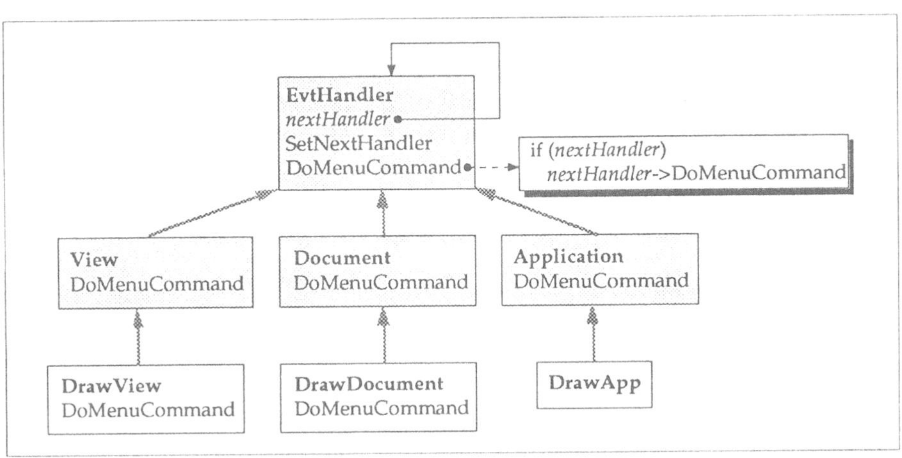

Abb. 5.33: Die Klasse EvtHandler als Beispiel einer Delegationsklasse

In Abb. 5.35 sind zwei weitere bemerkenswerte Eigenschaften von Klassenstrukturen mit einer Delegationsklasse erkennbar. Wie man darin erkennt, erfolgt die Delegation von Botschaften entlang zweier Dimensionen: Einerseits wird eine Botschaft durch den Aufruf der geerbten Methode *entlang der Klassenhierarchie* an die Basisklasse delegiert. Andererseits wird die Botschaft *an ein anderes Objekt* delegiert, sobald dabei die Delegationsklasse erreicht wird. Die Flexibilität von Architekturen mit Delegationsklassen beruht im wesentlichen auf dieser zweidimensionalen Weiterleitung von Botschaften.

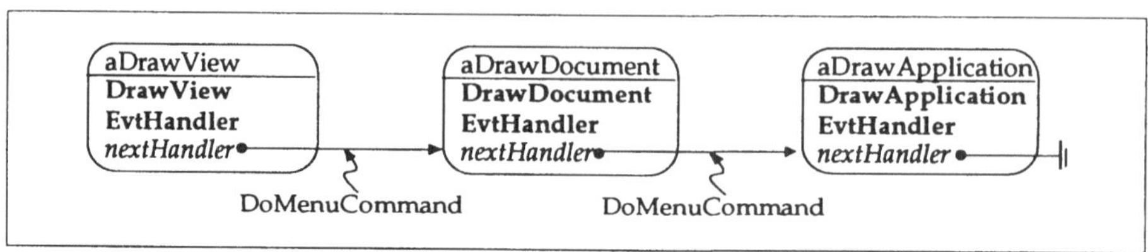

Abb. 5.34: Objektdiagramm mit einer Kette von EvtHandler-Objekten

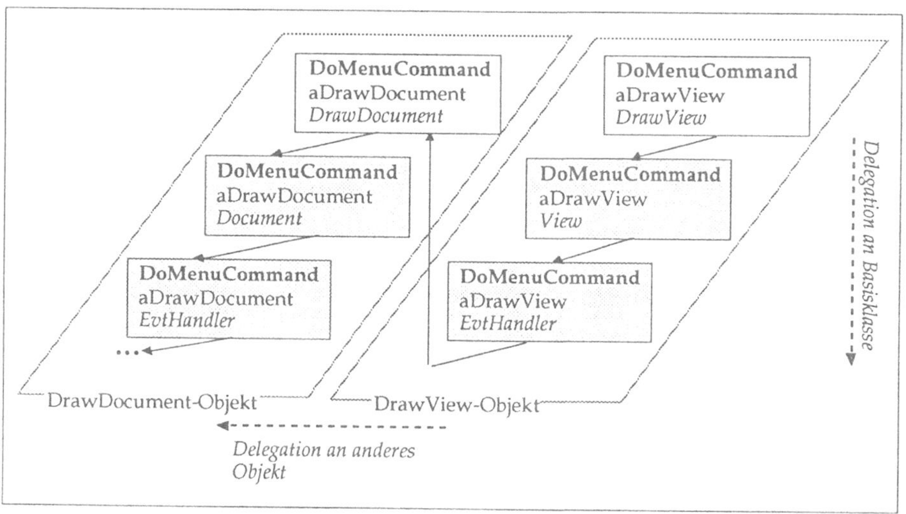

Abb. 5.35: Aufrufkette bei der Delegation von DoMenuCommand als Methoden-Flussdiagramm

Als zweite bemerkenswerte Eigenschaft von Delegationsklassen ist in dieser Abbildung ersichtlich, wie dabei abwechselnd die Methoden der Klassenbibliothek (grau hinterlegt) und die Methoden der Applikationsklassen die Steuerung erhalten. Der Klient kann auf diese Art an mehreren Stellen das Verhalten der Bibliotheksklassen an seine Bedürfnisse anpassen.

Die Ereignisbehandlung ist nicht das einzige Beispiel für die Verwendung des Konzepts von Delegationsklassen in ET++. Die Rolle einer Delegationsklasse übernimmt auch die Klasse VObject, wenn es darum geht, einen Ausschnitt eines VObjects mit InvalidateRect als ungültig zu erklären. Ein individuelles VObject hat zuwenig Kenntnis über den globalen Aufbau eines Fensters und des Koordinatensystems, in dem es sich befindet.

Es kann deshalb die Invalidierung nicht selbst durchführen. VObject besitzt aber eine Instanzvariable container, die auf sein Vater-VObject verweist. Über die container-Instanzvariable wird von ET++ eine Kette mit VObjects aufgebaut. In der Realisierung von InvalidateRect in der Klasse VObject wird die Methode an sein Container-VObject propagiert. Über die Propagierung der Methode InvalidateRect entlang der Container-Kette wird schliesslich ein BlankWindow-Objekt erreicht, das die Invalidierung durchführen kann und InvalidateRect entsprechend überschreibt (Abb. 5.36).

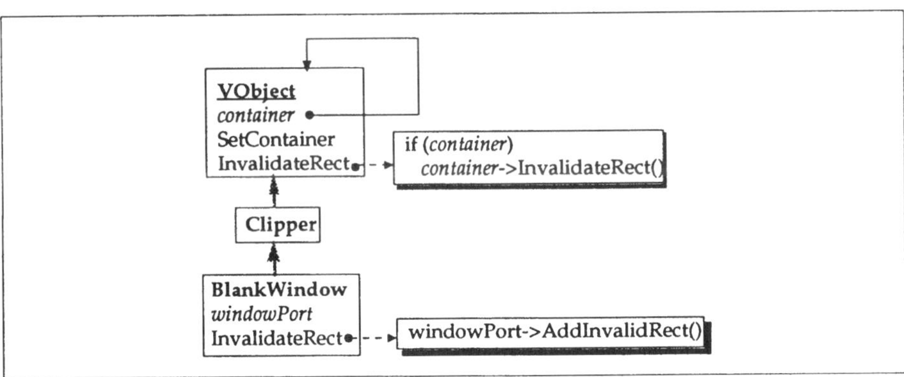

Abb. 5.36: Delegation der Methode InvalidateRect in der Klasse VObject (Klassendiagramm)

Mit Hilfe der beiden Delegationsmechanismen für die Invalidierung sowie für die Ereignisbehandlung existiert mit VObject eine Klasse, die mit anderen Klassen nur abstrakt gekoppelt ist. Diese abstrakte Kopplung ist der Hauptgrund, weshalb es sich bei VObject um eine sehr wiederverwendbare Abstraktion handelt.

5.5.6 Vermittler ("*Mediator*")

Das Prinzip von Klassen, deren Hauptaufgabe in der Vermittlung zwischen Objekten besteht, wurde schon bei der Besprechung von Subsystemen erwähnt. Die Bildung von Vermittlerklassen ist nicht nur im Zusammenhang mit Subsystemen sinnvoll. Vermittlerklassen sind ein allgemeines Hilfsmittel, um die Kopplung zwischen Klassen zu reduzieren. In Abb. 5.37 ist eine Klassendiagramm mit Klassen dargestellt, die alle gegenseitig über Instanzvariablen gekoppelt sind. Diese starke Kopplung behindert die Wiederverwendung der einzelnen Klassen losgelöst von den anderen Klassen.

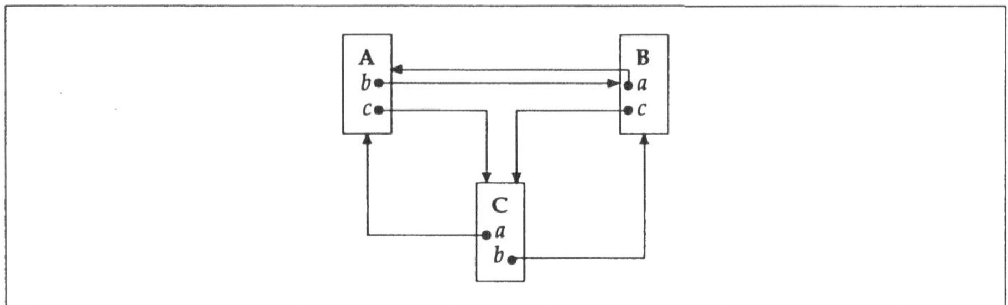

Abb. 5.37: Stark gekoppelte Klassen

Die Einführung einer Vermittlerklasse hat den Zweck, Klassen voneinander zu entkoppeln, so dass sie unabhängig voneinander wiederverwendet werden können (Abb. 5.38).

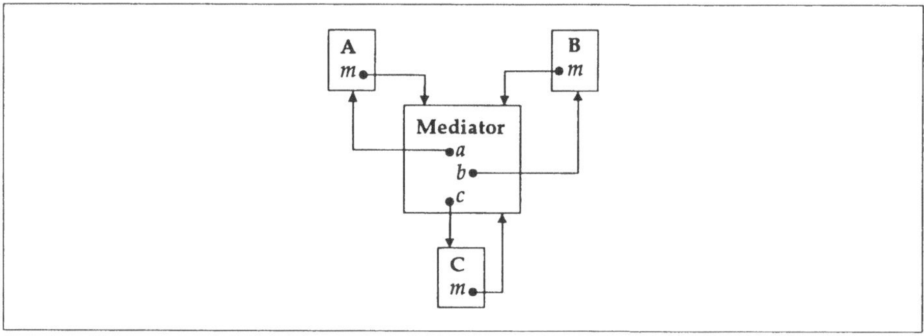

Abb. 5.38: Einführung einer Vermittlerklasse zur Entkopplung

Die in Abb. 5.38 eingeführte Vermittlerklasse Mediator entkoppelt A, B und C voneinander, indem sie nur indirekt über Mediator miteinander kommunizieren. Ziel bei der Bildung einer Vermittlerklasse ist es, sie möglichst abstrakt mit den anderen Klassen zu koppeln. Auf diese Art können die Klassen mit unterschiedlichen Vermittlerklassen einzeln oder als Gruppe wiederverwendet werden. Unter dem Blickwinkel der Objektivierung wird bei einer Vermittlerklasse die Kommunikation zwischen Objekten objektiviert.

Bei der Entwicklung von ET++ Applikationen übernimmt die Klasse Document typischerweise die Rolle einer Vermittlerklasse. Document hat in ET++ die Aufgabe, zwischen dem Modell einer Applikation und seiner graphischen Darstellung zu vermitteln. Document realisiert das Einlesen des Modells von einer Datei und erzeugt die für seine Darstellung notwendigen visuellen Objekte. Zu der Vermittlertätigkeit von Document gehört auch die Konfiguration der verwendeten Objekte. Das Document eines Texteditors legt zum Beispiel fest, welche TextView- mit welchem Text- und TextFormatter-Objekt kombiniert wird.

Eine weitere Anwendung des Konzepts einer Vermittlerklasse ist in Abb. 5.39 in einem Objektdiagramm aus der Implementation des Class Browsers von ET++PE (4.2.3) illustriert.

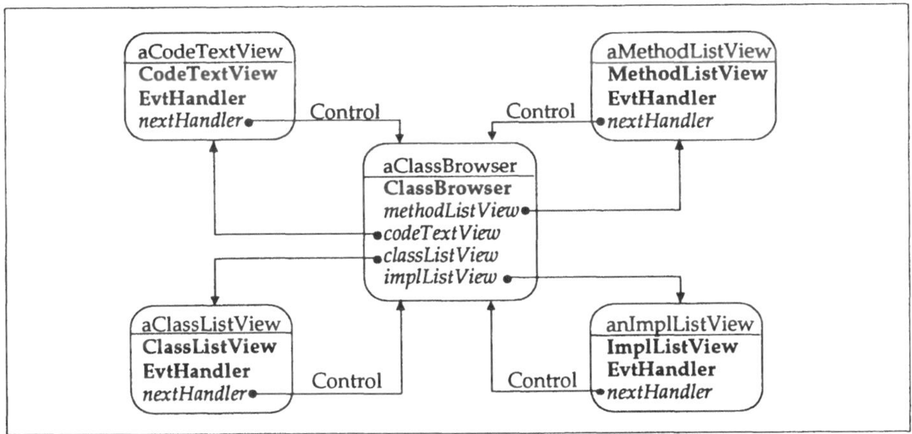

Abb. 5.39: Objektdiagramm der Implementation des Class Browsers mit der Vermittlerklasse ClassBrowser

Die Synchronisation der unterschiedlichen Teilfenster bei Benutzereingaben erfolgt dabei immer indirekt über ein ClassBrowser-Objekt. Die Klassen der einzelnen Teilfenster werden dadurch voneinander entkoppelt. Dank dieser Entkopplung konnten sie auch an anderen Stellen von ET++PE wiederverwendet werden.

Kontrollklassen (Black-Box-Vermittlerklassen)

Bei den bisher beschriebenen Vermittlerklassen steht die Wiederverwendung der Klassen, zwischen denen vermittelt wird, im Vordergrund. Vermittlerklassen können aber auch selbst als wiederverwendbare Komponenten gestaltet werden. Eine solche Klasse kann vom Klienten angepasst oder besser *konfiguriert* werden, indem er ihr Objekte unterschiedlicher Klassen als Parameter übergibt. Es handelt sich somit dabei wieder um eine spezielle Ausprägung einer Black-Box-Klasse. Abb. 5.40 illustriert, wie solche Klassen Objekte anderer Klassen kontrollieren. Wir bezeichnen deshalb solche Klassen auch als *Kontrollklassen*. Kontrollklassen vermitteln und kontrollieren die Interaktion zwischen unterschiedlichen Parameterobjekten.

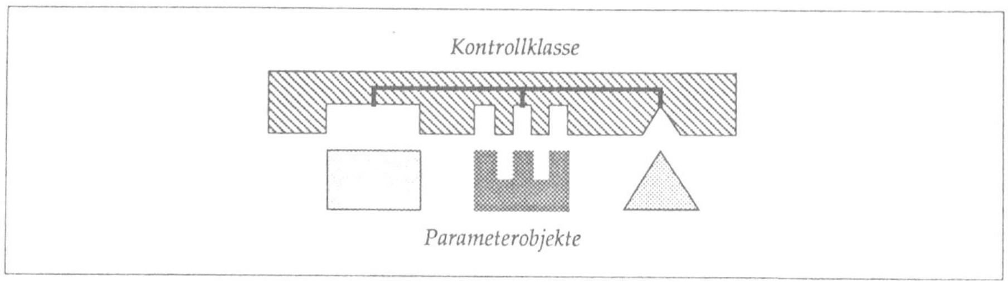

Abb. 5.40: Kontrollklasse

Im Klassendiagramm von Abb. 5.41 ist M eine Kontrollklasse. Sie kann mit beliebigen Kombinationen von A_i und B_i Objekten konfiguriert werden.

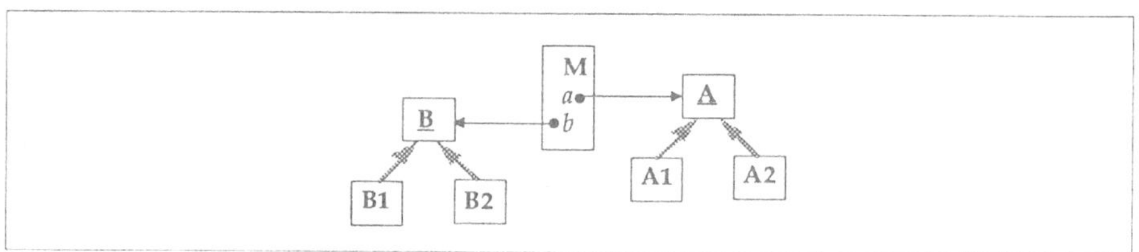

Abb. 5.41: Klassendiagramm einer Kontrollklasse

Ein konkretes Beispiel einer Kontrollklasse aus ET++ ist die Klasse StaticTextView (Abb. 5.42).

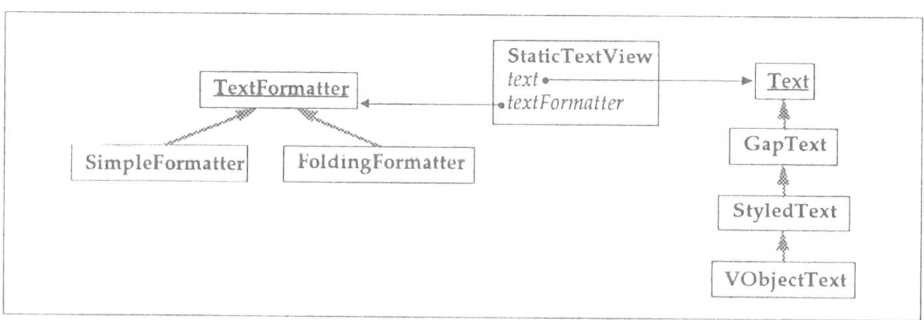

Abb. 5.42: StaticTextView als Beispiel einer Kontrollklasse

Diese Klasse kontrolliert und vermittelt zwischen einem TextFormatter- und einem Text-Objekt. Der Klient hat die Möglichkeit, eine StaticTextView-Instanz mit unterschiedlichen TextFormatter- und Text-Objekten zu konfigurieren. Bei Kontrollklassen erfolgt die Wiederverwendung und die Anpassung an die Bedürfnisse des Klienten nicht durch Ableitung, sondern durch die Konfiguration mit unterschiedlichen Parameterobjekten.

Ein weiteres Beispiel einer Kontrollklasse ist die Klasse Scroller (3.6.3). Ein Scroller vermittelt zwischen einem Clipper-Objekt und mehreren Scrollbar-Objekten. Ein Clipper-Objekt zeigt dabei einen Ausschnitt eines VObjects, der mit Scrollbar-Objekten kontrolliert werden kann. Die Klasse Scroller ist in diesem Beispiel für die Synchronisation der Scrollbar-Objekte mit dem Clipper-Objekt zuständig. Die Indirektion der Objektkommunikation über die Klasse Scroller entkoppelt die für die Implementation des Scrolling-Mechanismus zuständigen Klassen (Abb. 5.43).

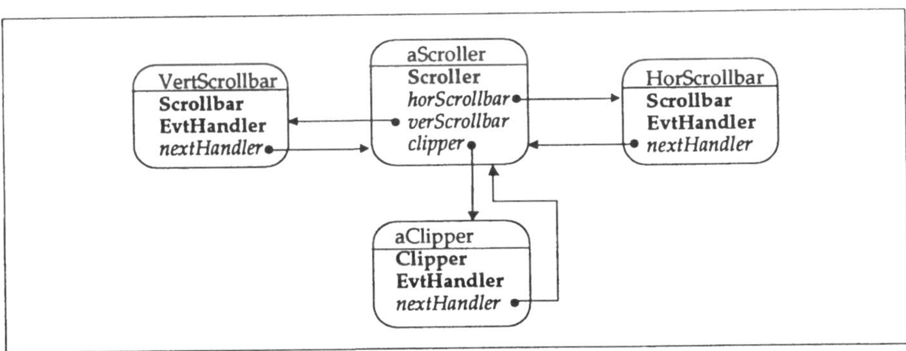

Abb. 5.43: Objektdiagramm der Kontrollklasse Scroller

5.5.7 Verfahrensklassen ("*Behaviours*")

Einige objektorientierte Methoden, wie zum Beispiel RDD, schlagen eine Substantiv-Verb-Analyse der Problembeschreibung zum Auffinden von Klassen vor. Substantive sind dabei Kandidaten für Klassen und Verben Kandidaten für Methoden. Bei der Entwicklung von ET++ hat es sich gezeigt, dass auch die Modellierung von Verben oder Verfahren als eigene Klassen sinnvoll ist [Hal87a]. Klassen dieser Art, die ein Verfahren objektivieren, bezeichnen wir als Verfahrensklassen.

Verfahrensklassen verfügen typischerweise über die folgenden Eigenschaften:

- Sie kapseln ein Verfahren oder einen Algorithmus als eigene Klasse ab und lokalisieren dabei einen verwendeten Algorithmus.
- Im Zentrum steht eine Methode, typischerweise DoIt oder Execute genannt, die den Algorithmus startet.
- Ihre Instanzen sind häufig kurzlebig, d.h. sie werden für eine Ausführung des Verfahrens erzeugt und anschliessend wieder zerstört.

Damit sich die Abspaltung eines Verfahrens in eine eigene Klasse lohnt, sollte es sich dabei um ein komplexeres Verfahren handeln. Einfache Verfahren werden direkt als Methoden einer Klasse definiert.

Die Bildung von Verfahrensklassen verbessert durch die Abkapselung komplexerer Algorithmen die Modularität. Die Abspaltung eines Verfahrens in eine Klasse ermöglicht zusätzlich auch seine unterschiedliche Realisierung durch verschiedene Klassen. Der Klient hat dann die Möglichkeit, aus unterschiedlichen Verfahrensklassen ein passende auszuwählen. Ein Beispiel dafür sind Verfahrensklassen für die Formatierung von Text, nämlich TextFormatter mit den Erben SimpleFormatter und FoldingFormatter (3.6.6). Durch Objektkomposition einer TextView mit einem TextFormatter kann der Klient dabei festlegen, welcher Algorithmus verwendet werden soll. Die Klasse TextView löst die Formatierung ihres Textmodells mit dem Aufruf von TextFormatter::DoIt aus, ohne dabei den konkret verwendeten Algorithmus zu kennen.

Aktivitätsklassen ("Activities")

Ein Beispiel einer anderen Ausprägung einer Verfahrensklasse ist die ET++ Klasse Command mit ihren Nachfolgern. Command-Klassen sind für die Realisierung widerrufbarer Benutzerbefehle zuständig. Command-Objekte werden in ET++ von unterschiedlichen Objekten im System erzeugt und einem Document-Objekt zur Verarbeitung oder *Konsumierung* weitergereicht. Objekte dieser Art von Verfahrensklassen kann man als Aktivitätsobjekte charakterisieren, und die dazugehörigen Klassen als Aktivitätsklassen. Diese Objekte tragen die Realisierung eines Verfahrens zusammen mit dem entsprechenden Kontext der Ausführung in ihren Instanzvariablen mit sich herum. Sie werden dadurch zu relativ unabhängigen funktionellen Blöcken, die im System an verschiedenen Stellen erzeugt und von unterschiedlichen Objekten konsumiert werden können. Aktivitätsobjekte führen so zu einer Entkopplung des Aktivitätserzeugers vom Konsumenten, der die Ausführung der Aktivität anstösst.

Verfahrensklassen mit einer White-Box-Schnittstelle

Eine weitere Ausprägung von Verfahrensklassen sind solche mit einer White-Box-Schnittstelle. Eine solche Klasse ist so konzipiert, dass sie ein Verfahren allgemein implementiert. Dabei ruft sie an interessanten Stellen abstrakte oder leere Methoden auf. Diese Methoden können vom Klienten überschrieben werden. Er kann so eigene Aktionen in ein Verfahren integrieren. Ein einmal implementiertes Verfahren wird dadurch für unterschiedliche Anwendungen wiederverwendbar.

Ein Beispiel einer solchen Verfahrensklasse ist die Klasse CodeAnalyzer aus der Implementation von ET++PE. In ET++PE muss der Quellcode von Klassen für unterschiedliche Anwendungszwecke analysiert werden. Das in CodeAnalyzer implementierte Analyseverfahren wird zur Formatierung des Quellcodes mit verschiedenen

Schriftarten (Kommentare kursiv, Klassendefinitionen und Methodenköpfe fett) sowie auch für die Bestimmung der Position der einzelnen Methoden innerhalb der Datei verwendet. Damit der Algorithmus von CodeAnalyzer mehrfach wiederverwendbar ist, ruft er an den für den Klienten interessanten Stellen, d.h. wenn eine Klassendefinition, Methode oder Funktion gefunden wurde, eine abstrakte Methode auf. Durch das Überschreiben dieser Methoden können unterschiedliche Anwendungen unterschiedliche Aktionen ausführen. Abb. 5.44 zeigt, wie die Klassen PrettyPrinter und ExtractMethods die Klasse CodeAnalyzer wiederverwenden und dabei eigene Aktionen integrieren.

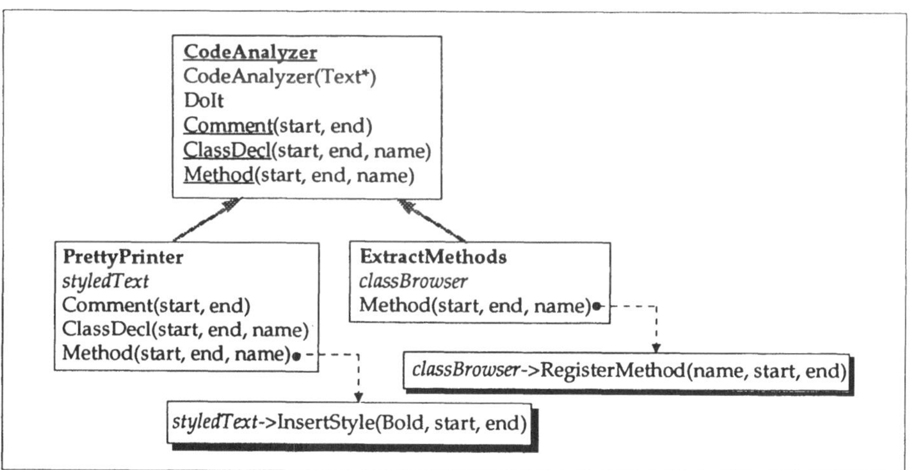

Abb. 5.44: CodeAnalyzer als Beispiel einer White-Box-Verfahrensklasse

Manipulatoren

Verfahrensklassen gibt es auch in einer Ausprägung als Black-Box-Klassen, die wir als *Manipulatoren* bezeichnen. Ein Manipulator ist eine Verfahrensklasse, der für die Ausführung einer Operation ein Objekt als Operand übergeben wird. Ein Beispiel einer Verfahrensklasse dieser Ausprägung ist die Klasse TextFormatter. TextFormatter ist dabei eine Black-Box-Klasse, der unterschiedliche TextView-Objekte zur Formatierung übergeben werden können. Manipulatoren ermöglichen die Variation der Operanden eines als Verfahrensklasse modellierten Algorithmus. Im Gegensatz dazu unterstützen White-Box-Verfahrensklassen die Variation von bestimmten Funktionen innerhalb eines Algorithmus durch das Überschreiben von Methoden.

Ein anderes Beispiel für Manipulatoren aus ET++ sind die Klassen VObjectDragger und VObjectStretcher, die die interaktive Manipulation von VObjects unterstützen. Diese beiden Manipulatorklassen realisieren die Algorithmen für das interaktive

Verschieben und Vergrössern graphischer Objekte mit Direkter Manipulation. VObjectDragger und VObjectStretcher illustrieren auch, wie sich ein Manipulator-Objekt temporär an ein Objekt heftet, um es so zu manipulieren. Das gemeinsame Grundverhalten dieser Klassen wird in VObjectManipulator definiert. Die Klasse VObjectManipulator ist ein Erbe der Klasse Command.

Damit für bestimmte VObjects auch spezialisierte Manipulatoren definiert werden können, kann die Erzeugung der Manipulatorobjekte indirekt realisiert werden. Das zu manipulierende Objekt wird dabei durch den Aufruf einer Methode aufgefordert, ein passendes Manipulatorobjekt zur Verfügung zu stellen. Bei den VObject-Manipulatoren erfolgt diese indirekte Erzeugung mit den in VObject definierten Methoden MakeDragger und MakeStretcher. Klassen, die für ihre Objekte einen anderen Manipulator verwenden wollen, überschreiben diese Methoden und erzeugen darin ein Objekt der entsprechenden Manipulatorklasse.

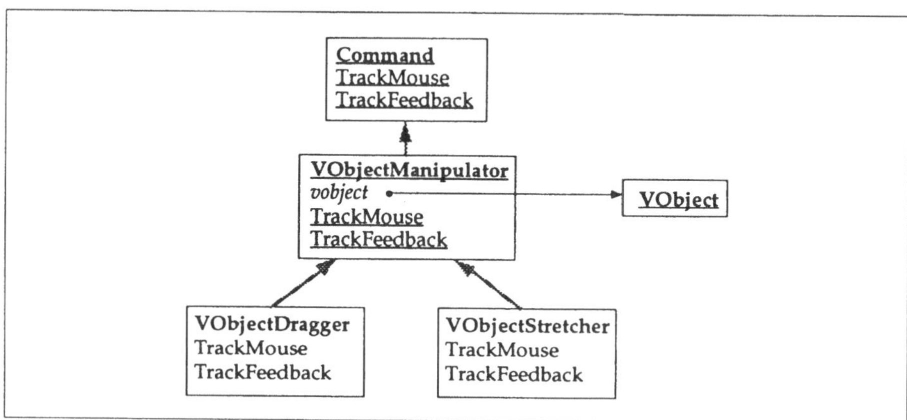

Abb. 5.45: Manipulatoren für VObject

Eine Anwendung von Verfahrensklassen im Problembereich des VLSI-Routing findet man in *RApp* [Gos89]. In dieser Klassenbibliothek werden verschiedene VLSI-Routing-Algorithmen als Verfahrensklassen modelliert.

5.5.8 Strategieklassen ("*Policies*")

Ein Ziel beim objektorientierten Entwurf ist die Konzeption offener Klassen, die vom Klienten flexibel und einfach angepasst werden können. Eine Möglichkeit, eine Klasse offen zu gestalten, besteht darin, bestimmte Design- oder Implementations-Entscheidungen, die innerhalb der Klasse getroffen wurden, dem Klienten als überschreibbare Methoden zur Verfügung zu stellen (White-Box-Vorgehen).

Eine andere Art, eine Klasse offen für Anpassungen zu realisieren, ist Objektkomposition im Sinne von Black-Box-Klassen. Bei diesem Vorgehen werden bestimmte Design-Entscheidungen in eine eigene Klasse abgespalten. Dabei wird die Strategie, wie ein bestimmter Mechanismus realisiert wird, in einer Klasse lokalisiert, d.h. eine bestimmte Strategie wird objektiviert. Klassen dieser Art bezeichnen wir als *Strategieklassen*. Eine Strategieklasse führt zu einer Trennung zwischen einem Mechanismus und der bei der Realisierung verwendeten Strategie.

Dem Klienten wird durch die Bildung von Strategieklassen die Möglichkeit angeboten, Objekte unterschiedlicher Strategieklassen als Parameterobjekte zu verwenden. Die Bildung eigener Strategieklassen lohnt sich insbesonders bei komplexeren Klassen, bei denen ein White-Box-Vorgehen für die Anpassungen des Verhaltens einer Klasse für den Klienten zu komplex wäre.

Verfahrensklassen, wie sie im letzten Abschnitt beschrieben wurden, übernehmen häufig auch die Rolle von Strategieklassen. Ein verwendeter Algorithmus liegt dabei als Verfahrensklasse vor und kann die Rolle einer Strategieklasse spielen. Eine klare Trennung zwischen Verfahrens- und Strategieklassen ist somit nicht immer möglich. Die Klasse TextFormatter ist ein Beispiel einer Verfahrensklasse, die die Strategie wie ein Text formatiert werden soll in einer eigenen Klasse lokalisiert.

In Abb. 5.46 ist die allgemeine Struktur einer Klasse A mit ihren verschiedenen Strategieklassen Policy$_i$ dargestellt. Die Klasse A lagert dabei eine bestimmte Entscheidung an das Strategieobjekt policy weiter. Allfällige Rückfragen des Strategieobjekts Policy$_i$ an A sind im Sinne von Strategieklassen auch erlaubt.

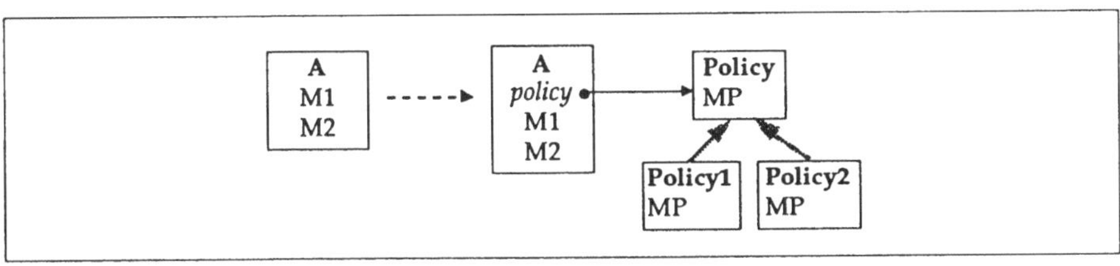

Abb. 5.46: Lokalisierung von Design-Entscheidungen mit Strategieklassen

In ET++ findet man bei der Unterstützung klassenspezifischer Sichten für Objekte im ET++PE Inspector (4.2.1) ein weiteres Beispiel für die Anwendung von Strategieklassen. Was für eine klassenspezifische Sicht im Inspector für ein Objekt zur Anwendung kommt, ist nicht in der Klasse des Objekts, sondern in einer eigenen Strategieklasse (ObjectViewPolicy) festgelegt. Dadurch ist es möglich, dass ohne Modifikation existierender Klassen nachträglich durch Ableitung von ObjectViewPolicy neue klassenspezifische Sichten definiert oder existierende ersetzt werden können.

Ein weiteres Beispiel für die Anwendung des Konzepts von Strategieklassen findet man bei den sogenannten *Streams* von C++ (Version 1.2)[1] für die Ein/Ausgabe. Ein Stream ist eine Klasse, der der Klient durch den Aufruf der überladenen Operatoren operator<<() und operator>>() Datenelemente unterschiedlicher Typen für die sequentielle Speicherung übergeben kann. Die Stream-Klasse implementiert die Konversion unterschiedlicher Datentypen zu Zeichenketten und stellt die Infrastruktur für die Ein/Ausgabe zur Verfügung. Entscheidungen, wie bei der Ein/Ausgabe gepuffert werden soll oder welches Speichermedium einem Stream zugrunde liegt, erfolgt in der Strategieklasse streambuf. Streambuf und die davon abgeleiteten Klassen realisieren die Pufferungsstrategie und sind für den Transfer der Daten auf unterschiedliche Speichermedien zuständig. Dem Klienten stehen unterschiedliche Ausprägungen der Klasse streambuf zur Verfügung: Die Klasse filebuf für die Ein/Ausgabe auf eine Datei und die Klasse membuf[2] für die Ein/Ausgabe in einen Puffer im Hauptspeicher (Abb. 5.47).

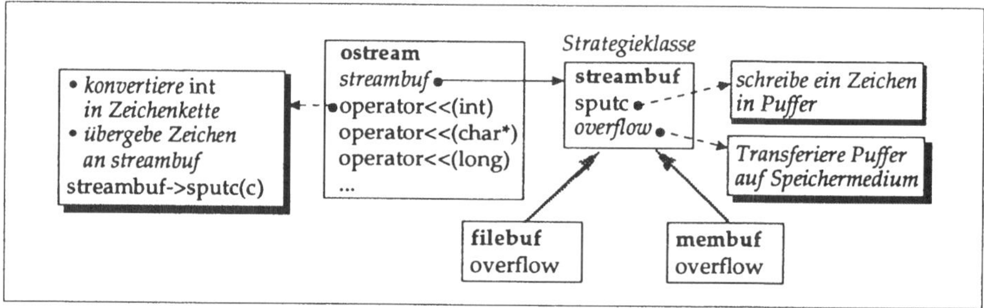

Abb. 5.47: Strategieklassen am Beispiel von C++ Streams

Beispiele für Strategieklassen findet man auch in den neueren Smalltalk-Versionen von ParcPlace Systems. BOSS *(Binary Object Streaming Service)* [Par91, Veg86] ist ein flexibles System für die Aktivierung/Passivierung von Objekten (3.4.2). Die Flexibilität von BOSS beruht auf der Verwendung von Strategieklassen und der dabei durchgeführten Trennung zwischen Mechanismus und Strategie. Der Mechanismus für die Ein/Ausgabe von Objekten wird von der Klasse BinaryObjectStorage implementiert. BinaryObjectStorage verwaltet die Vergabe von Identifikatoren an passivierte Objekte und ist für die Verwaltung des Stream-Objekts für die Ein/Ausgabe zuständig. Für die eigentliche Speicherung eines Objekts verwaltet BinaryObject-

1 In Version 2.0 verwenden die Stream-Klassen eine komplexere Architektur mit mehrfacher Vererbung.

2 Die Klasse membuf wird von ET++ definiert und realisiert einen dynamisch wachsenden Puffer im Hauptspeicher.

Storage zwei Strategieobjekte. Es handelt sich dabei um Objekte der Klassen BOSSReader und BOSSWriter. Die konkrete Speicherung von Objekten wird in BinaryObjectStorage diesen beiden Objekten überlassen. Die Strategieobjekte definieren das verwendete Speicherformat und legen fest, wie Referenzen auf Objekte behandelt werden.

Die beiden Klassen Storage und StoragePolicy sind ein weiteres Beispiel für die Trennung von Mechanismus und Strategie in der Smalltalk-Version von ParcPlace Systems. In dieser Version kann [Par90a] der Programmierer die im System verwendete Strategie der automatischen Speicherverwaltung steuern. Die Klasse Storage stellt für diesen Zweck eine Schnittstelle zur Speicherverwaltung zur Verfügung. Storage delegiert dabei bestimmte Entscheidungen an eine Instanz der Klasse StoragePolicy. Mit der Definition einer StoragePolicy-Klasse kann dadurch die verwendete Speicherverwaltungs-Strategie angepasst werden.

Strategieklassen sind strukturell ähnlich wie Brückenklassen. Sie unterscheiden sich aber konzeptionell in der Art wie eine Abstraktion in Klassen aufgeteilt wird. Das Konzept von Brückenklassen führt zu einer vertikalen Aufteilung. Es entstehen dabei drei Schichten (Abb. 5.48), wobei der Klient immer nur mit der obersten Schicht arbeitet. Eine Strategieklasse führt im Gegensatz dazu eine horizontale Aufteilung einer Abstraktion durch. Dabei wird eine Strategie objektiviert, so dass der Klient eine Strategie gegen eine andere austauschen kann.

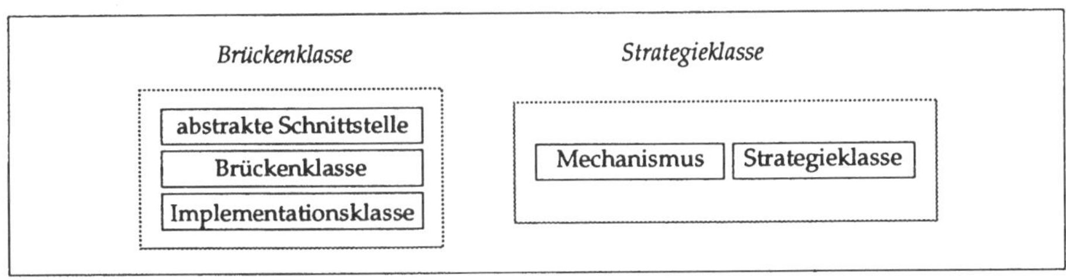

Abb. 5.48: Brücken- vs. Strategieklassen

Das MVC-Modell

Das MVC-Modell (3.6.4) ist eine wichtige Architektur für die Modularisierung interaktiver, graphischer Applikationen. Die dabei verwendete Art der Modularisierung kann man als eine Ausprägung des Design-Musters mit Strategieklassen interpretieren. Der zentrale Grundgedanke von MVC beruht ebenfalls auf einer Trennung von Mechanismus und Strategie. Die Modellkomponente realisiert dabei die Mechanismen für die Speicherung und Manipulation der zugrundeliegenden Datenstruktur. Die Strategie, die für die Darstellung und interaktive Manipulation des Modells zur Anwendung kommt, ist in der Klasse View lokalisiert. Die View-Komponente von MVC hat somit den Charakter einer Strategieklasse. Bemerkenswert beim MVC-Modell ist die Möglichkeit, einem Modell gleichzeitig mehrere unterschiedliche Views als Strategieobjekte zu zuordnen.

Wie für die anderen Design-Muster gilt auch für das MVC-Modell, dass es nicht stur angewendet werden sollte. Beim Design von ET++ hat es sich gezeigt, dass das MVC-Modell nicht immer hilfreich ist. Die Modellierung eines Menüs mit seinen Menüelementen gemäss MVC führt zum Beispiel zu einer erhöhten Komplexität, ohne die Flexibilität stark zu verbessern. Das gleiche gilt für einfache graphische Bausteine wie die Klasse TextItem (3.6.2).

5.5.9 Adapter

Mit den unterschiedlichen Ausprägungen von Black-Box-Klassen können Objekte auf eine flexible Art und Weise kombiniert werden. Die Grundlage von Black-Box-Klassen sind standardisierte Protokolle, über die sie mit ihren Parameterobjekten kommunizieren. Nicht immer kann aber bei der Gestaltung wiederverwendbarer Klassen auf standardisierten Protokollen aufgebaut werden.

In ET++ gibt es zum Beispiel kein standardisiertes Protokoll für den Zugriff auf baumartige Datenstrukturen, wie man sie im Inhaltsverzeichnis des ET++Cookbooks oder bei der Klassenhierarchie antrifft. Trotzdem ergab sich das Bedürfnis nach einer allgemein wiederverwendbaren Klasse TreeView, die *ohne* Modifikationen bestehender Klassen baumartige Datenstrukturen graphisch darstellen kann.

Eine sogenannte *Adapterklasse* unterstützt die Anpassung von Protokollen existierender Klassen. Für die Durchführung von Protokolladaptionen stellt sie *Adaptermethoden* zur Verfügung. Mit diesen Methoden kann der Klient das Protokoll anderer Klassen anpassen, so dass die Adapterklasse für diese Klassen wiederverwendbar wird. Eine Möglichkeit für die Unterstützung solcher Protokolladaptionen ist die Definition von Adaptermethoden als abstrakte Methoden, die in Nachfolgerklassen konkretisiert werden.

Wie solche Protokolladaptionen unterstützt werden können, soll am Beispiel der Klasse TreeView illustriert werden. Die Klasse TreeView ist eine Adapterklasse, die für die graphische Darstellung baumartiger Datenstrukturen wiederverwendet werden kann. Damit eine TreeView eine solche Datenstruktur in eine graphische Darstellung überführen kann, muss sie wissen, (1) wie von einem Knoten der Zugriff auf seine Kinder erfolgt und (2) wie ein individueller Knoten graphisch dargestellt wird. Die dafür notwendigen Methoden sind in der Klasse TreeView als abstrakte Adaptermethoden MakeChildrenIterator und NodeAsVObject definiert. Mit diesen beiden Methoden kann TreeView::BuildTree(Object *root) eine beliebige Baumstruktur mit dem Objekt root als Wurzel traversieren und in eine graphische Darstellung umsetzen. MakeChildrenIterator gibt einen Iterator zurück, mit dem über die Knoten der Kinder iteriert werden kann. Abb. 5.49 zeigt die Klasse TreeView in einem Klassendiagramm und illustriert, wie die Klassen ClassTreeView in ET++PE und ContentsView im ET++Cookbook TreeView durch Protokoll-Adaptionen wiederverwenden.

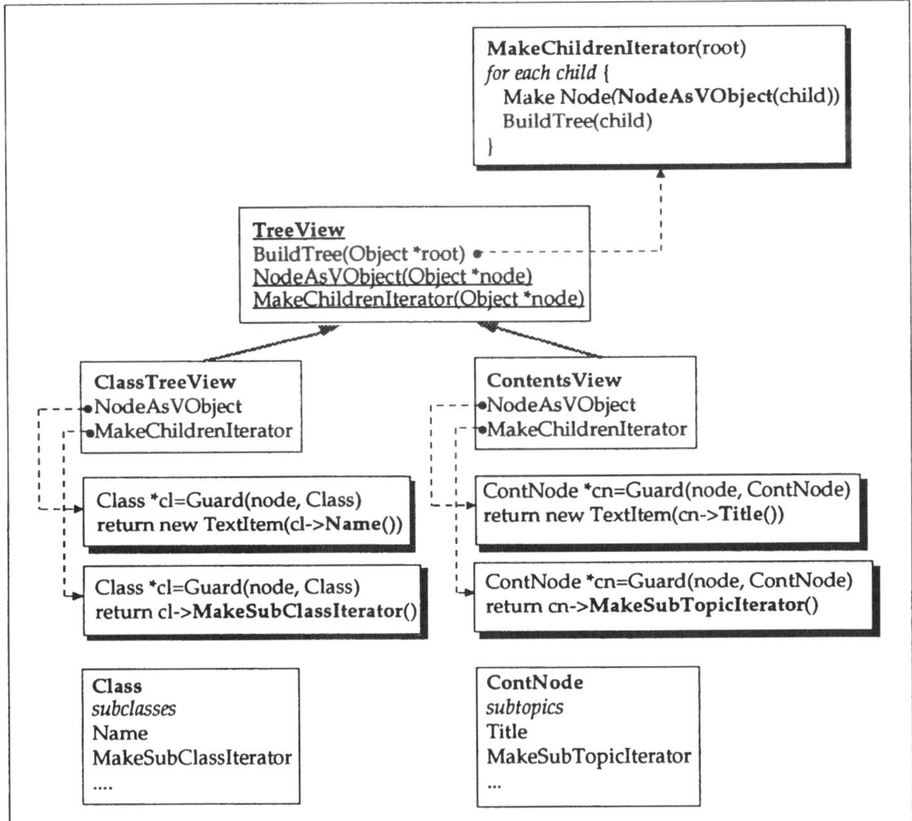

Abb. 5.49: Die Klasse TreeView als Beispiel einer Adapterklasse

Die Bildung von Adapterklassen ist immer dann sinnvoll, wenn man Objekte kombinieren will:

- ohne dass ein standardisiertes Protokoll vorausgesetzt werden kann
- bestehende Klassen nicht modifiziert werden können oder sollen.

Das Konzept von Adapterklassen findet man auch in Smalltalk-80 bei den sogenannten *Pluggable Views* [LaL91]. In Smalltalk-80 erfolgt die Protokolladaption aber nicht durch das Überschreiben abstrakter Adaptermethoden, sondern durch die Übergabe von Methoden als Parameter.

Die im Zusammenhang mit dem HierarchyBrowser-Framework beschriebene Klasse HierarchyBrowser (Abb. 5.19) ist ebenfalls ein Beispiel einer Adapterklasse.

5.6 Design-Muster für die Gestaltung der Klassenschnittstelle

Nachdem bisher verschiedene Design-Muster für die Gestaltung der Organisation einer Klassenhierarchie sowie für den Interaktions-Design beschrieben wurden, folgen in diesem Abschnitt Design-Muster für die Gestaltung der Klassenschnittstelle einer individuellen Klasse. Wir beginnen diesen Abschnitt mit einigen allgemeinen Grundregeln für die Gestaltung der Klassenschnittstelle.

5.6.1 Allgemeine Grundregeln

Starke Klassenbindung

Ziel bei der Gestaltung einer Klassenschnittstelle ist eine starke Klassenbindung. Eine Klasse mit starker Klassenbindung zeichnet sich durch die Realisierung von *genau einer* Abstraktion aus. Bei starker Klassenbindung existiert deshalb ein enger Zusammenhalt zwischen den einzelnen Methoden und Instanzvariablen. Eine starke Klassenbindung führt zu Klassen mit einer besseren Verständlichkeit und einer verbesserten Wiederverwendbarkeit. Klassen, die aus einem Sammelsurium von Methoden bestehen, haben eine schwache Klassenbindung. Die Aufspaltung einer Klasse mit schwacher Bindung in mehrere unabhängige Klassen verbessert in solchen Fällen die Klassenbindung.

Enge Kommunikationskanäle

Ein weiteres Ziel bei der Gestaltung einer Klassenschnittstelle sind möglichst enge Kommunikationskanäle [Joh88, Mey88]. Ein Kommunikationskanal ist typischerweise dann breit, wenn einer Methode viele Argumente zu übergeben sind. Die Existenz solcher breiten Kanäle lassen einen komplexen Datenfluss innerhalb einer Applikation vermuten.

Pro Aufgabe der Klasse eine Methode

Im Hinblick auf die Anpassung einer Klasse durch Ableitung sollte für jede Aufgabe, die eine Klasse realisiert, eine eigene Methode zur Verfügung gestellt werden. Dieses Vorgehen führt zu relativ kleinen, fein zerlegten Methoden. Diese feine Zerlegung von Methoden erlaubt es in abgeleiteten Klassen, ein bestimmtes Verhalten selektiv ohne Code-Duplizierung anzupassen. Eine grobkörnige Methodenstruktur einer Klasse führt zu Code-Duplizierungen, falls der Klient in einer abgeleiteten Klasse nur einen Ausschnitt einer Methode an seine Bedürfnisse anpassen will. In solchen Fällen hat der Klient keine andere Wahl, als in der abgeleiteten Klasse den Code zu duplizieren und den gewünschten Ausschnitt anzupassen.

Die Entwickler von Loops bezeichnen das Problem einer nicht zerlegten Methode bei der Ableitung einer Klasse als Granularitäts-Konflikt (*Grain-Size-Conflict*) [Ste86].

Die Regel pro Aufgabe der Klasse eine eigene Methode zu bilden, führt auch zu kleinen Methodenrümpfen. In Smalltalk-80 zum Beispiel umfasst im Durchschnitt eine Methode sieben und in ET++ zehn Zeilen Code.

Ausdruckskraft der Namen

In der objektorientierten Programmierung wird ein Software-System als eine Menge kommunizierender Objekte betrachtet. Eine wichtige und anspruchsvolle Tätigkeit bei der Gestaltung der Klassenschnittstelle ist die Definition der Sprache bzw. der Botschaftsnamen, die zur Beschreibung der Kommunikation unter den Objekten verwendet wird. Ausdrucksstarke Namen vermitteln dem Klienten ein hohes Mass an Semantik einer Botschaft. Lalonde schlägt deshalb beim Entwurf eine Institutionalisierung der Gestaltung von Namen vor [Bec88].

Eine ausdrucksstarke Namensgebung gewinnt insbesonders bei wiederverwendbaren Klassen an Bedeutung [Mey90]. Eine einheitliche und konsequente Namensgebung vermindert den Lernaufwand einer Klassenbibliothek. Dank guten Namen muss der Klient weniger eine Klassenbibliothek erlernen, sondern eher ihre *Sprache*.

Evaluation der Klassenschnittstelle

Unmittelbar nach der Definition der Klassenschnittstelle sollte versucht werden, mit ihr zu programmieren und sie an Beispielen anzuwenden. Typischerweise zeigen sich dabei bereits ihre Schwachstellen. Sie können so schon vor der Implementation behoben werden [Lal91].

Nach diesen allgemeineren Regeln werden im folgenden die wichtigsten Design-Muster für die Gestaltung der Klassenschnittstelle beschrieben, die sich aus der Realisierung von ET++ ergeben haben.

5.6.2 Elementare und zusammengesetzte Methoden

Eine Klasse, die nicht schon beim Entwurf für die Ableitung konzipiert wurde, ist in der Regel vom Klienten nachträglich nur schwer erweiterbar. Ein wichtiges Design-Muster, das die Ableitung von Klassen vereinfacht, ist die Einteilung ihrer Methoden in *elementare* und *zusammengesetzte* Methoden. Eine zusammengesetzte Methode besteht aus dem Aufruf mehrerer elementarer Methoden. Ziel beim Entwurf der Klassenschnittstelle ist es, möglichst *viele* ihrer Methoden auf möglichst *wenige* elementare Methoden zurückzuführen. Bei der Ableitung einer neuen Klasse müssen bei diesem Vorgehen typischerweise nur die elementaren Methoden überschrieben werden. Die Schnittstelle zu abgeleiteten Klassen wird dadurch *eng*. Lalonde bezeichnet dieses Vorgehen auch als "Design by Primitives" [Lal89].

Die Unterscheidung elementarer und zusammengesetzter Methoden ist bei den Wurzeln von Klassenfamilien von besonderer Bedeutung, da auf diese Art und Weise die Realisierung neuer Familienmitglieder stark vereinfacht wird.

Elementare Methoden sind Kandidaten für abstrakte Methoden in abstrakten Klassen. Zusammengesetzte Methoden können mit diesen abstrakten Methoden als Grundlage in die abstrakte Klasse verlagert werden. Sie bilden so das Gerüst für die Ableitung neuer Klassen.

5.6.3 Virtuelle Konstruktoren

In der objektorientierten Programmierung können dank dynamischer Bindung und Polymorphismus Algorithmen abstrakt und losgelöst von konkreten Klassen definiert werden. Diese Unabhängigkeit von konkreten Klassen hört dann auf, wenn Objekte erzeugt werden müssen. Bei der Erzeugung muss immer der konkrete Klassenname angegeben werden.

Auch die Erzeugung von Objekten kann aber abstrakt mittels der Technik *virtueller Konstruktoren* erfolgen [Ell90]. Ein virtueller Konstruktor ist eine dynamisch gebundene Methode, die als Rückgabewert ein neu erzeugtes Objekt liefert. Beim statischen Typ des Rückgabewertes handelt es sich in der Regel um eine abstrakte Klasse. Der Aufrufer des virtuellen Konstruktors muss sich dadurch nicht festlegen, was für ein Objekt er konkret als Rückgabewert erwartet. Virtuelle Konstruktoren sind oft als abstrakte Methoden definiert, die von abgeleiteten Klassen konkretisiert werden. Erst in der Konkretisierung wird festgelegt, welcher Klasse das erzeugte Objekt angehört. In ET++ enthalten virtuelle Konstruktoren den Term "Make" in ihrem Namen.

Virtuelle Konstruktoren sind ein wichtiges Hilfsmittel bei der Gestaltung einer System-Architektur. Sie wurden in ET++ für unterschiedliche Zwecke eingesetzt.

Verlagerung der Erzeugung von Objekten in Frameworks

Eine wichtige Eigenschaft eines Frameworks ist die Verwaltung und der Aufbau von bestimmten Beziehungen zwischen Objekten. Die eigentliche Erzeugung der Objekte kann aber oft nicht schon innerhalb des Frameworks erfolgen, da das Framework keine Kenntnis der konkret verwendeten Klassen hat. In einem Framework wird deshalb die Erzeugung der applikationsspezifischen Objekte vom Framework und somit von der Klassenbibliothek in den Applikations-Code verlagert. Diese Verlagerung der Erzeugung erfolgt dabei mittels virtueller Konstruktoren.

Eine Framework-Klasse definiert für diesen Zweck einen virtuellen Konstruktor als abstrakte Methode, die der Klient für die Erzeugung eines applikationsspezifischen

Objekts überschreibt. Durch den Aufruf des virtuellen Konstruktors erzeugt die Framework-Klasse jeweils bei Bedarf ein applikationsspezifisches Objekt. Die Entscheidung, welche Objekte erzeugt werden sollen, wird so dem Klienten überlassen. Der Typ des Rückgabewerts des virtuellen Konstruktors legt dabei fest, welches Protokoll ein erzeugtes Objekt unterstützen muss. Ein Klient eines Frameworks erzeugt in einem virtuellen Konstruktor sein applikationsspezifisches Objekt und übergibt es anschliessend dem Framework zur Verarbeitung.

In ET++ erzeugt zum Beispiel das Application-Objekt die Dokumente, die von ihm verwaltet werden, über den virtuellen Konstruktor DoMakeDocument. DoMakeDocument liefert als Rückgabewert ein Document. Eine konkrete, von Application abgeleitete Klasse überschreibt DoMakeDocument und legt darin fest, welche Dokumente in der konkreten Applikation verwendet werden (Abb. 5.50).

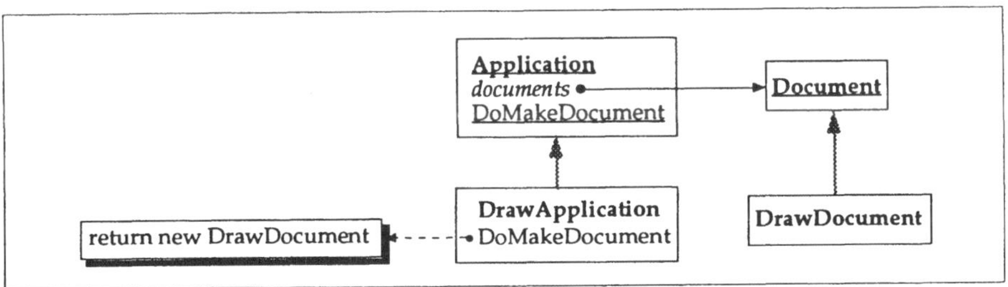

Abb. 5.50: DoMakeDocument als Beispiel eines virtuellen Konstruktors

Weitere Beispiele für die Anwendung virtueller Konstruktoren aus ET++ sind:

- DoMakeWindows der Klasse Document für die Erzeugung von Fenstern.
- DoMenuCommand, DoLeftButtonDownCommand, DoKeyCommand für die Erzeugung von Command-Objekten.

Virtuelle Konstruktoren für die Parameterisierung der Komponenten eines Objekts

Auf die Objekte, die von einem Objekt intern erzeugt werden, hat der Klient im Sinne der Idee der Abkapselung der Repräsentation keinen direkten Zugriff. Es kann aber die Offenheit einer Klasse verbessern, wenn der Klient auf eine strukturierte Art und Weise festlegen kann, welche Objekte sie intern erzeugt. Dieser Freiheitsgrad erlaubt es dem Klienten, ein intern erzeugtes Objekt durch Ableitung von seiner entsprechenden Klasse zu erweitern.

Eine Möglichkeit, eine Klasse in dieser Hinsicht offen zu gestalten, beruht ebenfalls auf virtuellen Konstruktoren. Ein internes Objekt wird dabei nicht mehr *direkt*, sondern *indirekt* über einen virtuellen Konstruktor erzeugt, den der Klient bei Bedarf überschreiben kann.

Ein Beispiel für eine solche Anwendung eines virtuellen Konstruktors findet man in ET++ bei der Klasse Document. Die Klasse Document erzeugt intern ein Dialogfenster, eine Instanz der Klasse FileDialog, mit dem der Benutzer das zu öffnende Dokument auswählt. Damit der Klient die Möglichkeit hat, für das Öffnen seiner Dokumente einen eigenen, erweiterten Dialog zu verwenden, wird ein FileDialog indirekt über den virtuellen Konstruktor DoMakeFileDialog erzeugt (Abb. 5.51).

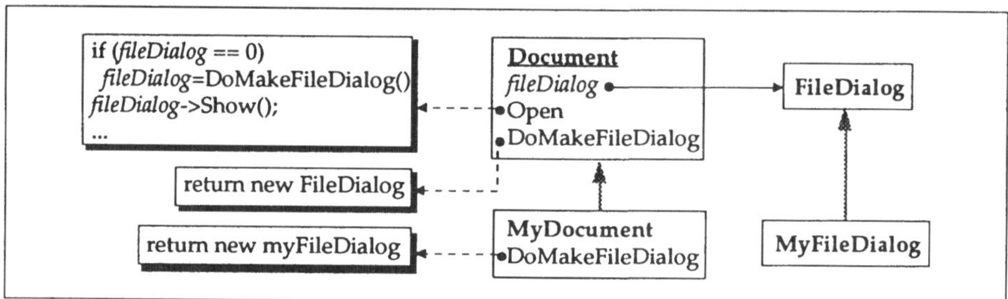

Abb. 5.51: Virtuelle Konstruktoren für die Erweiterung einer Komponenten einer Klasse

Durch Ableitung einer erweiterten Klasse (MyFileDialog) von FileDialog und das Überschreiben des virtuellen Konstruktors DoMakeFileDialog wird innerhalb der Klasse Document die Klasse MyFileDialog-Klasse verwendet.

Virtuelle Konstruktoren dieser Art helfen, die Schnittstelle für die Ableitung von Klassen eng zu gestalten. Ohne einen virtuellen Konstruktor müsste der Klient im vorherigen Beispiel alle Methoden überschreiben, die innerhalb der Klasse Document auf das FileDialog-Objekt zugreifen. In den überschriebenen Methoden muss dann dafür gesorgt werden, dass ein Zugriff auf das erweiterte FileDialog-Objekt erfolgt. Dank der Anwendung eines virtuellen Konstruktors muss der Klient aber lediglich diese eine Methode überschreiben.

Fabrikmethoden

Die bisher betrachteten virtuellen Konstruktoren dienen dem Eigenbedarf einer Klasse, d.h. sie werden innerhalb der Klasse aufgerufen, in der sie definiert wurden. Virtuelle Konstruktoren, die für den Aufruf von Klienten ausserhalb der Klasse konzipiert wurden, bezeichnen wir als *Fabrikmethoden*. Mit diesen Methoden kann der Klient *abstrakt* die Erzeugung von Objekten anfordern. Abstrakt deshalb, da der statische Typ des Rückgabewerts des virtuellen Konstruktors einer abstrakten Klasse entspricht. Es ist die Aufgabe des virtuellen Konstruktors zu entscheiden, welches konkrete Objekt als Resultat für den Klienten erzeugt werden soll. Ein Beispiel einer Klasse mit Fabrikmethoden haben wir bereits bei der Besprechung der ET++ Fenstersystem-Subsysteme (5.4.3) angetroffen. Die abstrakte Fabrikklasse WindowSystem stellt dabei virtuelle Konstruktoren wie MakeBitmap, MakeFont usw. zur Verfügung. Mit diesen Methoden kann der Klient abstrakt die Erzeugung von Ressourcen des Fenstersystems anfordern.

Ein weiteres Beispiel einer Fabrikmethode ist die Methode MakeIterator der Collection-Klassen. Collection-Klassen legen durch das Überschreiben von MakeIterator ihren entsprechenden Iterator fest (Abb. 5.52). Der Klient kann dann über den Aufruf von MakeIterator von einer Collection abstrakt ein Iterator-Objekt anfordern, ohne dass er die konkrete Iterator-Klasse kennen muss.

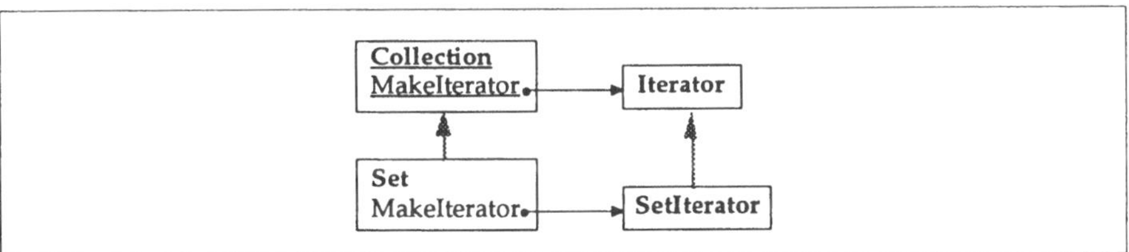

Abb. 5.52: MakeIterator als Beispiel einer Fabrikmethode

5.6.4 Standardmethoden ("Defaults")

Eine weitere Methodenart, die das Ableiten von Klassen vereinfacht, bezeichnen wir als Standardmethoden. Standardmethoden sind konzeptionell zwischen abstrakten und konkreten Methoden einzuordnen. Es handelt sich dabei um eine Methode, die der Klient bei Bedarf überschreiben *kann* im Gegensatz zu einer abstrakten Methode aber nicht überschreiben *muss*. Standardmethoden haben den Zweck, den abgeleiteten Klassen eine Standardimplementation einer Methode zur Verfügung stellen. Standardmethoden sind bewusst sehr allgemeingültig und oft ohne Rücksicht auf Effizienz implementiert. Der Klient hat aber durch das Überschreiben einer solchen Methode immer noch die Möglichkeit, ihre Implementation aus Effizienzgründen anzupassen.

5.6.5 Sequenz- und Einschubmethoden

Abstrakte Klassen und insbesonders Framework-Klassen können dem Klienten abstrakt definierte Algorithmen zur Verfügung stellen. Die Definition der Algorithmen auf einem abstrakten Niveau erfolgt durch den Aufruf von Methoden, die in abgeleiteten Klassen überschrieben werden. Durch das Überschreiben dieser Methoden wird ein abstrakt definierter Algorithmus konkretisiert. Die Methoden, die durch das Überschreiben in den Algorithmus eingeschoben werden, bezeichnen wir als

Einschubmethoden. Das Gegenstück zu Einschubmethoden, mit denen ein Algorithmus abstrakt definiert wird, bezeichnen wir als *Sequenzmethode*, da sie intern aus einer Aufrufsequenz abstrakter und konkreter Methoden besteht. Sequenzmethoden werden im Gegensatz zu den Einschubmethoden in abgeleiteten Klassen direkt ohne Überschreiben wiederverwendet. RDD verwendet anstelle des Begriffs Sequenzmethode die Bezeichnung *Template Method*. Die Hervorhebung von Sequenzmethoden ist für die Klienten der Klasse hilfreich. Ein grosser Teil des Designs einer Klasse steckt in ihren Sequenzmethoden.

Das folgende Code-Beispiel zeigt, wie die Sequenzmethode OpenDocument der Klasse Application den Algorithmus zum Öffnen eines existierenden Dokuments abstrakt definiert:

```
void Application::OpenDocument(char *name)
{
        if (!CanOpenDocument(name)) {                          ①
                ShowAlert("Cannot handle document %s", name);
                return;
        }
        Document *dp= DoMakeDocument();                        ②
        if (dp) {
                documents->Add(dp);
                dp->OpenWindows();                             ③
                dp->DoRead(name);                              ④
        }
}
```

In diesem Beispiel erkennt man auch, wie virtuelle Konstruktoren ②, Standardmethoden ① sowie Einschubmethoden ④ für die Definition des Algorithmus aufgerufen werden. Weiter ist ersichtlich, wie OpenDocument für eine gleichmässige Verteilung von Verantwortlichkeiten auf mehrere Klassen sorgt. Durch den Aufruf der Sequenzmethode OpenWindows von Document ③ wird die Realisierung der Sequenz zum Öffnen eines Fensters der Klasse Document überlassen.

5.6.6 Iteratoren

Das Konzept von Iteratoren ist ein bewährtes Design-Muster für die Gestaltung der Klassenschnittstelle von Klassen, die intern Sammlungen von Objekten verwalten. Iteratoren können als *Begleiterklasse* einer anderen Klasse bezeichnet werden. Die Iterator-Klasse stellt dabei das Protokoll für das Aufzählen der Elemente der Objektsammlung zur Verfügung und speichert den aktuellen Zustand der Aufzählung. Iteratoren sind ein wichtiges Hilfsmittel für die Abstraktion von der internen Speicherung von Objektsammlungen.

Das Konzept des Iterators wurde in Abschnitt 3.5.1 bereits ausführlich im Zusammenhang mit den ET++ Container-Klassen beschrieben.

5.6.7 Double-Dispatching

Ein weiteres Design-Muster für die Gestaltung von Klassenschnittstellen ist das sogenannte *Double-Dispatching* [Ing86, Heb90]. In der objektorientierten Programmierung bestimmt jeweils das Empfängerobjekt einer Botschaft, welche Methode ausgeführt wird. In bestimmten Situationen ergibt sich aber das Bedürfnis, dass die auszuführende Methode in Abhängigkeit von mehr als nur einem Objekt bestimmt wird. Ein Beispiel dafür ist die Ausgabe unterschiedlicher graphischer Objekte auf unterschiedlichen Ausgabemedien (Drucker, Fenster). Die dabei auszuführende Ausgabeoperation hängt sowohl vom graphischen Objekt als auch vom verwendeten Ausgabemedium ab. Die spezielle Form von Polymorphismus, die dabei zur Anwendung kommt, bezeichnet man als *mehrfachen Polymorphismus*.

Mit Double-Dispatching kann mehrfacher Polymorphismus in mehreren Schritten auf einfachen Polymorphismus zurückgeführt werden[1]. Bei jedem Schritt wird dabei eine Botschaft an ein Objekt versendet, von dem die auszuführende Operation abhängig ist. Dabei ist jeweils die Klasse des Senders in den Botschaftsnamen kodiert. Auf diese Art entsteht schliesslich eine Botschaft, die nur in Abhängigkeit von einem Objekt ausgeführt werden kann, da die Klassennamen der anderen Objekte im Botschaftsnamen kodiert sind.

Die Anwendung dieser Technik ist in Abb. 5.53 mit einem Beispiel aus ET++ illustriert. Die Abbildung zeigt wie mit Double-Dispatching die Ausgabe unterschiedlicher graphischer Objekte auf unterschiedlichen Ausgabemedien gelöst wurde.

In Abb. 5.53 ist ersichtlich, wie in der Implementation der Draw-Methoden jeweils der Klassenname des Empfängers (Rectangle, Circle) in einen Botschaftsnamen kodiert ist (DrawRectangle, DrawCircle). Diese Botschaft wird dann an das Port-Objekt weitergereicht. Dank diesem Vorgehen wird im folgenden Code-Ausschnitt beim Aufruf von Draw die DrawCircle-Methode der Klasse WindowPort ausgeführt, d.h. es wird in Abhängigkeit der Objekte aShape und aPort die auszuführende Methode bestimmt:

```
Shape *aShape= new Circle;
Port *aPort= new WindowPort;
aShape->Draw(aPort);
```

Double-Dispatching hat den Nachteil, dass bei der Einführung neuer Klassen häufig auch bestehende Klassen modifiziert werden müssen. Wenn zum Beispiel die Shape-Familie von Abb. 5.53 um eine Klasse LineShape erweitert wird, müssen auch die Klassen Port, WindowPort und PrinterPort mit einer DrawLine-Methode ergänzt werden. In ET++ wird dieses Problem verhindert, indem die Klasse Port Elementaropera-

---

1 Mehrfacher Polymorphismus wird von der Programmiersprache CLOS [Kee88] direkt unterstützt.

tionen zur Verfügung stellt, mit denen auch neue Shape-Objekte dargestellt werden können.

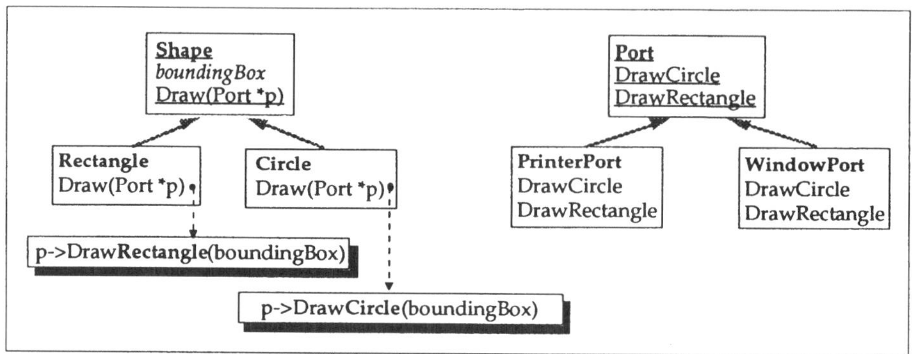

Abb. 5.53: Die Anwendung von Double-Dispatching für die Darstellung graphischer Objekte auf unterschiedlichen Ausgabemedien

5.7 Muster für die Reorganisation von Klassenhierarchien

Der Entwurf und die Realisierung wiederverwendbarer Klassen ist anspruchsvoll und verlangt mehrere Iterationen. Aussagen von Entwicklern von Klassenbibliotheken und Frameworks bestätigen dies:

- "You rarely get it right the first time" [Bec88].
- "Good Frameworks are the result of many design iterations and a lot of hard work (...)" [Opd90].[1]

Die Realisierung einer wiederverwendbaren Klasse benötigt somit mehrere Iterationen. Die Reorganisation oder der Redesign von Klassenstrukturen ist deshalb eine wichtige Tätigkeit bei der objektorientierten Software-Entwicklung. Wir stufen die Reorganisation einer Klassenhierarchie genauso wichtig wie ihr ursprünglicher Design ein.

Typische Ursachen für die Durchführung von Reorganisationen sind:

- Bevor eine allgemeine, wiederverwendbare Abstraktion definiert werden kann, muss man zuerst einige ihrer speziellen Ausprägungen kennen. Der erste Wurf einer Klasse ist deshalb meist speziell und applikationsspezifisch.

---

1 Ähnliche Aussagen dazu findet man auch in den Aufsätzen [Mey90, Joh88, Gos90].

- An unterschiedlichen Stellen der Klassenhierarchie wurden ähnliche Mechanismen implementiert.
- Erfahrungen bei der Wiederverwendung zeigen, dass sich die Flexibilität der Klassen verbessern lässt.
- Es werden Inkonsistenzen in der Klassenhierarchie entdeckt. Typische Beispiele dafür sind inkonsistente Namen für Methoden und Klassen.

In Übereinstimmung mit Johnson [Joh88] und Opdyke [Opd90] traten bei der Entwicklung von ET++ häufig ähnliche Muster bei Reorganisationen auf. Durch die Untersuchung der Evolution einer Klassenhierarchie lassen sich ebenfalls wichtige Rückschlüsse im Bezug auf die Gestaltung von Klassenhierarchien ableiten.

Die Muster, die für die Reorganisation einer Klassenhierarchie angewendet werden können, unterteilen wir in die drei Kategorien:

- *Vertikale Reorganisationen*
  Bei diesen Reorganisationen wird eine Klassenhierarchie vertikal entlang von Vererbungsbeziehungen umstrukturiert.
- *Horizontale Reorganisationen*
  Bei horizontalen Reorganisationen werden Klassen horizontal in mehrere Klassen aufgebrochen, oder die Klassenhierarchie wird horizontal durch Hinzufügung neuer Klassen erweitert.
- *Klasseninterne Reorganisationen*
  Klasseninterne Reorganisationen spielen sich auf der Stufe individueller Klassen ab.

Die Durchführung einer Reorganisation einer Klassenhierarchie verlangt von der Seite des Entwicklers die Bereitschaft, eine korrekt funktionierende Klasse noch einmal zu überarbeiten. Beck [Bec88] schreibt dazu: "Useful abstractions are usually created by programmers with an obsession for simplicity; who are willing to rewrite code several times to produce easy-to-understand and easy-to-specialize classes".

5.7.1 Vertikale Reorganisationen

Verschiebung von Struktur

Eine bekannte vertikale Reorganisation ist die Heraushebung gemeinsamer Eigenschaften von Klassen in eine gemeinsame Basisklasse. Für diese Reorganisation hat sich der Begriff "*Promotion of Structure*" [Ste86] eingebürgert.

Wie bereits erwähnt wurde, ist der erste Wurf einer Klasse häufig zu konkret. Bei der Entwicklung weiterer ähnlicher Klassen schält es sich im Verlaufe der Zeit heraus, welche Eigenschaften in eine gemeinsame Basisklasse herausfaktorisiert werden können.

Ein Beispiel aus ET++ ist die Entstehung der Klasse CollectionView. Diese Klasse war ursprünglich eine spezielle Klasse für Pop-up-Menüs. Als dann im Verlaufe der Zeit verschiedene Arten von Menüs wie Pull-Down-Menüs, Menübalken und Paletten dazu kamen, wurde ihr gemeinsames Grundverhalten in einer Klasse CollectionView zusammengefasst.

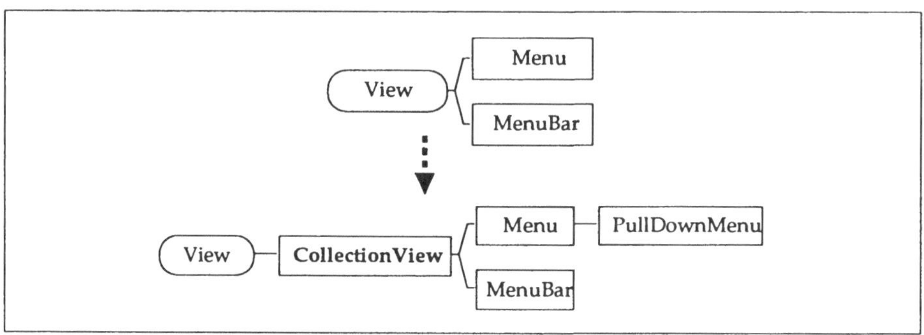

Abb. 5.54: "Promotion of Structure"

Die Entstehung der Klasse CollectionView illustriert, wie aus einer speziellen Klasse nach mehreren Iterationen eine allgemeine, wiederverwendbare Klasse entstehen kann. Die Klasse CollectionView gehört heute zu einer häufig wiederverwendeten Klasse. Sie kann immer dann verwendet werden, wenn der Benutzer aus einer Liste eine Auswahl treffen muss.

Heraushebung von Protokollen

Genau so wichtig wie das Verschieben von Struktur ist eine Reorganisation, die sich als *Heraushebung von Protokollen* bezeichnen lässt. Bei dieser Reorganisation steht nicht die Faktorisierung gemeinsamer Strukturen im Vordergrund. Durch die Analyse existierender Klassen geht es dabei darum, ein gemeinsames Protokoll für den Umgang mit Objekten zu finden. Das Musterbeispiel aus ET++ ist die Entwicklung der Klasse VObject, die schon im Zusammenhang mit der Beschreibung der Bottom-Up-Entwicklung einer Klassenfamilie gezeigt wurde (5.4.1, Abb. 5.9).

Ein Ziel bei der Durchführung solcher Reorganisationen ist die Gestaltung möglichst abstrakter Klassen. Klassen dieser Art sollten wie die Klasse VObject im wesentlichen nur ein Protokoll definieren und ihre konkrete Realisierung weitgehend offen lassen.

Promotion von Parameterklassen

Eine weitere vertikale Reorganisation, die insbesonders im Zusammenhang mit Black-Box-Klassen wichtig ist, bezeichnen wir als *Promotion von Parameterklassen*. Dabei handelt es sich um eine Verallgemeinerung einer Black-Box-Klasse, indem ihre

Parameterklassen weiter oben in der Klassenhierarchie angesiedelt werden. Durch das Anheben des Abstraktionsgrades der Parameterklassen wird ein breiteres Anwendungsspektrum der Black-Box-Klasse erreicht.

In einer ersten Version akzeptierte zum Beispiel die Klasse CollectionView nur Objekte der Klasse MenuItem als Parameter. Das Anwendungsspektrum von CollectionView war dadurch auf die Darstellung von MenuItem-Objekten beschränkt. Bei einer späteren Reorganisation konnte der statische Typ der Parameterklasse von MenuItem auf die Klasse VObject geändert werden (Abb. 5.55). Um diese Reorganisation zu ermöglichen, mussten bestimmte Methoden von MenuItem nach VObject verlagert werden. Die eigentliche Kunst bei dieser Art von Reorganisationen besteht darin, das existierende Protokoll der allgemeineren Klasse nur *minimal* zu erweitern.

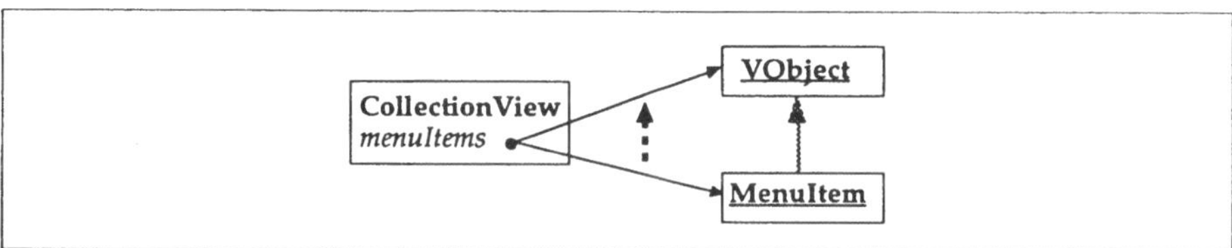

Abb. 5.55: Promotion einer Parameterklasse

Aufspalten einer grossen Klasse in eine Familie

Eine grosse und komplexe Klasse – gemessen an der Anzahl ihrer Methoden und Instanzvariablen – gibt meist einen Hinweis auf einen unausgereiften Entwurf. Grosse Klassen sind oft bereits überspezialisiert, dadurch schwer verständlich und meist schlecht wiederverwendbar. Absolute Zahlen für die maximale Grösse einer Klasse zu definieren ist kaum sinnvoll. Verschiedene Autoren [Mey88, Joh88] betrachten 20-30 öffentliche Methoden als eine vernünftige Grösse.

Eine Möglichkeit, eine grosse Klasse in verschiedene modulare Klassen aufzubrechen, ist ihre Aufspaltung in eine Familie von Klassen, d.h. die Funktionalität wird auf mehrere Stufen der Klassenhierarchie verteilt. Ein Beispiel aus ET++ ist die Aufspaltung der Klasse TextView in die zwei Klassen StaticTextView und TextView. Eine StaticTextView kann einen Text formatieren und darstellen. TextView ist von StaticTextView abgeleitet. Sie erweitert StaticTextView mit Methoden für die Verwaltung einer Selektion und das interaktive Editieren. Solche Aufspaltungen verbessern die Modularität und der Klient hat mehr Kontrolle darüber, welche Funktionalität er verwenden will.

Ausserdem ist eine Aufspaltung dann angezeigt, wenn eine Klasse zuviele Spezialfälle behandelt. Eine solche Klasse kann durch eine Aufspaltung in eine Klassenfamilie vereinfacht und verallgemeinert werden. Die Behandlung der Spezialfälle wird dabei auf mehrere spezialisierte Erben verteilt.

Einführung abstrakter Klasse zur Eliminierung von Ersetzungsmethoden

Wir sprechen von einer Ersetzungsmethode, wenn in einer abgeleiteten Klasse eine konkrete Methode vollständig durch eine eigene Implementation ersetzt wird. Findet man in einer abgeleiteten Klasse mehrere solcher Ersetzungsmethoden, ist das ein Hinweis auf eine fehlende Zwischenabstraktion. Eine abgeleitete Klasse sollte das Verhalten ihrer Basisklasse erweitern und nicht ersetzen.

Ersetzungsmethoden können eliminiert werden, indem die Klassen nicht direkt voneinander abgeleitet werden, sondern eine gemeinsame abstrakte Klasse definiert wird. In der abstrakten Klasse sind die Ersetzungsmethoden als abstrakte Methoden definiert, die in den abgeleiteten Klassen konkretisiert werden. In Abb. 5.56 überschreibt K2 die konkreten Methoden M2 und M3 von K1 vollständig. Diese beiden Ersetzungsmethoden können durch die Einführung einer abstrakten Klasse AK, die diese Methoden abstrakt definiert, eliminiert werden.

Eine andere Ursache für Ersetzungsmethoden sind Granularitätskonflikte beim Überschreiben von Methoden. Ersetzungsmethoden dieser Art können durch die Aufspaltung in mehrere kleinere Methoden eliminiert werden.

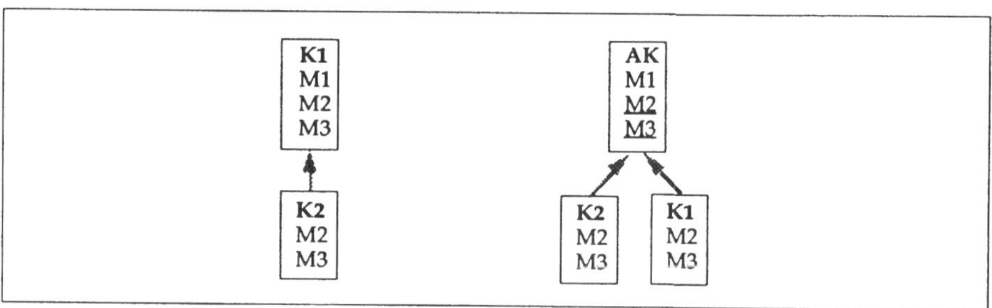

Abb. 5.56: Eliminierung von Ersetzungsmethoden

5.7.2 Horizontale Reorganisationen

Bei der Wiederverwendung von Klassen kann es sich zeigen, dass die Verantwortlichkeiten unter den Klassen nicht richtig verteilt sind. In Klassenhierarchien findet man am Anfang ihre Entwicklungsstadiums häufig Klassen, die zuviele Verantwortlichkeiten wahrnehmen. Horizontale Reorganisationen haben das Ziel, die Verantwortlichkeiten gleichmässiger zu verteilen.

Aufspaltung einer Klasse in ein Team

Klassen, die zuviele Verantwortlichkeiten wahrnehmen, sind meist umfangreich und schwerfällig. Solche Klassen können wie bereits beschrieben in Klassenfamilien aufgebrochen werden. Eine andere Möglichkeit ist die Aufbrechung einer Klasse in ein Team kooperierender Klassen. Die Aufspaltung einer Klasse in ein Team kann sowohl zu einer verbesserten Modularität als auch zu mehr Flexibilität bei der Wiederverwendung führen. Ein gutes Hilfsmittel für die Untersuchung, wie die Verantwortlichkeiten auf Klassen verteilt sind bzw. umverteilt werden könnten, sind die CRC-Karten (vgl. dazu Abb. 5.1).

Eine zentrale Reorganisation aus ET++, die gemäss diesem Muster durchgeführt wurde, war die Aufspaltung der Klasse Frame in mehrere kooperierende Klassen. In einer der ersten Versionen von ET++ existierte eine Klasse Frame, die zur Darstellung eines Ausschnitts einer View in einem eigenen Koordinatensystem sowie zum Aufbau von Hierarchien solcher Frame-Objekte diente. Bei der Reorganisation wurde Frame in die Klassen CompositeVObject und Clipper aufgeteilt. Die Klasse Clipper realisiert nach der Aufspaltung die Funktionalität zur Darstellung einer View oder eines VObjects in einem eigenen Koordinatensystem, während die Klasse CompositeVObject die Bildung von Hierarchien graphischer Objekte unterstützt.

In Abb. 5.57 ist diese Aufspaltung mit CRC-Karten illustriert. Dank der Aufspaltung von Frame steht nun die hierarchische Komposition graphischer Objekte unabhängig von Clipping und Koordinatentransformationen zur Verfügung.

Abspaltung von Verfahrensklassen

Im Verlaufe der Evolution von ET++ wurde mehrmals nachträglich ein Verfahren, das in einer Klasse implementiert wurde, in eine eigene Verfahrensklasse abgespalten. Beispiele für solche Abspaltungen sind:

- TextView ⇒ TextFormatter
  Dabei wurde der Algorithmus für den Zeilenumbruch in eine Familie von TextFormatter-Klassen abgespalten (Abb. 5.11).
- Document ⇒ CommandProcessor
  Bei dieser Abspaltung wurde das Verfahren für die Interpretation von Command-Objekten aus Document in unterschiedliche CommandProcessor-Klassen ausgelagert. Die Interpretation von Befehlen kann dadurch unterschiedlich implementiert werden (einfacher und mehrfacher Undo-Redo). Der Klient hat die Wahl, welche CommandProcessor-Klasse er verwenden will.

Bei beiden diesen Abspaltungen übernimmt die abgespaltene Verfahrensklasse auch die Rolle einer Strategieklasse.

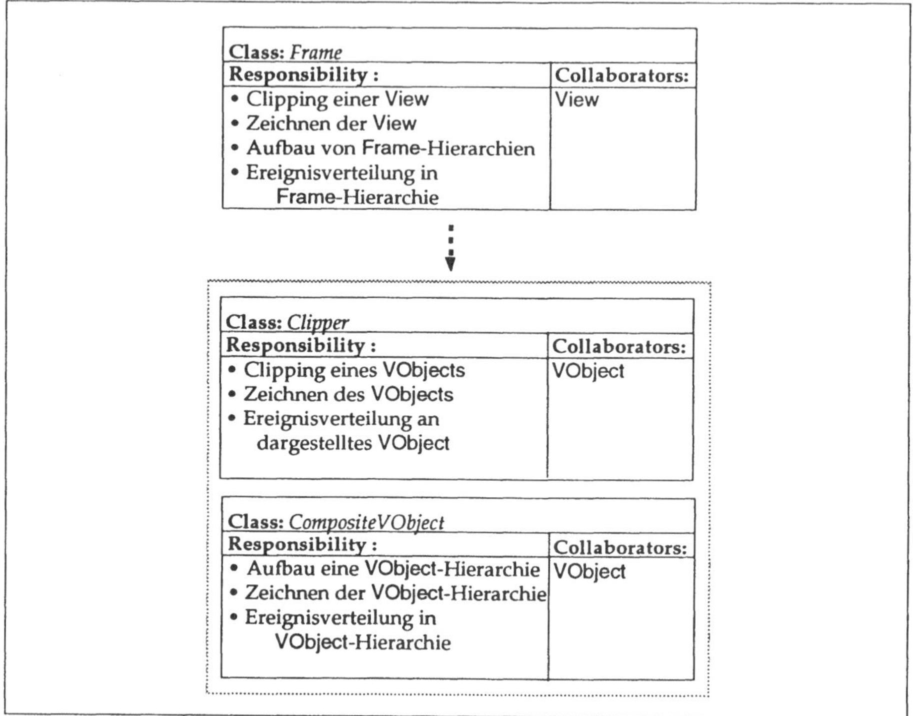

Abb. 5.57: Die Aufspaltung der Klasse Frame in ein Team, illustriert mit CRC-Karten

Umwandlung einer Vererbungsbeziehung in eine Komponentenbeziehung

Bei der Umwandlung einer Vererbungsbeziehung in eine Komponentenbeziehung handelt es sich sowohl um eine vertikale als auch eine horizontale Reorganisation. Eine solche Reorganisation wurde zum Beispiel in ET++ in der Systemklasse Bitmap durchgeführt (Abb. 5.58).

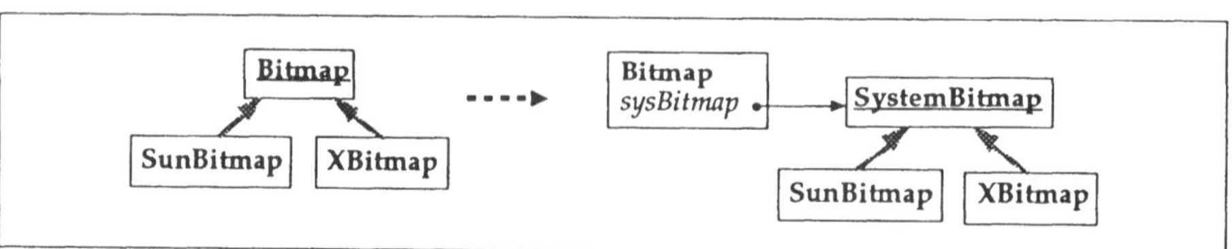

Abb. 5.58: Umwandlung einer Vererbungs- in eine Komponentenbeziehung

In der ursprünglichen Version wurden die unterschiedlichen Ausprägungen von Bitmaps der verschiedenen Fenstersysteme direkt von der abstrakten Klasse Bitmap abgeleitet. Im Hinblick auf eine strengere Abkapselung der Abstraktion Bitmap von ihren konkreten Implementation für unterschiedliche Fenstersysteme wurde die Vererbungs-Beziehung in eine Komponentenbeziehung umgewandelt. Die Klasse Bitmap verwaltet in dieser Version ein Objekt einer SystemBitmap-Klasse als eine Komponente. Die Implementationsklassen für die Bitmap-Abstraktion werden so stärker von den Klienten abgekapselt.

Zusammenfassen von Klassen zu einem eigenen Subsystem

Ebenfalls zu den horizontalen Reorganisationen zählen wir das Zusammenfassen mehrerer Klassen zu einem Subsystem. Bei dieser Reorganisation geht es nicht um die Umverteilung der Verantwortlichkeiten, sondern darum, Verantwortlichkeiten einer Gruppe von Klassen in einem Subsystem zusammenzufassen. Zweck dieser Reorganisation ist es, durch Bildung einer Vermittlerklasse für das Subsystem die Klassenkopplung im System zu reduzieren.

5.7.3 Klasseninterne Reorganisationen

Die wichtigsten Reorganisationen, die sich auf Stufe individueller Klassen abspielen, sind:

- *Namensänderungen*
  Auf die Bedeutung aussagekräftiger Namen für Klassen und Methoden wurde bereits hingewiesen. Im Verlaufe der Evolution einer Klassenhierarchie müssen deshalb mehrmals eigentliche Phasen der Namenskonsolidierung eingeschaltet werden.

- *Änderung der Granularität von Methoden*
  Bei dieser Reorganisation werden Methoden im Hinblick auf eine einfachere Anpassung in abgeleiteten Klassen in mehrere kleinere Methoden zerlegt.

  Ein Spezialfall einer Änderung der Granularität von Methoden ist die Umwandlung einer Methode in eine Sequenzmethode. Innerhalb der Methode werden dabei eine oder mehrere Einschubmethoden aufgerufen, die in abgeleiteten Klassen überschrieben werden können.

- *Öffnung einer Klasse mittels virtueller Konstruktoren*
  Eine Klasse kann für den Klienten offener gestaltet werden, wenn er bestimmte Komponenten, die innerhalb der Klasse erzeugt werden, erweitern und an die eigenen Bedürfnisse anpassen kann. Für diesen Zweck können in einer Klasse virtuelle Konstruktoren eingeführt werden.

5.7.4 Die Evolution von ET++

Als ein konkretes Beispiel für die Evolution einer Klassenhierarchie zeigen Abb. 5.59 und 5.60 zwei Schnappschüsse eines Ausschnitts der ET++ Klassenhierarchie.

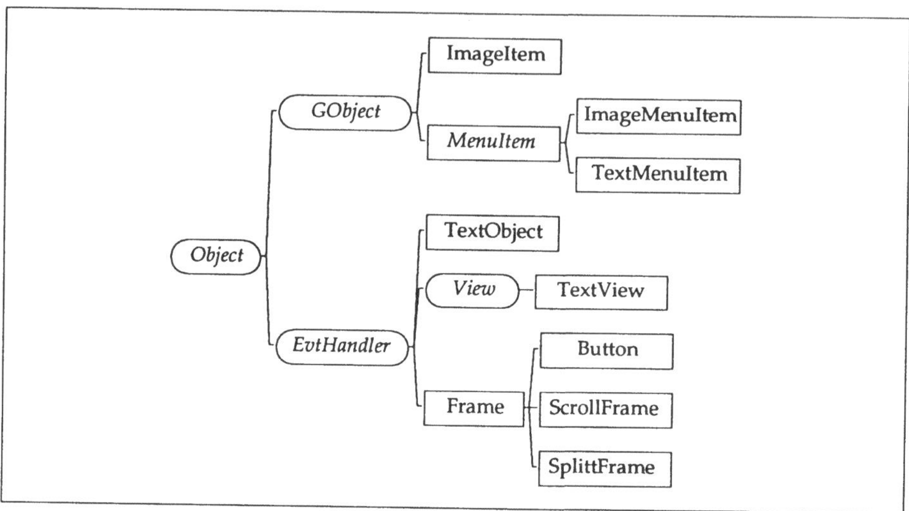

Abb. 5.59: ET++ 1.0

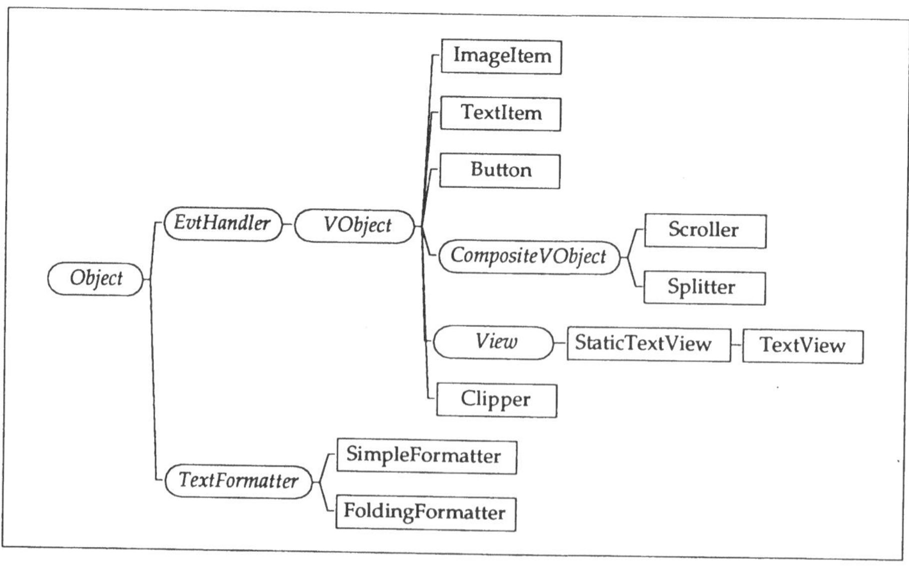

Abb. 5.60: ET++ 2.2

In der Klassenhierarchie von Abb. 5.59 war die Klasse GObject die Wurzelklasse für einfache graphische Objekte. Das Resultat der Evolution von ET++ 1.0 zu ET++ 2.2 ist in Abb. 5.60 dargestellt. Die dabei durchgeführten Reorganisationen umfassen:

Vertikale Reorganisationen

- Eine neue abstrakte und zugleich leichtgewichtige Klasse VObject wurde gebildet, von der alle graphischen Objekte abgeleitet sind.
- Promotion der Parameterklassen graphischer Black-Box-Klassen (von View und GObject zur Klasse VObject).
- Die Funktionalität der Klasse TextView wurde auf zwei Stufen der Klassenhierarchie verteilt (StaticTextView, TextView).

Horizontale Reorganisationen

- Abspaltung der Verfahrensklasse TextFormatter von StaticTextView.
- Aufspaltung der Klasse Frame in die Klassen Clipper und CompositeVObject.

Zu diesen vertikalen und horizontalen Reorganisationen kommen noch eine Vielzahl klasseninterner Reorganisationen (insbesonders Namensänderungen) dazu, die an dieser Stelle nicht im Detail beschrieben werden.

Erfahrungen bei der Evolution von ET++

Evolutionäre Änderungen und Iterationen sind eine unabdingbare Voraussetzung für gute Frameworks und Klassenbibliotheken – allerdings nimmt diese Evolution einen beträchtlichen Zeitraum in Anspruch! In Abb. 5.61 sind einige Erfahrungen bei der Evolution von ET++ illustriert.

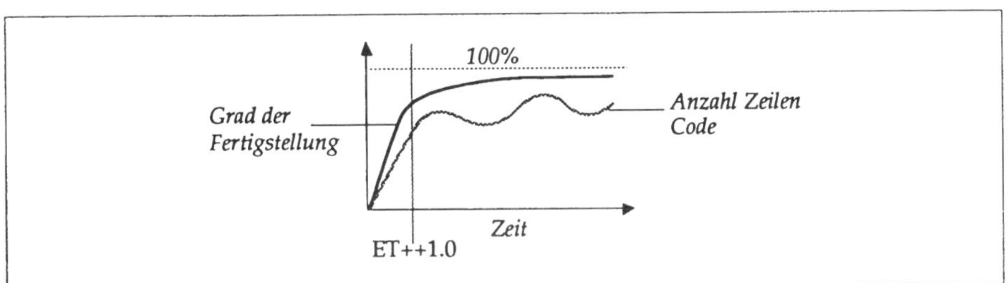

Abb. 5.61: Evolution von ET++

Wie man in Abb. 5.61 erkennt, liess sich mit Hilfe objektorientierter Techniken innert relativ kurzer Zeit eine nutzbare Klassenbibliothek erstellen, die bereits auch Klienten zur produktiven Nutzung zur Verfügung gestellt werden konnte (ET++1.0). Danach folgte aber eine Phase der Konsolidierung und evolutionärer Änderungen.

Von aussen betrachtet sank die Produktivität, und die Entwicklung stagnierte bezüglich der neu hinzugefügten Funktionalität. In diesen Phasen der internen Restrukturierungen ist der Umfang der Klassenbibliothek, gemessen an der Anzahl Zeilen Code, nicht andauernd gewachsen. Es gab dabei auch Phasen, während denen die Klassenbibliothek ohne Verlust an Funktionalität wieder schrumpfte (graue Kurve).

Die Entwicklung von ET++ ist bezüglich dieser langwierigen evolutionären Änderungen kein Einzelfall. Bei der Entwicklung von MacApp 2.0 verstrichen seit der Verfügbarkeit einer produktiv nutzbaren Beta-Version bis zur Fertigstellung der offiziellen Version 2.0 fast zwei Jahre! Diese Tatsache gibt einen Hinweis auf die mit der Entwicklung eines Frameworks verbundenen Management-Probleme. Johnson schreibt dazu [Joh91]: "Just as it is hard to invent scientific theories on schedule, it is hard to create frameworks on schedule. Thus, framework design should never be on the critical path of an important project. Frameworks cannot be designed according to a tight schedule, but must be treated more like other kinds of research". Die Nutzung der Framework-Technik verlangt deshalb einiges an Umdenken bezüglich der Art, wie die Software-Entwicklung organisiert wird.

Meyer [Mey89a] spricht in diesem Zusammenhang von einem Übergang von der traditionellen *Projektkultur* hin zu einer *Produktkultur*. Die Produktkultur richtet sich im Gegensatz zur Projektkultur nicht mehr nur auf individuelle Projekte aus. Ziel der Produktkultur ist die Entwicklung wiederverwendbarer Klassen und Frameworks, die über Projektgrenzen hinweg genutzt werden können.

Eine wichtige Rolle bei der Entwicklung eines Frameworks spielen seine Klienten. Ein gutes Framework benötigt im Hinblick auf seine Verbesserung Hinweise von Klienten, die seine Nutzbarkeit in konkreten Applikationen testen. Ein Framework, das noch evolutionär verbessert wird, verlangt aber auch einiges an Flexibilität von seinen Klienten. Damit sie von den Verbesserungen profitieren können, müssen sie dazu bereit sein, ihren Code an neue Versionen anzupassen. Ein besonderes Problem dabei sind sogenannte "*Workarounds*" im Code der Klienten, d.h. der Klient behebt einen Mangel der Klassenbibliothek, indem er um das Problem herumprogrammiert. Damit solche Workarounds eliminiert werden können, muss der Klient laufend über die Verbesserungen eines Frameworks informiert werden. Mit der Entwicklung eines Frameworks ist deshalb auch ein hoher Kommunikationsaufwand verbunden.

5.8 Allgemeine Anmerkungen zum objektorientierten Entwurf

5.8.1 Anwendung der Design-Muster

Die in diesem Kapitel eingeführten Design-Muster können zusammen mit den Vorgehensmodellen von OOD , RDD oder Rumbaugh [Rum91] verwendet werden. Als ein sinnvolles Vorgehen für die Anwendung der Design-Muster betrachten wir die Durchführung der folgenden Schritte:

1. Initiale Identifikation der Klassen (*Class Discovery*) und ihrer Kollaboration im Sinne der CRC-Karten. Bei diesem Schritt gilt es auch, die existierenden Klassen der Klassenbibliothek zu berücksichtigen.
2. Analyse, wie Klassen zu Klassengruppen zusammengefasst werden können (5.4).
3. Untersuchung, welche Rollen Klassen bei der Interaktion übernehmen. Evaluation, inwiefern die in Abschnitt 5.5 beschriebenen Muster für den Interaktions-Design anwendbar sind, und ob sich dadurch die Architektur verbessert.
4. Anwendung der Design-Muster für die Gestaltung der Klassenschnittstelle.
5. Reorganisation und Redesign.

Es gibt keine starren Regeln für die Anwendung der Design-Muster. Es müssen dabei immer mehrere Kriterien berücksichtigt und gegeneinander abgewogen werden:

- *Modularität*
  Wird die Modularität eines Systems verbessert? Ein dabei anzustrebendes Ziel ist es, Klassen möglichst nur abstrakt miteinander zu koppeln.
- *Wiederverwendbarkeit*
  Wird die Wiederverwendbarkeit der Klassen verbessert? Lohnt es sich, eine bestimmte Funktionalität wiederverwendbar zu realisieren? Ist die Funktionalität zu speziell? Wer sind die potentiellen Klienten?
- *Komplexität/Lernbarkeit*
  Wird die Komplexität aus der Sicht des Klienten erhöht, ohne dass sich im Hinblick auf die Modularität und Wiederverwendbarkeit Vorteile ergeben? Wie einfach ist es, für die Klienten eine bestimmtes Verhalten wiederzuverwenden oder zu erweitern?

Es ist das Ziel mehrerer Design-Muster, die Variation von bestimmten Elementen einer Software-Architektur zu ermöglichen. Die Betrachtung eines Entwurfs im Hinblick auf die Variationsmöglichkeiten von bestimmten Elementen ist eine sehr nützliche Design-Überlegung (*Variations-Design*). Die folgende Auflistung zeigt deshalb zusammenfassend für einige Design-Muster die Variationsmöglichkeiten, die aus ihrer Anwendung resultieren.

Design-Muster	*Variationsmöglichkeiten*
Umwicklerklassen	Attribute und Eigenschaften von Objekten
Brückenklassen	Implementation einer Abstraktion
Strategieklassen	Strategie für die Realisierung eines Mechanismus
Verfahrensklassen	eingesetzte Verfahren oder Algorithmen
Manipulatoren	Operanden eines Verfahrens
White-Box-Verfahrensklassen	Aktionen innerhalb eines Verfahrens
Adapterklassen	zugrundeliegende Protokolle
Kontrollklassen	Art der Objekte, zwischen denen vermittelt wird
Delegationsklassen	Nachbarobjekte, an die Botschaften für die Wahrnehmung von Verantwortlichkeiten propagiert werden.
Abstrakte Fabriken	innerhalb eines Subsystems erzeugte Objekte
virtuelle Konstruktoren	innerhalb einer Klasse verwendete Objekte

Ausserdem tauchen bei den beschriebenen Design-Mustern zwei Themen immer wieder auf:

- *Objektivierung*
  Die Objektivierung (5.2) von Konzepten findet man in mehreren Design-Mustern. Beispiele dafür sind Verfahrensklassen (Objektivierung eines Verfahrens), Strategieklassen (Strategie), Brückenklassen (Implementation) sowie die Vermittlerklassen (Objektinteraktion).
- *Objektkomposition*
  Der Entwurf im Hinblick auf eine flexible Objektkomposition wird von verschiedenen Design-Mustern angestrebt. Beispiele dafür sind Black-Box-Klassen, Umwicklerklassen, Kompositionsklassen, Manipulatoren, Delegationsklassen, Kontrollklassen sowie virtuelle Konstruktoren.

5.8.2 Verwendung von Vererbung

Die Gestaltung der Kommunikation zwischen Objekten kooperierender Klassen ist ein zentrales Problem beim Entwurf. Zusätzlich stellt sich dabei auch die Problematik, wie die Vererbung bei der Gestaltung eingesetzt werden soll. Im folgenden werden einige Betrachtungen dazu angeführt:

- *Vererbung=White-Box-Vorgehen*
  Bei der Vererbung handelt es sich um ein White-Box-Vorgehen. Die Wiederverwendung einer Klasse durch Vererbung verlangt vom Klienten eine detaillierte Kenntnis ihrer inneren Struktur. Die Anwendung von Vererbung anstelle von Komposition ist unter diesem Gesichtspunkt für den Klienten anspruchsvoller [Tae89].

- *Minimierung der Verwendung von Implementierungsvererbung*
  Vererbungsbeziehungen, die eine konzeptionelle Beziehung modellieren (Schnittstellenvererbung), sind einfacher zu verstehen als Vererbungsbeziehungen, die der reinen Implementierungsvererbung dienen (2.2.2). Im Hinblick auf eine einfache Verständlichkeit einer Klassenhierarchie sollte zwischen einer abgeleiteten Klasse und ihrer Basisklasse eine Subtyp-Beziehung bestehen [Hal87a, Lis88].

- *Das Ableiten von Klassen, die nicht dafür konzipiert sind, ist problematisch*
  Das Ableiten von konkreten Klassen ist oft problematisch. Häufig wird dabei eine unpassende Datenrepräsentation geerbt oder eine Vielzahl von Methoden muss unelegant überschrieben werden. Bei der Ableitung kann die Repräsentation der Basisklasse nur inkrementell erweitert werden. Inkrementelle Erweiterungen sind aber häufig nicht ausreichend.

  Eine der wichtigsten Anwendungen der Vererbung ist deshalb die Konkretisierung einer abstrakten Klasse durch Ableitung. In der ET++ Klassenbibliothek sind zum Beispiel im Durchschnitt nur 1,7 Klassen von einer konkreten Klasse und 4,3 Klassen von einer abstrakten Klasse abgeleitet (die 20 direkt von der abstrakten Wurzelklasse Object abgeleiteten Klassen wurden dabei nicht gezählt).

- *Flexibilität der Objektkomposition*
  Die Objektkomposition im Sinne von Black-Box-Klassen kann zu sehr flexiblen Klassenstrukturen führen (siehe dazu auch 5.5.3). Bei der Entscheidung Komposition oder Vererbung sollten deshalb die Möglichkeiten der Objektkomposition berücksichtigt werden. Allerdings muss dabei abgeklärt werden, ob diese Flexibilität tatsächlich notwendig ist. Die Aufspaltung einer Klasse in mehrere kleinere Klassen, deren Objekte miteinander kombiniert werden, kann auch zu einer erhöhten Komplexität einer Klassenhierarchie führen.

Ebenfalls von Interesse im Zusammenhang mit der Anwendung von Vererbung ist das Thema der mehrfachen Vererbung.

Mehrfache Vererbung?

Über die Notwendigkeit mehrfacher Vererbung herrscht noch keine einhellige Meinung vor [Car90, Koe91]. ET++ wurde mit einfacher Vererbung implementiert. Es ist deshalb nicht möglich, an dieser Stelle ein umfassendes Urteil darüber abzugeben. Bei der Entwicklung von ET++ hat es sich aber gezeigt, dass die Notwendigkeit der mehrfachen Vererbung oft überbewertet wird. Die Möglichkeit des "Mix and Match" – d.h. eine Klasse kann als Ableitung von mehreren Klassen selektiv Verhalten erhalten – liess sich in ET++ durch die Anwendung der Objektkomposition mit Black-Box-Klassen auch mit einfacher Vererbung realisieren.

Die in der Literatur veröffentlichten Beispiele mehrfacher Vererbung zeigen häufig die Verwendung mehrfacher Vererbung für die Implementierungsvererbung. In der Eiffel-Library ist zum Beispiel eine Klasse GTEXT für graphische Textobjekte von den Klassen FIGURE und LINKED_LIST abgeleitet. Bei der Ableitung von LINKED_LIST handelt es sich um Implementierungsvererbung. Die Klasse GTEXT ist intern als eine verkette Liste von Zeilen implementiert, die durch Ableitung von LINKED_LIST geerbt wird.

Die einfache Vererbung kann den Entwurfsprozess auch positiv beeinflussen. Dank der Einschränkung der einfachen Vererbung wird der Designer einerseits weniger dazu verleitet, Vererbung anstelle von Komposition zu verwenden. Andererseits hat er auch nicht die Möglichkeit, eine unsaubere Klassenhierarchie durch die Verwendung mehrfacher Vererbung zu reparieren, sondern muss die Struktur grundlegend neu überdenken. Mehrfache Vererbung erhöht nicht nur die Komplexität der Sprache, sondern führt unserer Meinung nach auch häufig zu komplexeren Klassenstrukturen.

Reparaturvererbung

Bei der Entwicklung mit ET++ ist neben der Schnittstellen- und Implementierungsvererbung noch eine weitere Vererbungsart zur Anwendung gekommen, die in der Literatur nicht explizit erwähnt wird. Diese Vererbungsart lässt sich am besten als *Reparaturvererbung* charakterisieren. Diese Art der Vererbung wird von den Klienten dazu verwendet, um durch das Überschreiben von Methoden Mängel von Klassen selbst zu beheben. Reparaturvererbung ist durchaus sinnvoll, da solche Änderungen von Klienten ohne Modifikationen der mangelhaften Klasse auf Code-Ebene durchgeführt werden können. Allerdings sollte in solchen Fällen auch der Klassenproduzent darüber in Kenntnis gesetzt werden, damit er den Mangel beheben kann.

5.9 Design-Muster und Werkzeugunterstützung

Die objektorientierte Programmierung erlaubt eine relativ direkte Umsetzung eines Entwurfs in die entsprechenden Konstruktionen einer objektorientierten Programmiersprache. Nicht sämtliche Informationen über Design-Entscheidungen lassen sich jedoch später direkt wieder aus dem Code ableiten. Aus diesem Grund braucht es auch bei objektorientierter Software-Entwicklung Unterstützung für die Aufbewahrung von Design-Information. Design-Information zu existierenden Klassen sind sowohl für die Durchführung von Reorganisationen als auch für die Wiederverwendung von Klassen hilfreich. Bei der Wiederverwendung einer Klasse sind Design-Informationen des Produzenten für den Klienten sehr hilfreich und oft sogar notwendig.

Das Konzept der Design-Muster ist auch im Hinblick auf die Aufbewahrung von Design-Information hilfreich. Die Anwendung eines Design-Musters lässt sich vom Klassenproduzenten ohne grossen Aufwand festhalten. Die Dokumentation der Anwendung eines Design-Musters vom Klassenproduzenten liefert dem Klienten wichtige Informationen für die Wiederverwendung. Ein Klassenteam dokumentiert, dass diese Klassen typischerweise als Einheit wiederverwendet und studiert werden sollten. Ähnlich weisen Black-Box-Klassen (Umwickler-, Kompositions-, Manipulatorklassen etc.) den Klienten auf die Wiederverwendung durch Objektkomposition hin.

Eine Möglichkeit, wie Design-Muster für die Aufbewahrung von Design-Informationen von einem Werkzeug unterstützt werden kann, wurde prototypisch in ET++DE (*ET++ Design Environment*) realisiert.

5.9.1 ET++DE

Bei ET++DE handelt es sich um einen erweiterten Klassen-Browser. Das zentrale Konzept von ET++DE sind sogenannte *Design-Annotationen.* Eine Design-Annotation speichert Design-Information des Klassenproduzenten für die späteren Klienten einer Klasse. In ET++DE können Klassen, Methoden und Instanzvariablen mit Design-Annotationen versehen werden. Der Benutzer von ET++DE hat dann die Möglichkeit, jeweils zur aktuellen Selektion im Klassen- oder im Quellcode-Browser die entsprechenden Design-Annotationen abzufragen. In der aktuellen Version von ET++DE handelt es sich bei Design-Annotationen lediglich um textuelle Kommentare. In einer produktiven Version sollten aber auch graphische Annotationen wie Klassen- und Objektdiagramme unterstützt werden. Annotationen dieser Art ermöglichen eine bessere Darstellung des Zusammenspiels und der Interaktion von Objekten.

Die vom Entwickler verwendeten Design-Muster sind ein Bestandteil von Design-Annotationen, die von ET++DE speziell unterstützt werden. Klassen und Methoden können dabei mit speziellen Ikonen annotiert werden. Spätere Klienten erhalten dadurch einen unmittelbaren visuellen Hinweis auf die verwendeten Design-Muster.

Bei den Design-Mustern für den Interaktions-Design übernehmen Klassen bestimmte Rollen (Strategie, Vermittler, Umwickler, Manipulator usw.). Diese Rolle kann in ET++DE durch Zuordnung einer Ikone hervorgehoben werden.

Design-Muster für die Gestaltung der Klassenschnittstelle führen zu einer Unterscheidung verschiedener Methodenarten (elementare und zusammengesetzte Methoden, Sequenz-, Standard-, Einschubmethoden). Die Methodenart kann vom Klassenproduzenten in ET++DE ebenfalls durch die Zuordnung einer Ikone für den Klassenkonsumenten festgehalten werden.

Design-Muster für die Organisation von Klassenhierarchien führen zu einer Gruppierung von Klassen. Mit ET++DE können Klassen zu unterschiedlichen Klassengruppen (Teams, Frameworks, Subsysteme, Familien) zusammengefasst werden. Eine Klasse kann dabei mehreren Gruppen zugeordnet sein. Mehrere Klassengruppen können ebenfalls zu einer Gruppe zusammengefasst werden. Mit ET++DE hat dann der Benutzer die Möglichkeit, interaktiv durch die Klassengruppen zu navigieren. Die Klassengruppenart wird in ET++DE als eine Ikone neben dem Namen der Klassengruppe dargestellt. Abb. 5.62 zeigt beispielhaft die dazu verwendeten Ikonen.

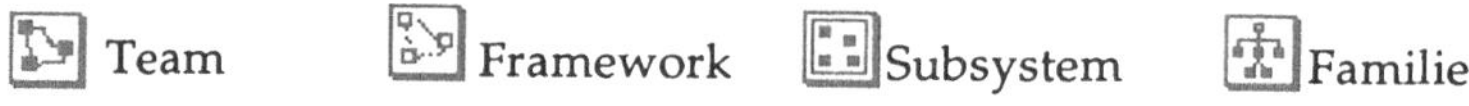

Abb. 5.62: Ikonen für die unterschiedlichen Arten von Klassengruppen

Abb. 5.63 zeigt ET++DE in Aktion. Das linke Fenster ist das sogenannte *Organizer*-Fenster. In diesem Fenster hat der Benutzer Zugriff auf die in Klassengruppen organisierten Klassen. Im rechten Teilfenster werden jeweils die Methoden oder Instanzvariablen der selektierten Klasse angezeigt. Im Organizer-Fenster kann der Benutzer die Darstellung der Vererbungshierarchie oder des Quellcodes in einem Klassenhierarchie-Browser verlangen (das rechte Teilfenster in Abb. 5.63). Dieser Browser ist eine Erweiterung des Class Hierarchy Browsers von ET++PE (4.2.4).

Als zusätzliche Funktionalität unterstützt dieser Browser die *Expandierung* von Klassensymbolen. In der expandierten Darstellung werden von einer Klasse ihre Methoden oder Instanzvariablen in einem Teilfenster mit Rollbalken direkt in der Graphik eingebettet dargestellt.

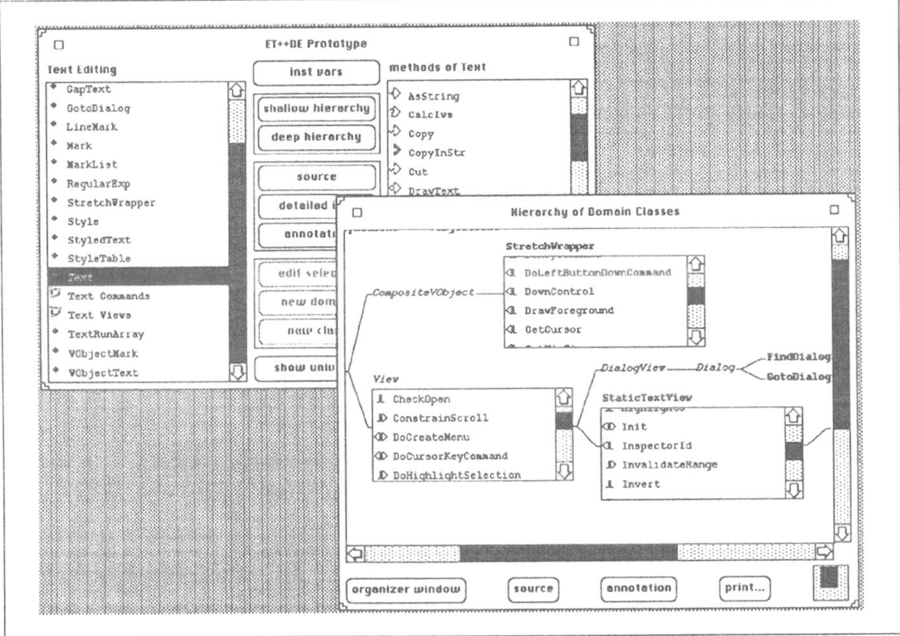

Abb. 5.63: ET++DE

Abb. 5.63 zeigt die Klassen View, StaticTextView und StretchWrapper in ihrer expandierten Darstellung. In dieser Darstellung werden dem Benutzer ebenfalls durch Ikonen zusätzliche visuelle Hinweise zu den Methoden gegeben. Die dabei verwendeten Ikonen bedeuten:

- [▷] die Methode wird in abgeleiteten Klassen überschrieben
- [◁] die Methode überschreibt die Methode einer Basisklasse
- [◁▷] die Methode wird in abgeleiteten Klassen überschrieben und überschreibt selbst die Methode einer Basisklasse

Für eine detailliertere Beschreibung der Konzepte und Funktionalität von ET++DE sei an dieser Stelle auf [Egg91] verwiesen.

6 Zusammenfassung und Schlussbemerkungen

6.1 Zusammenfassung

Aus Erfahrungen bei der Entwicklung einer umfassenden objektorientierten Klassenbibliothek wurden auf verschiedenen Ebenen Vorschläge für die Unterstützung der objektorientierten Software-Entwicklung abgeleitet und realisiert. Im ersten Teil wurde mit der ET++ Klassenbibliothek die Grundlage beschrieben. Dabei wurde gezeigt, wie von der Systemschnittstelle, über fundamentale Mechanismen, Datenstrukturen, graphische Interaktionselemente bis hin zu einem Application-Framework eine umfassende und homogene Bibliothek realisiert werden konnte.

Nach der Einführung in ET++ wurde im zweiten Teil beschrieben, wie durch die Entwicklung geeigneter Werkzeuge versucht wurde, den Lernaufwand für umfassende Klassenbibliotheken wie ET++ zu reduzieren. Dabei wurde gezeigt, wie mit ET++ Werkzeuge für ET++ realisiert werden konnten, die mit unterschiedlichen Mechanismen das explorative Untersuchen der Klassenbibliothek unterstützen. Insbesonders wurde dargelegt, wie durch die Konzeption der Werkzeuge als integraler Bestandteil von ET++ neue Mechanismen für die Visualisierung dynamischer Objektstrukturen im *Object Structure Browser* sowie für das Erforschen von Applikationen durch "Zeigen und Klicken" realisiert werden konnten.

Nach einer Übersicht bekannter Ansätze und Methoden für den objektorientierten Entwurf wurde im dritten und zentralen Teil ein Ansatz für die Unterstützung der Gestaltung objektorientierter Software-Architekturen vorgestellt. Dabei ist es gelungen, durch Abstraktion von Design-Strukturen, die in ET++ zur Anwendung kamen, eine Sammlung sogenannter *Design-Muster* zu identifizieren. Ein Design-Muster ist eine abstrakte Beschreibung von Klassenstrukturen. Die Anwendung eines Design-Musters hilft bei der Gestaltung wiederverwendbarer, modularer und flexibler Klassen. Design-Muster sind ein Ansatz für die Wiederverwendung von Design und Design-Erfahrungen. Ausserdem definieren die verschiedenen Design-Muster ein Vokabular, das von Entwicklern für die Beschreibung eines Entwurfs verwendet werden kann.

Für die Darstellung der Design-Muster wurde aufbauend auf bekannten Notationen eine graphische Notation eingeführt. Mit dieser Notation als Grundlage wurden anschliessend verschiedene Kategorien von Design-Mustern beschrieben. Design-Muster für die Organisation von Klassenhierarchien haben den Zweck, durch die Bildung unterschiedlicher Arten von Klassengruppen die Komplexität einer Software-Architektur zu reduzieren. Für die Gestaltung der Interaktion und Kooperation zwischen Klassen – dem sogenannten Interaktions-Design – wurden verschiedene Design-Muster abgeleitet. Diese Design-Muster beschreiben abstrakte Rollen, die Klassen bei der Interaktion übernehmen können. Eine weitere Kategorie umfasst Design-Muster für die Gestaltung der Klassenschnittstelle individueller Klassen. Iterative Design-Zyklen sind ein Merkmal des objektorientierten Entwicklungsprozesses. Auf der Grundlage der Evolution von ET++ wurden in diesem Teil auch Muster für die Evolution von Klassenhierarchien beschrieben.

Der Ansatz für die Unterstützung der Entwurfsaktivität mit Design-Mustern steht im Gegensatz zu bekannten objektorientierten Entwurfsmethoden, die sich hauptsächlich darauf beschränken, eine graphische Notation zusammen mit einem Vorgehensmodell einzuführen. Dabei wird die Wiederverwendung und Abstrahierung von Design-Erfahrungen nicht ausreichend berücksichtigt. Das Konzept von Design-Mustern fördert zusätzlich, dass ein Entwurf auch auf einer abstrakteren Stufe analysiert wird und dabei möglicherweise neue Design-Muster entdeckt werden. Design-Muster sind deshalb eine wichtige und notwendige Ergänzung zu den bekannten Entwurfsmethoden.

Zum Schluss wurde illustriert, wie das Konzept von Design-Mustern von Werkzeugen unterstützt und ausgenutzt werden kann. Design-Muster eignen sich dabei insbesonders für die Aufbewahrung von Design-Entscheidungen des Klassenproduzenten für den späteren Klienten.

6.2 Schlussbemerkungen

Zusammenfassend lassen sich aus dem ET++Projekt bezüglich der Aspekte Klassenbibliothek, Werkzeuge und Design die folgenden Konsequenzen ziehen:

- Für die Gestaltung von Klassenbibliotheken
  - *Homogenität einer Klassenbibliothek*
    Ein umfassende Klassenbibliothek sollte sich durch ein hohes Mass an Homogenität auszeichnen. Die Homogenität trägt zu einem einfacheren Verständnis der Klassenbibliothek bei und führt an diversen Stellen zu sehr erwünschten Synergieeffekten. Homogenität lässt sich durch den Aufbau einer Klassenbibliothek mit aufeinander abgestimmten Klassenfamilien erreichen. ET++ zeigt, dass Homogenität nicht mit Effizienzeinbussen bezahlt werden muss.
  - *Redesign und Reorganisation von Klassenbibliotheken und Frameworks*
    Die Entwicklung wiederverwendbarer Klassen und Frameworks verlangt mehrere Redesign-Zyklen. Die Reorganisation einer Klassenbibliothek ist deshalb genauso wichtig wie ihr ursprünglicher Design. Als Konsequenz dieses iterativen Designs lässt sich der Entwicklungsprozess daher nur schlecht planen und kontrollieren.
- Für die Werkzeugunterstützung
  - *Klassenbibliotheks-spezifische Werkzeuge*
    Werkzeuge für das explorative Untersuchen von Klassenbibliotheken sind ein wichtiges Hilfsmittel für die objektorientierte Software-Entwicklung. Die Kopplung von Klassenbibliothek und Werkzeugen ist ein geeigneter Ansatz für die Realisierung solcher Hilfsmittel. Insbesonders kann dabei die von einem Framework vordefinierte Struktur ausgenutzt werden. Eine umfassende Klassenbibliothek ist das zentrale Hilfsmittel der objektorientierten Software-Entwicklung. Es ist deshalb lohnenswert und wichtig, dafür auch *klassenbibliotheks-spezifische* Werkzeuge zu entwickeln.
  - *Werkzeuge für die Reorganisation von Klassenbibliotheken*
    Die mit der Entwicklung von Klassenbibliotheken und Frameworks verbundenen Reorganisationen verlangt nach geeigneten Werkzeugen. Ansätze für solche Hilfsmittel findet man in den Arbeiten von Opdyke [Opd90] und Casais [Cas89].
- Für den objektorientierten Entwurf
  - *Sammlung von Design-Mustern*
    Design-Muster sind ein geeigneter Ansatz für die Unterstützung des objektorientierten Entwurfs. In Zukunft sollten deshalb erfahrene Designer vermehrt versuchen, Design-Strukturen zu Design-Mustern zu abstrahieren. Mit der Zeit entsteht so eine umfassende Sammlung von Design-Mustern, die anderen Entwicklern zur Verfügung gestellt werden kann.

- *Design-Muster und Werkzeugunterstützung*
  Design-Muster erweisen sich auch bei der Dokumentation von Klassenstrukturen als hilfreich. Das Festhalten eines Design-Musters, das beim Entwurf zur Anwendung kam, stellt dem Klienten wichtige Design-Informationen zur Verfügung. Die Unterstützung von Design-Mustern sollte deshalb auch zur Funktionalität zukünftiger Entwurfswerkzeuge gehören.
- *Interaktions-Design, Klassenteams*
  Der Interaktions-Design ist ein zentrales Element des objektorientierten Entwurfs. Beim Interaktions-Design stehen nicht individuelle Klassen, sondern Teams kooperierender Klassen im Zentrum. Das Hauptinteresse richtet sich dabei auf die Gestaltung der Interaktion zwischen Klassen.
- *Objektkomposition*
  Ein wichtiges Gestaltungsprinzip des objektorientierten Entwurfs ist die Objektkomposition. Klassen oder Klassenteams, die Objektkomposition erlauben, können vom Klienten allein durch das Zusammensetzen von Objekten konfiguriert werden.
- *Frameworks*
  Die Wiederverwendung von Design ist eine besonders attraktive Möglichkeit, die Entwurfsaktivität zu unterstützen. Objektorientierte Frameworks sind eine Form direkter Wiederverwendung von Design.

Literaturverzeichnis

In den runden Klammern am Ende einer Referenz sind jeweils die Kapitel angegeben, in denen die Literaturangabe referenziert wurde.

[Ada86] E. Adams and S. S. Muchnick, "Dbxtool: A Window-Based Symbolic Debugger for Sun Workstations," *Software—Practice and Experience*, Vol. 16, No. 7, July 1986, pp. 653-669. (4.3)

[Ado85] Adobe Systems, *PostScript Language – Reference Manual*, Addison-Wesley, Reading, Mass., 1985. (3.3)

[Ado85a] Adobe Systems, *PostScript Language – Tutorial and Cookbook*, Addison-Wesley, Reading, Mass., 1985. (4.4.1)

[Agr86] W. W. Agresti, *New Paradigms For Software Development*, IEEE CS Press, 1986. (1)

[App85] Apple Computer, *Inside Macintosh Volume I*, Addison-Wesley, Reading, Mass., 1985. (1, 3.7.4)

[App85a] Apple Computer, *Inside Macintosh Volume II*, Addison-Wesley, Reading, Mass., 1985. (1, 3.7.4)

[App85b] Apple Computer, *Inside Macintosh Volume III*, Addison-Wesley, Reading, Mass., 1985. (1, 3.7.4)

[App86] Apple Computer, *Inside Macintosh Volume IV*, Addison-Wesley, Reading, Mass., 1986. (1, 3.7.4)

[App86a] Apple Computer, *MacApp Programmer's Manual*, Apple Computer, Inc., Cupertino, CA, 1986. (2.5.3, 3.7.4)

[App88] Apple Computer, *Human Interface Guidelines: The Apple Desktop Interface*, Addison-Wesley, Reading, Mass., 1988. (2.5.3)

[App89] Apple Computer, *MacApp II Programmer's Manual*, Apple Computer, Inc., Cupertino, CA, 1989. (3.7.4)

[Ara89] G. Arango, "Domain Analysis - From Art to Engineering Discipline," *ACM Software Engineering Notes*, Vol. 14, No. 3, May 1989, pp. 152-159. (5.4.4)

[Bec88] K. Beck, "OOPSLA'88 Panel: Experiences with Reusability," In *OOPSLA'88 Conference Proceedings (September 25-30, San Diego, CA)*, published as *OOPSLA'88, Special Issue of SIGPLAN Notices*, Vol. 23, No. 11, November 1988, pp. 372-377. (5.6.1, 5.7)

[Bec89] K. Beck and W. Cunningham, "A Laboratory For Teaching Object-Oriented Thinking," In *OOPSLA'89 Conference Proceedings October 1-6, New Orleans, Louisiana)*, published as *OOPSLA'89, Special Issue of SIGPLAN Notices*, Vol. 24, No. 10, November 1989, pp. 1-6. (5.1.1, 5.5)

[Ber90] L. M. Berlin, "When Objects Collide: Experiences with Reusing Multiple Class Hierarchies," In *OOPSLA'90 Conference Proceedings (October 21-25, Ottawa, Canada)*, published as *OOPSLA'90, Special Issue of SIGPLAN Notices*, Vol. 25, No. 10, October 1990, pp. 181-194. (5.4.5)

[Big87] T. Biggerstaff and C. Richter, "Reusability Framework, Assessment and Directions," *IEEE Software*, Vol. 4, No. 2, March 1987, pp. 41-49. (5.1.4)

[Bis90] W. R. Bischofberger, *Prototyping-Oriented Incremental Software Development*, Dissertation, Johannes-Kepler University of Linz, 1990. (3.8)

[Boe90] M. Boetcher, *Mouser the Browser, or How I Learned to Stop Worrying and Love MacApp*, Apple Computer, Inc., Cupertino, CA, 1990. (4.6.2)

[Boo86] G. Booch, *Software Components with Ada*, The Benjamin/Cummings Publishing Company, Reading, Mass., 1986. (5.4.4)

[Boo91] G. Booch, *Object-oriented Design with Applications*, The Benjamin/Cummings Publishing Company, Reading, Mass., 1991. (2.3.1, 5.1.2, 5.2.2, 5.3)

[Bor90] B. Boreham, "Product Review: ET++," *The C++ Report*, Vol. 2, No. 4, April 1990, pp. 18-22. (4)

[Bra89] F. J. Brandenburg, "Nice Drawings of Graphs are Computationally Hard," In *Visualization in Human-Computer Interaction*, P. Gorny and M. Tauber, eds. Springer Verlag, Berlin- Heidelberg- New York, 1989,. (3.6.5)

[Car90] T. A. Cargill, "Does C++ Really Need Multiple Inheritance," In *1990 USENIX C++ Conference*, 1990, pp. 315-323. (5.8.1)

[Car91] M. Carroll, "Using Multiple Inheritance to Implement Abstract Data Types," *The C++ Report*, Vol. 2, No. 4, April 1991, pp. 1-9. (5.5.4)

[Cas89] E. Casais, "Reorganizing an Object System," In *Object-oriented Development*, D. Tsichritzis, ed. Centre Universitaire D'Informatique, 1989, pp. 161-191. (6.2)

[Cle86] J. C. Cleaveland, *An Introduction to Data Types*, Addison-Wesley, Reading, Mass., 1986. (2.4)

[Coa89] P. Coad and E. Yourdon, *OOA - Object-Oriented Analysis*, Prentice-Hall, Englewood Cliffs, New Jersey, 1989. (5.3)

[Cox86] B. J. Cox, *Object Oriented Programming – An Evolutionary Approach*, Addison-Wesley, Reading, Mass., 1986. (1, 2.4, 3.4, 4.4, 5.4.3)

[Cun87] W. Cunningham and K. Beck, "A Diagram for Object-Oriented Programs," In *OOPSLA'87 Conference Proceedings (October 4-8, Orlando, Florida)*, published as *OOPSLA'87, Special Issue of SIGPLAN Notices*, Vol. 22, No. 12, December 1987, pp. 361-367. (4.6.1)

[Des90] P. Desfray, "A Method for Object-Oriented Programming: The Class-Relationship Method," In *TOOLS'90 Proceedings (CNIT Paris - La Défense - France, June 25-29)*, 1990, pp. 121-132. (5.3)

[Deu89] P. L. Deutsch, "Design Reuse and Frameworks in the Smalltalk-80 System," In *Software Reusability Volume II Applications and Experience*, T. Biggerstaff and A. J. Perlis, eds. The ACM Press, New York, 1989, pp. 57-71. (1, 5.1.4)

[Egg91] T. Eggenschwiler, *Design Support for a Very Large Class Library*, Institut für Informatik der Universität Zürich, Zürich, 1991. (5.9.1)

[Ell90] M. A. Ellis and B. Stroustrup, *The Annotated C++ Reference Manual*, Addison-Wesley, Reading, Mass., 1990. (5.6.3)

[Fer89] P. J. Ferrel and R. F. Meyer, "Vamp: The Aldus Application Framework," In *OOPSLA'89 Conference Proceedings October 1-6, New Orleans, Louisiana)*, published as *OOPSLA'89, Special Issue of SIGPLAN Notices*, Vol. 24, No. 10, November 1989, pp. 185-191. (2.5.3)

[Foo88] B. Foote, *Designing to Facilitate Change with Object-Oriented Frameworks*, University of Illinois at Urbana-Champaign, Urbana, Illinois, 1988. (2.5.3)

[Fuj91] K. Fujikawa et al., "Multimedia Presentation System "Harmony" with Temporal and Active Media," In *USENIX Association Conference Proceedings (Nashville, Tennessee, June 10-14)*, USENIX Assoc., Berkeley, CA, 1991, pp. 75-95. (3.8)

[Gam86] E. Gamma and R. Marty, *ET – An Editor Toolkit for Bitmap-oriented Workstations (Part 2)*, Institut für Informatik der Universität Zürich, Zürich, 1986. (0)

[Gam87a] E. Gamma and R. Marty, *Edit – An Extensible Text Editor*, Institut für Informatik der Universität Zürich, Zürich, 1987. (0)

[Gam88] E. Gamma, A. Weinand, and R. Marty, "ET++ – An Object Oriented Application Framework in C++," In *Proc. EUUG (Cascais, Portugal, 3-7 October)*, October 1988, pp. 159-174. (0)

[Gam89] E. Gamma, A. Weinand, and R. Marty, "Integration of a Programming Environment into ET++ – A Case Study," In *ECOOP 89, Proc. of the Third European Conference on Object-Oriented Programming, (Nottingham, UK)*, S. Cook, ed. Cambridge University Press, Cambridge, 1989, pp. 283-297. (0)

[Gol83] A. Goldberg and D. Robson, *Smalltalk-80, The Language and its Implementation*, Addison-Wesley, Reading, Mass., 1983. (2.4)

[Gol84] A. Goldberg, *Smalltalk-80, The Interactive Programming Environment*, Addison-Wesley, Reading, Mass., 1984. (2.5.3)

[Goo87] D. Goodman, *The Complete HyperCard Handbook*, Bantam Books, New York, 1987. (4.4)

[Gor87] K. E. Gorlen, "An Object-Oriented Class Library for C++ Programs," *Software—Practice and Experience*, Vol. 17, No. 12, December 1987, pp. 899-922. (3.4.2)

[Gor90] K. E. Gorlen, S. M. Orlow, and P. S. Plexico, *Data Abstraction and Object-Oriented Programming in C++*, John Wiley & Sons, Baffins Lande, Chichester, 1990. (3.4.2, 3.5.1)

[Gos89] S. Gossain and D. B. Anderson, "Designing a Class Hierarchy for Domain Representation and Reusability," In *TOOLS'89 Proceedings (CNIT Paris - La Défense - France, November 13-15)*, 1989, pp. 201-210. (2.5.3)

[Gos90] S. Gossain and B. Anderson, "An Iterative-Design Model for Reusable Object-Oriented Software," In *OOPSLA'90 Conference Proceedings (October 21-25, Ottawa, Canada)*, published as *OOPSLA'90, Special Issue of SIGPLAN Notices*, Vol. 25, No. 10, October 1990, pp. 12-27. (5.2.2, 5.7)

[Gra91] E. Granston and V. Russo, "Signature-Based Polymorphism for C++," In *1991 USENIX C++ Conference*, 1991, pp. 65-81. (2.3.1)

[Hal87] F. G. Halasz, T. P. Moran, and R. H. Trigg, "NoteCards in a Nutshell," In *Proceedings of the ACM CHI+CI'87 Conference (Toronto, Ontario, Canada, April 5-9)*, J. M. Caroll, ed. ACM, New York, 1987, pp. 45-52. (4.4)

[Hal87a] D. C. Halbert and P. D. O'Brien, "Using Types and Inheritance in Object-Oriented Programming," *IEEE Software*, Vol. 4, No. 5, September 1987, pp. 71-79. (5.5.7, 5.8.1)

[Han87] W. J. Hansen, "Data Structures in a Bit-Mapped Text Editor," *BYTE*, Vol. 12, No. 1, January 1987, pp. 183-189. (3.5.3)

[Heb90] K. J. Hebel and R. E. Johnson, "Arithmetic and Double Dispatching in Smalltalk-80," *The Journal of Object-Oriented Programming*, Vol. 2, No. 6, January 1990, pp. 40-44. (5.6.7)

[Hei88] M. Heitz and B. Labreuille, "HOOD: A Hierarchical Object-Oriented Design Method," In *Proceedings of the Third German Ada Users Congress, January 1988*, Gesellschaft für Software Engineering, München, 1988, pp. 12.1-12.9. (5.1.2)

[Hel90] R. Helm, I. M. Holland, and D. Gangopadhyay, "Contracts: Specifying Behavioral Compositions in Object-Oriented Systems," In *OOPSLA'90 Conference Proceedings (October 21-25, Ottawa, Canada)*, published as *OOPSLA'90, Special Issue of SIGPLAN Notices*, Vol. 25, No. 10, October 1990, pp. 169-180. (5.5)

[Ho90] W. W. Ho and R. A. Olsson, *An Approach to Genuine Dynamic Linking*, Division of Computer Science University of California at Davis, Davis, CA, 1990. (3.4.1)

[Ing86] D. H. Ingalls, "A Simple Technique for Handling Multiple Polymorphism," In *OOPSLA'86 Conference Proceedings (September 29 - October 2, Portland, Oregon)*, published as *OOPSLA'86, Special Issue of SIGPLAN Notices*, Vol. 21, No. 11, November 1986, pp. 347-349. (5.6.7)

[Int88] Interactive Software Engineering, *Eiffel Library Manual*, Interactive Software Engineering Inc., Goleta, CA, 1988. (5.4.5)

[Joh78] S. C. Johnson and M. E. Lesk, "UNIX Time-Sharing System: Language Development Tools," *Bell Sys. Tech. J.*, Vol. 57, No. 6, 1978, pp. 2155-2175. (1)

[Joh86] R. E. Johnson, "Type-Checking Smalltalk," In *OOPSLA'86 Conference Proceedings (September 29 - October 2, Portland, Oregon)*, published as *OOPSLA'86, Special Issue of SIGPLAN Notices*, Vol. 21, No. 11, November 1986, pp. 325-321. (2.3.1)

[Joh88] R. E. Johnson and B. Foote, "Designing Reusable Classes," *The Journal of Object-Oriented Programming*, Vol. 1, No. 2, 1988, pp. 22-35. (2.5.2, 5.4.1, 5.5.1, 5.6.1, 5.7, 5.7.1)

[Joh91] R. E. Johnson and V. F. Russo, *Reusing Object-Oriented Designs*, Department of Computer Science, University of Illinois at Urbana-Campaign, 1991. (5.7.4)

[Kae86] T. Kaehler and D. Patterson, "A Small Taste of Smalltalk," *Byte*, Vol. 11, No. 8, August 1986, pp. 145-159. (5.1.3)

[Kai87] G. E. Kaiser and D. Garlan, "MELDing Data Flow and Object-Oriented Programming," In *OOPSLA'87 Conference Proceedings (October 4-8, Orlando, Florida)*, published as *OOPSLA'87, Special Issue of SIGPLAN Notices*, Vol. 22, No. 12, December 1987, pp. 254-267. (5.4)

[Kat87] S. Katz and C. Richter, "PARIS: A System for Reusing Partially Interpreted Schemas," In *Proceedings of the Ninth International Conference on Software Engineering*, New York, March 1987, pp. 377-385. (1)

[Kee88] S. E. Keene, *Object-Oriented Programming in Common Lisp*, Addison-Wesley, Reading, Mass., 1988. (5.4.5, 5.6.7)

[Kel89] R. K. Keller, *Prototypingorientierte Systemspezifikation*, Verlag Dr. Kovac, Hamburg, 1989. (0)

[Ker81] B. W. Kernighan, "PIC — A Crude Graphics Language for Typesetting," *Computer Science Technical Report*, Bell Laboratories, Murray Hill, New Jersey, 1981,. (3.3)

[Ker88] B. W. Kernighan and D. M. Ritchie, *The C Programming Language (Second Edition)*, Prentice-Hall, Englewood Cliffs, New Jersey, 1988. (0, 3.1.1)

[Kle88] M. F. Kleyn and P. C. Gingrich, "GraphTrace - Understanding Object-Oriented Systems Using Concurrently Animated Views," In *OOPSLA'88 Conference Proceedings (September 25-30, San Diego, CA)*, published as *OOPSLA'88, Special Issue of SIGPLAN Notices*, Vol. 23, No. 11, November 1988, pp. 191-205. (4.6.1)

[Koe91] A. Koenig, "How Useful is Multiple Inheritance," In *1991 USENIX C++ Conference*, 1991, pp. 81-84. (5.8.1)

[Kor90] T. Korson and J. D. McGregor, "Understanding Object-Oriented: A Unifiying Paradigm," *Communications of the ACM*, Vol. 23, No. 9, September 1990, pp. 40-60. (5.1.3)

[Kra88] G. E. Krasner and S. T. Pope, "A Cookbook for Using the Model-View-Controller User Interface Paradigm in Smalltalk-80," *The Journal of Object-Oriented Programming*, Vol. 1, No. 3, 1988, pp. 26-49. (3.6.4)

[Lal89] W. R. Lalonde, "Designing Families of Data Types Using Exemplars," *ACM Transactions on Programming Languages and Systems*, Vol. 11, No. 2, April 1989, pp. 213-248. (2.2.2, 5.6.2)

[Lal91] W. R. Lalonde and J. R. Pugh, *Inside Smalltalk (Volume I+II)*, Prentice Hall, Englewood-Cliffs, New Jersey, 1991. (5.6.1)

[Lan91] T. Landolt, "CHAOS, ein Ansatz zur Modellierung von Informationssystemen," In *Hypertext/Hypermedia '91 Proceedings (Graz, Mai 27-28)*, 1991, pp. 181-190. (3.8)

[Lea88] D. Lea, "libg++, The GNU C++ Library," In *1988 USENIX C++ Conference*, 1988, pp. 243-256. (5.4.5)

[Len90] D. Lenkov and S. Unni, "C++ Symbolic Debugging," In C++ *At Work-'90 Proceedings*, The Wang Institute of Boston University, Secaucus, New Jersey, 1990, pp. 109-120. (4.3)

[Lie88] K. Lieberherr, I. Holland, and A. Riel, "Object-Oriented Programming: An Objective Sense of Style," In *OOPSLA'88 Conference Proceedings (September 25-30, San Diego, CA)*, published as *OOPSLA'88, Special Issue of SIGPLAN Notices*, Vol. 23, No. 11, November 1988, pp. 323-334. (5.1.3)

[Lin87] M. A. Linton and P. R. Calder, "The Design and Implementation of InterViews," In *USENIX Proceedings and Additional Papers C++ Workshop (Santa Fe, NM, 1987)*, USENIX Assoc., El Cerrito, CA, 1987, pp. 256-268. (4.1.3)

[Lis86] B. Liskov and J. Guttag, *Abstraction and Specification in Program Development*, The MIT Press, Cambridge, Massachusetts, 1986. (3.5.2)

[Lis88] B. Liskov, "Data Abstraction and Hierarchy," In *Addendum to the OOPSLA'87 Conference Proceedings (October 4-8, Orlando, Florida)*, published as *OOPSLA'87, Special Issue of SIGPLAN Notices*, Vol. 23, No. 5, May 1988, pp. 17-34. (5.8.1)

[Mar86] R. Marty and E. Gamma, *ET – An Editor Toolkit for Bitmap-oriented Workstations*, Institut für Informatik der Universität Zürich, Zürich, 1986. (0)

[Mey87] B. Meyer, "Reusability: The Case for Object-Oriented Design," *IEEE Software*, Vol. 4, No. 2, March 1987, pp. 50-60. (1)

[Mey88] B. Meyer, *Object–Oriented Software Construction*, Prentice Hall, Englewood-Cliffs, New Jersey, 1988. (1, 5.6.1, 5.7.1)

[Mey89] B. Meyer, "From Structured Programming to Object-Oriented Design: The Road to Eiffel," *Structured Programming*, Vol. 10, No. 1, June 1989, pp. 19-39. (5.4)

[Mey90] B. Meyer, "Lessons from the Design of the Eiffel Libraries," *Communications of the ACM*, Vol. 23, No. 9, September 1990, pp. 68-89. (5.6.1, 5.7)

[NeX90] NeXT Computer Inc., *NeXTstep Concepts*, NeXT Computer Inc., Redwood City, California, 1990. (5.4.4)

[O'B87] P. D. O'Brien, D. C. Halbert, and M. F. Kilian, "The Trellis Programming Environment," In *OOPSLA'87 Conference Proceedings (October 4-8, Orlando, Florida)*, published as *OOPSLA'87, Special Issue of SIGPLAN Notices*, Vol. 22, No. 12, December 1987, pp. 91-102. (4.6.2)

[O'S86] T. O'Shea, "Panel: The Learnability of Object-Oriented Programming Systems," In *OOPSLA'86 Conference Proceedings (September 29 - October 2, Portland, Oregon)*, published as *OOPSLA'86, Special Issue of SIGPLAN Notices*, Vol. 21, No. 11, November 1986, pp. 502-504. (4)

[Oos91] P. v. Oosterom and T. Vijlbrief, *Building a GIS on top of the open DBMS "Postgres"*, TNO Physics and Electronics Laboratory, The Hague, The Netherlands, 1991. (3.8)

[Opd90] W. F. Opdyke and R. E. Johnson, "Refactoring: An Aid in Designing Application Frameworks and Evolving Object-Oriented Systems," In *SOOPPA Conference Proceedings (September 14-15, Marist College, Poughkeepsie, NY)*, ACM, New York, September 1990, pp. 145-161. (5.7, 6.2)

[Par72] D. L. Parnas, "On the Criteria to be Used in Decomposing Systems into Modules," *Communications of the ACM*, Vol. 15, No. 12, December 1972, pp. 1053-1058. (5.5.4)

[Par90] ParcPlace Systems, *Objectworks for C++*, ParcPlace Systems, Mountain View, California, 1990. (4.6.2)

[Par90a] ParcPlace Systems, *Objectworks/Smalltalk Release 4 Users Guide*, ParcPlace Systems, Mountain View, California, 1990. (5.5.8)

[Par91] ParcPlace Systems, *Objectkit/Smalltalk Users Guide*, ParcPlace Systems, Mountain View, California, 1991. (5.5.8)

[Pas86] G. A. Pascoe, "Elements of Object-Oriented Programming," *Byte*, Vol. 11, No. 8, August 1986, pp. 139-143. (2)

[Pre89] W. Pree, *ET++ Interface Creator*, Johannes-Kepler-Universität, Linz, 1989. (3.8)

[Pug90] W. Pugh, "Skiplists: A Probabilistic Alternative to Balanced Trees," *Communications of the ACM*, Vol. 33, No. 6, June 1990, pp. 668-676. (5.5.4)

[Rag87] R. Raghavan, N. Ramakrishnan, and S. Strater, "A C++ Class Browser," In *USENIX Proceedings and Additional Papers C++ Workshop (Santa Fe, NM, 1987)*, USENIX Assoc., El Cerrito, CA, 1987, pp. 274-280. (4.6.2)

[Rob81] D. Robson, "Object-Oriented Software Systems," *Byte*, Vol. 6, No. 8, August 1981, pp. 74-86. (2.1)

[Ros86] L. Rosenstein, K. Doyle, and S. Wallace, "Object–Oriented Programming for Macintosh Applications," In *ACM Fall Joint Computer Science Conference (Dallas, Texas, November 2-6)*, 1986, pp. 31-35. (2.5.3)

[Ros89] M. B. Rosson and E. Gold, "Problem-Solution Mapping in Object-Oriented Design," In *OOPSLA'89 Conference Proceedings October 1-6, New Orleans, Louisiana)*, published as *OOPSLA'89, Special Issue of SIGPLAN Notices*, Vol. 24, No. 10, November 1989, pp. 7-10. (5.5)

[Rum91] J. Rumbaugh et al., *Object-Oriented Modelling and Design*, Prentice-Hall, Englewood Cliffs, New Jersey, 1991. (5.3, 5.8.1)

[Rus88] V. Russo, G. Johnston, and R. Campbell, "Process Management and Exception Handling in Multiprocessor Operating Systems Using Object-Oriented Techniques," In *OOPSLA'88 Conference Proceedings (September 25-30, San Diego, CA)*, published as *OOPSLA'88, Special Issue of SIGPLAN Notices*, Vol. 23, No. 11, November 1988, pp. 248-258. (2.5.3)

[Sab91] Sabre Inc., *Sabre C++ Reference Manual*, Sabre Inc., 1991. (4.6.2)

[Sch86] K. J. Schmucker, *Object-Oriented Programming for the Macintosh*, Hayden, Hasbrouck Heights, New Jersey, 1986. (2.5.3, 5.3.3)

[Sch86a] R. W. Scheiffler and J. Gettys, "The X Window System," *Transactions on Graphics*, Vol. 5, No. 2, April 1986, pp. 79-109. (3.1)

[Sch88] A. Schulert and K. Erf, "Open Dialog," In *USENIX Proceedings C++ Conference (Denver, CO)*, USENIX Assoc., El Cerrito, CA, 1988, pp. 53-64. (1, 3.4.2)

[Sch89] P. Schnorf, *Entwurf und Implementation einer automatisierten Compiler-Entwicklungsumgebung*, ADAG Administration & Druck AG, Zürich, 1989. (0)

[Sch91] J. Schwarz, "A Critique of the Skiplist/Associative Array Example," *The C++ Report*, Vol. 2, No. 4, April 1991, pp. 10-12. (5.5.4)

[Sta89] R. M. Stallman, *GDB Manual - The GNU Source-Level Debugger*, Free Software Foundation, Inc., Cambridge, MA, 1989. (4.3.1)

[Ste86] M. Stefik and D. G. Bobrow, "Object-Oriented Programming: Themes and Variations," *The AI Magazine*, Vol. 6, No. 4, November 1986, pp. 40-62. (2.3, 5.6.1, 5.7.1)

[Sto86] M. Stonebraker and L. A. Rowe, "The Design of Postgres," *ACM SIGMOD*, Vol. 15, No. 2, 1986, pp. 340-355. (3.8)

[Str88] B. Stroustrup, "Parameterized Types for C++," In *USENIX Proceedings C++ Conference (Denver, CO)*, USENIX Assoc., El Cerrito, CA, 1988, pp. 1-18. (3.5.1)

[Sun87] Sun Microsystems, *Programmers Reference SunWindows*, Sun Microsystems, Inc., Mountain View, CA, 1987. (3.1)

[Sun87a] Sun Microsystems, *NeWS 1.1 Manual*, Sun Microsystems, Inc., Mountain View, CA, 1987. (3.1)

[Tae89] D. Taenzer, M. Ganti, and S. Podar, "Problems in Object-Oriented Software Reuse," In *ECOOP 89, Proc. of the Third European Conference on Object-Oriented Programming, (Nottingham, UK)*, S. Cook, ed. Cambridge University Press, Cambridge, 1989, pp. 25-39. (5.8.1)

[Tes85] L. Tesler, *Object Pascal Report*, Apple Computer, Inc., Cupertino, CA, 1985. (2.4)

[Tho89] T. Thompson, "The Next Step," *Byte*, Vol. 14, No. 3, March 1989, pp. 265-269. (2.5.3)

[Veg86] S. R. Vegdahl, "Moving Structures between Smalltalk Images," In *OOPSLA'86 Conference Proceedings (September 29 - October 2, Portland, Oregon)*, published as *OOPSLA'86, Special Issue of SIGPLAN Notices*, Vol. 21, No. 11, November 1986, pp. 466-471. (5.5.8)

[Wal85] J. H. Walker, "The Document Examiner," In *SIGGRAPH Video Review*, 1985,. (4.6.2)

[Was90] A. I. Wasserman, P. A. Pircher, and R. J. Muller, "The Object-Oriented Structured Design Notation for Software Design Representation," *IEEE Computer*, Vol. 23, No. 3, March 1990, pp. 17-41. (5.1.1, 5.3)

[Weg87] P. Wegner, "Dimensions of Object-Based Language Design," In *OOPSLA'87 Conference Proceedings (October 4-8, Orlando, Florida)*, published as *OOPSLA'87, Special Issue of SIGPLAN Notices*, Vol. 22, No. 12, December 1987, pp. 168-182. (2)

[Wei88] A. Weinand, E. Gamma, and R. Marty, "ET++ – An Object Oriented Application Framework in C++," In *OOPSLA'88 Conference Proceedings (September 25-30, San Diego, CA)*, published as *OOPSLA'88, Special Issue of SIGPLAN Notices*, Vol. 23, No. 11, November 1988, pp. 168-182. (0)

[Wei89] A. Weinand, E. Gamma, and R. Marty, "Design and Implementation of ET++, a Seamless Object–Oriented Application Framework," *Structured Programming*, Vol. 10, No. 2, June 1989, pp. 63-87. (0, 2.5.3)

[Wei91] A. Weinand, *Objektorientierter Entwurf und Implementierung portabler Fensterumgebungen am Beispiel des Application-Frameworks ET++*, Dissertation, Universität Zürich, 1991. (0, 3.3, 3.6.1)

[Wil90] D. A. Wilson, "Class Diagrams: A Tool for Design, Documentation, and Testing," *The Journal of Object-Oriented Programming*, Vol. 3, No. 1, January 1990, pp. 38-44. (5.3, 5.3.1)

[Wir71] N. Wirth, "Program Development by Stepwise Refinement," *Communications of the ACM*, Vol. 14, No. 4, 1971, pp. 221-227. (5.4.1)

[Wir89] R. Wirfs-Brock and B. Wilkerson, "Object-Oriented Design: A Responsibility-Driven Approach," In *OOPSLA'89 Conference Proceedings October 1-6, New Orleans, Louisiana)*, published as *OOPSLA'89, Special Issue of SIGPLAN Notices*, Vol. 24, No. 10, November 1989, pp. 71-77. (2.3, 5.1.2, 5.3)

[Wir89a] A. Wirfs-Brock and B. Wilkerson, "Variables Limit Reusability," *The Journal of Object-Oriented Programming*, Vol. 2, No. 1, 1989, pp. 34-40. (5.1.3)

[Wir90] R. Wirfs-Brock and R. E. Johnson, "Surveying Current Research in Object-Oriented Design," *Communications of the ACM*, Vol. 23, No. 9, September 1990, pp. 104-124. (5.1.2)

[Wir90a] R. Wirfs-Brock, B. Wilkerson, and L. Wiener, *Designing Object-Oriented Software*, Prentice-Hall, Englewood Cliffs, New Jersey, 1990. (5.1.2, 5.2.1, 5.4.3)

[Yan88] N. Yankelovich et al., "Intermedia: The Concept and the Construction of a Seamless Information Environment," *IEEE Computer*, January 1988, pp. 81-96. (4.4)

[You79] E. Yourdon and L. L. Constantine, *Structured Design*, Prentice-Hall, Englewood Cliffs, New Jersey, 1979. (5.1.1, 5.2.1)

[Zdo88] S. B. Zdonik and P. Wegner, "Inheritance as an Incremental Modification Mechanism or What Like Is and Isn't Like," In *Proc. ECOOP (Oslo, Norway, August 1988)*, Lecture Notes in Computer Science, No. 322, S. Gjessing and K. Nygaard, eds. Springer, Berlin, 1988, pp. 55-77. (2.2.2)

Index

D

E

N

O

P

R

S

T

U

V

Springer-Verlag und Umwelt

Als internationaler wissenschaftlicher Verlag sind wir uns unserer besonderen Verpflichtung der Umwelt gegenüber bewußt und beziehen umweltorientierte Grundsätze in Unternehmensentscheidungen mit ein.

Von unseren Geschäftspartnern (Druckereien, Papierfabriken, Verpackungsherstellern usw.) verlangen wir, daß sie sowohl beim Herstellungsprozeß selbst als auch beim Einsatz der zur Verwendung kommenden Materialien ökologische Gesichtspunkte berücksichtigen.

Das für dieses Buch verwendete Papier ist aus chlorfrei bzw. chlorarm hergestelltem Zellstoff gefertigt und im ph-Wert neutral.

ALLE ZEIT WACH
1842